한국경제사의 재해석:

식민지기 · 1950년대 · 고도성장기

김두얼 지음

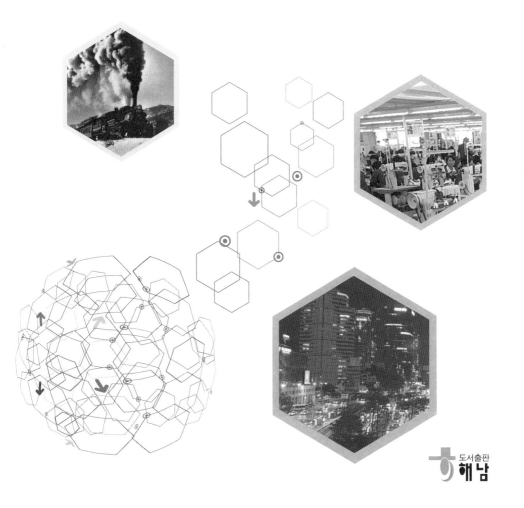

도서출판 해남

한국경제사의 재해석: 식민지기 · 1950년대 · 고도성장기

초판1쇄 인쇄 2017년 8월 11일
초판1쇄 발행 2017년 8월 18일

지은이 김두얼
발행인 노현철
발행처 도서출판 해남

출판등록   1995. 5. 10 제 1-1885호
주   소   서울특별시 서대문구 충정로 38-12(충정로 3가) 우리타워 6F
전   화   739-4822   **팩스** 720-4823
이 메 일   haenamin30@naver.com
홈페이지   www.hpub.co.kr

ISBN   978-89-6238-110-8   93320

머리말

경제학은 인간의 물질적 행복을 다룬다. 물질적 풍요가 인간의 행복을 결정하는 핵심 요인이라고 할 때, 물질적 삶이 어느 수준인지, 어떤 요인들이 물질적 삶의 수준을 결정하는지, 궁극적으로는 어떻게 하면 물질적 삶을 향상시켜 인간을 더 행복하게 할 수 있는지를 탐구한다. 경제학의 한 분과인 경제사는 물질적 삶의 장기 추이라는 맥락에서 이 문제를 궁구한다. 하지만 장기 추이에 대한 이해는 경제학 모든 분과 연구들의 토대를 제공하기 때문에, 경제사는 경제학 연구 전반의 기초로 여겨진다.

한국 경제에 대한 연구도 마찬가지이다. 지금의 한국 경제를 이해하고 평가하며 미래를 모색하는 작업은 우리 경제가 지난 세월 동안 어떤 경로를 거쳐 왔는지를 파악할 때 제대로 이루어질 수 있다. 그 중에서도 지난 100여 년의 역사는 특히 중요하다. 20세기에 접어들 무렵 한국은 소득 수준이 매우 낮았고 국력이 약했기 때문에 나라를 지키지 못하고 일본의 식민지로 전락하였다. 여기에 더하여 해방 이후의 분단과 혼란 그리고 전쟁으로 인해 1953년 휴전 당시 한국은 전 세계에서 가장 가난한 나라였다. 하지만 이후 한국 경제는 급속한 성장

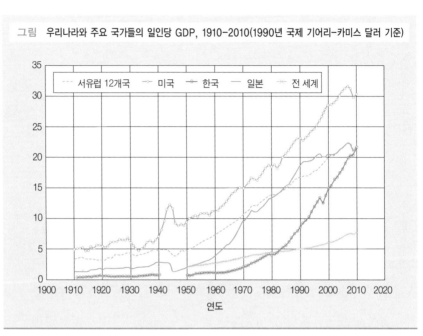

그림 **우리나라와 주요 국가들의 일인당 GDP, 1910-2010(1990년 국제 기어리-카미스 달러 기준)**

자료: The Maddison-Project, http://www.ggdc.net/maddison/maddison-project/home.htm, 2013 version.

을 이루었다. 앵거스 매디슨(Angus Maddison)의 통계에 따르면, 1980년에 우리나라의 일인당 GDP는 전 세계 평균 수준을 돌파한다(그림 참조). 그리고 2010년에는 서유럽의 선진 12개국이나 일본과 거의 동일한 수준에 도달한다. 지난 100여 년의 세계사를 되돌아볼 때, 이러한 성취와 반전을 거둔 나라는 거의 찾아볼 수 없다. 그런 점에서 한국의 역사적 경험은 우리나라뿐 아니라 전 세계가 관심을 갖는 주제이다.

　한국 경제는 어떻게 해서 이러한 놀라운 성취를 거둘 수 있었을까? 이 문제는 당연히 한국경제사 연구의 핵심 질문이 되어야 함에도 불구하고, 우리 학계에서는 안타깝게도 이 질문이 제대로 던져지고 탐구되어 왔다고 보기 어렵다. 20세기 한국경제사에 대한 언명들은 정치 또는 이데올로기의 소산이거나, 국수주의적 또는 민족주의적 정서의 표출인 경우가 많았다. 이러한 오류를 바로 잡는 선구적 노력들이 꾸준히 이어져 왔지만 이것들이 모여 새로운 지평을 여는 데까지 이르렀다고 보기는 어렵다.

이 책은 기존 성과를 계승하면서 한계를 넘어서려는 시도이다. 경제사 연구가 답해야 할 질문이 무엇인지를 명확히 하고, 이러한 질문들에 대해 이론과 사료(史料)로 답하려는 노력의 산물이다. '한국경제사의 재해석'은 이러한 필자의 의지를 담은 제목이다. 로버트 포겔(Robert Fogel)과 스탠리 앵거만(Stanley Engerman)은 1971년에 『미국경제사의 재해석』(*Reinterpretation of American Economic History*)을 편집 · 간행하였다. 경제사 연구의 새로운 장을 펼친 선언 혹은 이정표로 여겨지는 이 책은 정치적 지향이나 이데올로기, 과거의 선험적 믿음이 아니라 엄밀한 이론과 방대한 자료 수집 그리고 치밀한 분석에 기초해서 미국 경제의 과거를 새롭게 해석한 연구 결과들을 제시함으로써 미국경제사 나아가 경제사 연구의 새로운 지평을 열었다. 필자가 지향하는 바가 이러한 정신이기에, 고전의 제목을 감히 빌어 와 이 책의 제목으로 삼았다.

여기 수록한 글들은 필자가 지난 10여 년 동안 다양한 계기로 연구한 결과들을 추려 모은 것이다. 그러다 보니 글의 길이나 서술 체계 그리고 분석 방식 등이 들쭉날쭉하다. 주제 선정에 있어서도 한국경제사의 주요 주제를 포괄적이고 체계적으로 선정한 것과도 거리가 멀다. 그럼에도 불구하고 이 책에 수록한 글들은 한 권의 책으로 묶을 수 있는 관련성을 가지고 있다. 혹은 개별 논문이 아니라 한 권의 책으로 묶었을 때 개별 연구가 가지는 의미가 보다 분명해지며, 이 논문들을 집필하면서 필자가 발전시켜 온 한국 경제의 성장과 진화에 대한 역사상을 비교적 명확하게 드러낼 수 있는 측면이 있다. 많은 독자들께서 이 책을 읽은 후 필자의 기획에 공감할 수 있기를 기원한다.

이 책이 발간되기까지 필자는 많은 분들로부터 도움을 받았다. 우선 이 책에 수록된 글 들 중 몇 편은 공동 연구 결과이다. 박희진(제1장)·박기주(제2장)·류상윤(제5장) 선생님께서는 연구 과정에서 많은 가르침을 주시고, 이 책에 논문을 수록하는 것을 흔쾌히 허락해 주셨다. 그리고 강성원·고선·김낙년·김승욱·김재호·김호범·노택선·박경로·박명호·박영구·박이택·배석만·배영목·서문석·선재원·송병건·여인만·우대형·이명휘·이상철·이영훈·이우연·이철희·이헌창·임동민·정안기·정진성·조석곤·조영준·주익종·차명수·최상오·홍석철·홍성찬·홍제환 선생님, 아울러 우리나라의 경제사 연구자 모든 분들께서 많은 학은(學恩)을 베풀어 주셨다. KDI에서 인연을 맺은 김준경·김주훈·차문중·이석 박사님과 김태종 교수님께서는 정책 연구의 토대로 경제사 연구의 중요성을 강조하고 필자의 연구를 격려하셨다. 양동휴 선생님께서는 지도교수이면서도 친구이자 동료처럼 지난 20여 년간 필자를 지켜보아 주셨다.

로버트 앨런(Robert Allen), 스티브 브로드베리(Steve Broadberry), 그레고리 클라크(Gregory Clark), 데빈 마(Debin Ma), 비쉬누 굽타(Bishnu Gupta), 스테판 모건(Stephen Morgan), 치아키 모리구치(Chiaki Moriguchi), 세브켓 파묵(Sevket Pamuk), 오사무 사이토(Osamu Saito), 리차드 스테켈(Richard Steckel), 피에르 반 데 앵(Pierre Van Der Eng) 등

해외 학자들은 한국경제사가 세계사적 맥락에서 어떤 의미를 갖는지를 생각하는 데 큰 도움을 주셨다. 필자의 지도교수였던 네요미 래모로(Naomi Lamoreaux), 장–로랭 로젠탈(Jean-Laurent Rosenthal), 켄 소콜로프(Ken Sokoloff)는 필자가 경제사 연구자로 성장할 수 있는 기초를 마련해 주셨다.

필자는 2013년 한국개발연구원(KDI)을 떠나 명지대학교로 자리를 옮긴 뒤, 경제사 연구에 좀더 많은 시간을 할애할 수 있었다. 명지대학교 경제학과의 선배 교수이신 조동근 · 안종길 · 최창규 · 이명훈 · 이호생 교수님, 그리고 늘 함께 이야기를 나누고 서로 도움을 나누는 우석진 · 빈기범 교수님이 없었다면 이 책도 나오기 어려웠을 것이다. '한국경제사' 시간에 이 책의 글들을 함께 읽고 토론한 명지대학교 경제학과 학부생 그리고 대학원생들은 여기 수록된 논문들의 발전에 도움이 되는 좋은 자극을 제공하였다. 리츠메이칸 대학의 이강국 교수는 필자의 연구 결과를 개발도상국 학생들과 공유할 수 있는 기회를 마련해 주셨다. 명지대학교 경제학과 대학원생 공경식 군은 본서에 실린 논문들 중 영어로 쓰여진 글들을 초벌 번역하는 수고를 맡아 주었다. 해남출판사 노현철 사장님께서는 상업성이 없는 이 책의 출간을 기꺼이 맡아 주셨고, 직원 여러분께서는 책의 완성도가 높아질 수 있도록 힘써 주셨다. 모든 분들에게 이 자리를 빌어 감사를 드린다.

이 책은 2011년 출간한 『경제성장과 사법정책』 이후 필자가 내는 두 번째 책이다. 별로 내세울 것 없는 책들이지만, 곁에서 함께 해준 가족들이 없었다면 이나마의 성과도 가능하지 않았을 것이다. 작년에 급작스럽게 세상을 떠난 장인 어른과 상심이 크셨을 장모께 추모와 감사의 마음을 전한다. 아울러 필자가 태어나서 지금까지 살아오는 동안 함께 해주고 이해해 준 아버지, 어머니, 형에게도 감사드린다. 마지막으로 솔, 건, 아내와 이 책 출간을 함께 축하하고 싶다. 고마움과 사랑을 이 자리를 통해 전한다.

2017년 8월

명지대학교 연구실에서

김두얼

일러두기

본서는 과거에 다음과 같이 간행된 글들을 번역 · 축약 · 수정 · 보완한 것이다.

제1장: "Measuring Living Standard from the Lowest: Height of the Male Hangryu Deceased in Colonial Korea," *Explorations in Economic History*, 48(4), 2011, pp. 590-599(박희진과 공저).

제2장: "Colonialism and Industrialisation: Factory Labour Productivity of Colonial Korea, 1913-1937," *Australian Economic History Review*, 48(1), 2008, pp. 26-46(박기주와 공저).

제3장: 「식민지 조선의 회사수」, 『경제사학』, 56, 2014, pp. 153-176.

제4장: 「한국의 산업화와 근대경제성장의 기원, 1953-1965」, 『경제발전연구』, 22(4), 2016, pp. 29-68.

제5장: 「한국에 제공된 공적개발원조: 규모추정 및 국제비교」, 『경제학연구』, 62(3), 2014, pp. 147-187(류상윤과 공저).

제6장: 「수출진흥확대회의의 기능과 진화과정」, 『경제사학』, 41(1), 2017, pp. 3-38.

제7장: 「중간재의 생산과 교역」, 박경로 편, 『한국의 무역 성장과 경제, 사회 변화』, 대한민국역사박물관, 2014, 제4장.

제8장: 「한국의 국책연구기관: 경제발전에서의 역할과 진화과정」, KDI 경제발전경험모듈화사업, 2014, 제3장(김광호와 공저).

차례

머리말   i

차례   ix

제1부
식민지기

제1장

최하층민을 통해 본
식민지기 생활 수준:
남성 행려사망자의
신장 분석

1. 서론   5
2. 선행 연구 검토   7
3. 자료: 조선총독부 관보의 행려사망자 광고   9
4. 추정 결과   15
5. 결론   25

제2장

식민지 조선의
공업화: 노동생산성
추계를 통한 분석

1. 서론   33
2. 선행 연구 검토   34
3. 자료와 추정 방법   40
4. 공장 노동생산성 추계 결과   43
5. 생산성 증가의 원천   46
6. 조선인 기업가 대(對) 일본인 기업가: 평안남도 사례 연구   49
7. 해방 후 경제 성장에 대한 함의   55
8. 결론   57

제3장

식민지 조선의
회사 수

1. 서론   67

2. 회사의 정의와 회사 수 추계 방법   69

3. 식민지기 회사의 신설·해산 및 총회사 수   76

4. 회사 신설 및 해산 그리고 총회사 수의 장기 추이,
1910-2011   82

5. 결론   89

제2부
1950년대와 고도성장기

제4장

한국의 산업화와
근대 경제 성장의 기원,
1953-1965: 전통설과
새로운 해석

1. 서론   101

2. 전통설   105

3. 전통설의 문제점   109

4. 새로운 해석   136

5. 결론   141

보론 해방 이전과 이후 경제 성장의 연속성 문제   144

제5장

한국에 제공된 공적개
발원조: 규모 추정 및
국제 비교

1. 서론   157

2. 개념 정의 및 선행 연구 검토   160

3. 한국에 제공된 공적개발원조의 규모   170

4. 국제 비교   187

5. 결론   195

제6장	1. 서론	209
수출진흥확대회의:	2. 수출진흥위원회의 탄생과 수출진흥확대회의로의 진화	212
기능과 진화 과정	3. 수출진흥확대회의의 운영과 구성	224
	4. 회의 내용	244
	5. 평가	252
	6. 결론	255

제7장	1. 서론	263
중간재의 생산과 교역	2. 중간재의 개념과 이론적 논의	266
	3. 제조업의 성장과 중간재 생산 추이	275
	4. 중간재 무역	280
	5. 중간재 관련 정부 정책과 효과	286
	6. 평가	298
	7. 결론	301

제8장	1. 서론	311
한국개발연구원(KDI):	2. 정책 연구기관의 세 가지 지향점	315
경제 발전에서의	3. KDI의 업무: 연구 및 자문	317
역할과 진화 과정	4. 인력 및 조직	346
	5. 부속기구 설립과 기능 확대	368
	6. 대외관계	375
	7. 결론	385

제1부

식민지기

1

최하층민을 통해 본 식민지기 생활 수준:
남성 행려사망자의 신장 분석

2

식민지 조선의 공업화: 노동생산성 추계를 통한 분석

3

식민지 조선의 회사 수

최하층민을 통해 본 식민지기 생활 수준:
남성 행려사망자의 신장 분석

최하층민을 통해 본 식민지기 생활 수준:
남성 행려사망자의 신장 분석

1. 서론

식민지기(1910-1945) 생활 수준은 매우 민감하고 다루기 힘든 주제이다. 일인
당 GDP, 실질임금, 기대수명을 통해 생활 수준을 측정하는 연구들은 심정적으
로 받아들이기 어려운 사실, 즉 식민지기 동안 우리나라 사람들의 생활 수준이
향상되었음을 밝혀 왔다.[1] 그러나 최근 제시된 인체측정학(anthropometrics) 연구
들은 다소 불명확한 결과들을 제시하였다. 예를 들어, Kimura(1991, 1993)는 식민
지기에 측정된 여러 통계들을 취합하여 분석한 뒤 한국인의 신장이 식민지기
동안 감소하지 않았다고 주장하였다. 반면, 개인 수준 자료를 연구한 길인성
(1995), Gill(1998), 최성진(2006), Choi and Schwekendiek(2009)는 한국인의 신장이
1920년대 중반을 정점으로 하는 역U자 형태의 추세를 보인다고 주장하였다. 후
자는 개인 수준 자료를 분석해서 나온 결론이라는 점에서 여러 가지 신장 측정
통계들을 취합하여 도출한 전자의 추론보다는 일반적으로 좀 더 믿을 만하다.

---

1 Cha(2004)와 Kim and Park(2012)은 한국경제사와 관련해서 최근에 이루어진 수량적 연구들을 포괄적으로 개괄
하였다.

그러나 이 연구들이 활용한 개인 수준 자료가 내포한 결함들로 인해 이들의 분석 결과 역시 받아들이기 어려운 측면이 있다.

본 연구는 행려사망자(行旅死亡者)의 생물학적 생활 수준(biological living standard)을 분석함으로써 오랫동안 지속되어 온 이 논쟁에 새로운 이해를 도모하고자 한다. 행려사망자란 변사자들 가운데 시체를 수습하려는 일가친척이나 지인이 아무도 없는 사망자를 지칭한다. 일부 행려사망자는 물에 빠져 죽거나, 교통사고를 당하거나, 또는 스스로 목숨을 끊은 사람들이다. 그러나 행려사망자 대다수는 걸인, 마약 중독자, 나병 환자처럼 사회의 최빈곤층이었으며, 가난이 가장 큰 사망 원인이었다. 행려사망자의 연고자를 찾기 위해 조선총독부는 관보에 광고를 게재하였는데, 여기에는 신장과 연령을 포함한 사망자 관련 정보가 수록되어 있었다. 이 광고는 1912년 12월부터 식민지기 말까지 계속되었기 때문에, 개인 수준의 신장에 관하여 매우 귀중한 일관 시계열 정보를 제공한다. 저소득층은 경제 상황 변동에 가장 민감한 계층이기 때문에, 이 자료가 내포한 표본 편의는 생활 수준 측정이라는 연구 목적에 비추어 볼 때 단점이 아닌 장점이라고 할 수 있다.[2]

이하의 논의는 다음과 같이 진행한다. 먼저 식민지 조선의 생활 수준에 대한 선행 연구들을 검토한다. 이어 본 연구에 사용할 자료를 설명한 뒤, 성인 남성 행려사망자 신장 추세를 제시한다. 마지막으로 자료의 다양한 측면을 이용

---

2 식민지기 생활 수준에 대한 최근의 논의 흐름에 비추어 볼 때, 빈곤층의 신장을 연구하는 것은 중요한 기여를 할 수 있다. 본문에 언급한 것처럼 집계 변수 정보들을 이용한 대부분의 연구들은 지속적인 소득 수준 증가를 보여 주고 있는데, 이러한 소득 증가가 소수의 부유한 개인들에 의해 이루어진 것인지, 아니면 사회 구성원 전체의 소득 증가에 따른 것인지는 여전히 의문점으로 남아 있다. 이러한 소득 수준 분포 문제를 살펴보기 위해서는 저소득층의 생활 수준에 대한 정보가 긴요한데, 행려사망자의 표본 특성은 이러한 목적에 잘 부합한다.

해서 추정 결과의 신뢰성을 검정한 뒤, 논의를 마무리한다.

2. 선행 연구 검토

일본의 식민지 지배는 동시대의 다른 제국주의 국가들과 마찬가지로 강압적이었다. 이 때문에 많은 학자들은 일본이 식민지 조선을 착취하여 상당한 경제적 이득을 얻은 반면 식민지 조선의 생활 수준은 악화되었다고 주장한다.[3] 그러나 최근에 이루어진 수량적 연구들은 이러한 주장들이 과장되었거나 근거가 빈약함을 보여 준다. 첫째, 김낙년 편(2006)에 따르면, 1911-1940년 동안 실질 GDP는 연평균 4.1%, 일인당 실질 GDP는 연평균 2.7% 증가하였다.[4] 전간기(戰間期, 1919-1939년) 동안의 세계적인 경기침체를 고려하면, 이러한 성장률은 매우 높은 수준이다.

허수열(1981), 尾高煌之助(1975, 1988), 이우연 · 차명수(2007)는 『조선총독부통계연보』의 자료를 이용해서 식민지기 실질임금을 추정하였다. 이 연구들의 분석 방법과 결과 해석이 일치하는 것은 아니지만, 이들의 연구는 식민지기 동안 조선인 미숙련 남성 노동자의 실질임금은 줄어들지 않았으며 조선인 숙련 남성 노동자의 실질임금은 증가했음을 보여 준다. 이러한 결과 역시 식민지기 동안 조선인들의 소득이 낮아졌다는 주장과는 배치된다.

---

3 가장 최근의 연구 중 하나는 허수열(2006)이다.
4 동시에 총실질소비지출과 그것의 1인당 가치는 1912-1939년 기간 동안 각각 연평균 3.3%와 1.9% 증가했다. 김낙년 편(2006).

인구학적 자료들 역시 비슷한 모습을 보여 준다. 1910년대 초부터 1940년까지 식민지 조선의 총인구는 1,600만 명에서 2,430만 명으로 50% 가량 증가했다.[5] 조사망률은 1910-1915년에 34명이던 것이 1940-1945년에는 23명으로 낮아졌다. 남성의 기대수명은 1925-1930년 37.9세에서 1940-1945년 42세로 높아졌다.[6]

경제사학자들은 생활 수준의 장기 추세를 연구하기 위해 신장 자료를 사용해 왔는데, 그것은 신장이 사람들의 누적된 순영양 상태를 반영하기 때문이다.[7] 기무라 미츠히코(木村光彦)는 식민지기에 측정된 여러 신장 관련 통계들을 취합하여 분석한 뒤, 식민지 조선인들의 신장이 감소하지 않았다고 주장하였다.[8] 반면, 개인 수준 자료를 연구한 길인성(1995), Gill(1998), 최성진(2006), Choi and Schwekendiek(2009)는 조선인의 평균 신장이 1920년대 중반까지 상승하다가 이후 정체 또는 하락하는 역U자 형태의 추세를 보인다고 주장하였다. 저자들은 이러한 결과에 근거해서 식민지 조선의 생활 수준이 1920년대 중반까지는 향상되다가 이후 정체하였다고 주장하였다.

개인 단위 자료들로부터 도출된 추계 결과는 기무라의 연구보다 신뢰할 만한 것으로 여겨져 왔다. 그러나 이 연구들 역시 많은 한계를 내포하고 있다. 예를 들어, 신장 추세의 변화가 생활 여건의 변화에 따른 것인지 아니면 자료의 특성 변화로 인한 것인지가 불분명하다. 1910-1920년대 동안 한국 성인의 평균 신장을 측정하기 위해 위 연구들은 학생부와 교도소 수감자 기록을 사용하였

---

5 김낙년(2006), p. 521.
6 Kwon et al.(1975), p. 23. 식민지 시기 인구 변천에 대한 자세한 내용은 Kwon et al.(1975)과 Kwon(1977)을 참조.
7 생물학적 생활 수준에 대한 연구들에 대해서는 Steckel(1995, 2008)의 개괄 논문을 참조.
8 Kimura(1991; 1993).

다. 그러나 자료의 한계 때문에 저자들은 측정 대상자들의 사회 경제적 특성을 온전히 통제하지 못하였다. 즉, 신장 증가가 정말 평균 신장이 증가한 것인지 아니면 학생들이나 교도소 수감자들의 출신 배경 등이 바뀐 결과인지를 명확히 구분하여 밝히지 못하였다.

게다가 저자들은 1920년대 이전과 이후에 대해 서로 다른 자료를 이용하였다. 1920년대 이전에 대해서는 식민지기 당시의 학생부나 교도소 수감자 기록을 이용한 반면, 1930-1940년대에 대해서는 1990년대 초 의료보험 보험자들의 건강검진 기록을 이용해서 신장을 측정하였다. 이러한 자료상의 비일관성은 저자들이 주장한 역U자 추세가 실제 생활 수준 변화라기보다는 통계 자료의 변화로 인한 것일 가능성을 시사한다.

요컨대, 소득, 임금, 인구학적 요인들에 대한 연구들은 식민지기 동안 우리나라 사람들의 생활 수준이 향상되었음을 보여 주었다. 하지만 신장 관련 연구들은 아직까지 분명한 결론을 보여 주지는 않고 있다. 이런 맥락을 감안할 때, 신장 자료에 대한 연구는 식민지기 생활 수준과 관련된 오랜 논쟁에 중요한 기여를 할 수 있으리라 기대된다.

3. 자료: 조선총독부 관보의 행려사망자 광고

본 연구는 행려사망자의 신장 정보를 이용하여 식민지 조선의 생활 수준을 분석한다. 흔히 변사자가 발생할 경우 경찰은 가장 먼저 그 사람의 신원과

사망 원인을 조사한다. 만약 경찰이 사망자의 신원을 알아낼 경우 경찰은 유족들에게 통지할 것이다. 하지만 그러지 못할 경우, 해당 사망자는 행려사망자로 분류되었다.[9] 행려사망자 대다수는 걸인, 약물 중독자, 부랑자이며, 가족이나 지인이 없는 경우가 일반적이다. 그러나 행려사망자 중 일부는 익사나 교통사고처럼 예기치 못한 사고로 사망한 사람들이기 때문에, 행려사망자를 노숙자나 부랑자와 동일시하는 것은 다소 부적절하다.[10]

행려사망자의 시신을 처리하는 것은 지방 행정기관의 의무였다. 전염병 또는 위생적인 문제들 때문에 지방 행정기관들은 시신을 가급적 빨리 매장하거나 화장한 뒤, 두 가지 행정 절차를 수행했다. 첫째, 그들은 조선총독부에 행려사망자 수를 보고하였고, 조선총독부는 이러한 통계를 집계해서『조선총독부통계연보』에 게재하였다(〈그림 1-1〉).[11] 1910년부터 1942년까지 행려사망자는 모두 105,476명이다. 이는 같은 기간 동안 발생한 총변사자의 약 39%에 해당한다.

둘째, 지방 행정기관들은 각 행려사망자들에 대한 기록을 조선총독부 관보의 광고란에 광고하였다. 관보는 조선총독부의 공식 일간지이다.[12] 1912년 11월에 제정된 관보의 광고란에 대한 규칙은 행려사망자 정보를 광고란에 수록할 수 있는 사항 중 하나로 명시하였다.[13] 같은 해 12월 11일 발행한 관보에는 행려사망자 광고가 처음 게재되었으며, 이후 식민 지배가 끝나는 날까지 광고 게재는 계속되었다. 관보에 게재된 행려사망자 광고 수는『조선총독부통계연

---

9 변사자와 행려사망자 사이의 관계는 '변사자=신원 확인 변사자+행려사망자(신원 미확인 변사자)'이다.
10 행려사망자의 약 25%는 가난이 아닌 다른 원인에 의해 사망하였다(〈부표 1-1〉).
11 지방 행정기관들은 조선총독부에 행려사망자 인원을 보고한 뒤 시신 처리 비용을 보전 받았다.
12 조선총독부는 관보를 1907년부터 발행하기 시작했다. 우리나라 관보의 역사에 대해서는 최정태(1992)를 참조.
13 「조선총독부관보편찬규정」, 훈령 제57호, 제4조, 조선총독부 관보, 1913년 11월 21일.

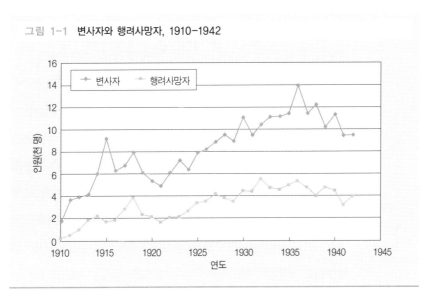

그림 1-1 **변사자와 행려사망자, 1910-1942**

주: 변사자와 행려사망자, 그리고 그들 간의 관계에 대한 정의는 각주 9를 참조. 1910-1942년 동안 변사자 수는 271,629명이며, 같은 기간 동안 행려사망자 수는 105,476명이다. 총인구가 거의 선형으로 증가했기 때문에 인구당 변사자 및 행려사망자 추이는 이 그림과 거의 동일하다.
자료: 『조선총독부통계연보』.

보』에 보고된 행려사망자 수와 대체로 일치한다.[14]

〈표 1-1〉의 예시처럼 광고는 행려사망자 시신을 발견한 일시와 장소, 사망 원인, 시신 처리 방식뿐 아니라, 사망자의 외모, 복장, 소지품 등에 대해서도 상세하게 기술하였다. 때때로 광고에는 사망자의 이름과 본적, 직업 등도 기록되어 있다. 이런 정보가 가능했던 것은 행려사망자 중 일부가 죽기 전에 사회보호 시설에 수용되었기 때문인 듯하다.[15] 행려사망자 광고는 식민지기 내내 동일한

---

14 해방 이후에도 대한민국 정부의 관보는 행려사망자 광고를 게재하였다. 그러나 광고의 수는 현저히 감소하였으며, 1960년대 초가 되면 행려사망자 광고는 더 이상 게재되지 않게 되었다.

표 1-1 행려사망자 광고 사례

항목	내용
수록일자	1923년 7월 14일
본적	경기도 안성군 이하 미상
현주소	미상
성명	김광이(金光伊)
민족	조선인
성별	남성
연령	30세
외양	신장 5척 4촌. 특이사항 없음
소지품	없음
사망 원인	심장마비
발견 장소	경성불교자제원
사망일자	1923년 5월 18일
현상황	경성불교자제회에서 가매장
지역	경성

자료: 조선총독부관보, 1923년 7월 14일, p. 150.

형식을 유지하였다.

　본 연구에서는 25-30세 남성 행려사망자를 분석하였다. 여성을 제외하고 남성만으로 분석을 진행하는 이유는 남녀의 상이한 신장 패턴과 행동 양식으로 인해 별도의 분석이 필요하기 때문이다.[16] 『조선총독부통계연보』에 따르면 남성 행려사망자는 전체 행려사망자의 70-80%를 차지하는데, 이러한 성비는

---

15 이것이 행려사망자를 신원미상 사망자라고 부르기 어려운 이유이다.
16 여성 행려사망자의 신장에 관해서는 Kim and Park(2010)을 참조.

광고 자료를 통해 파악한 25-30세 연령 집단에서도 마찬가지였다.

25-30세 집단을 선택한 또다른 이유는 다른 연령대를 분석할 경우 발생할 수 있는 여러 가지 복잡한 문제들을 배제하기 위함이다. 예를 들어, 성장기 연령대의 경우는 키가 나이에 따라 크게 변화하기 때문에, 10대나 20대 초반 성인들을 포함할 경우 연령과 관련된 여러 가지 복잡한 문제들을 고려해야 한다. 반면, 인간은 일반적으로 20대 중반까지 성장하다가 그 후로는 성장이 멈추고 매우 서서히 키가 줄어들기 시작한다. 만약 우리가 30세 이상 사망자를 분석한다면, 사망자의 신장 변화 중 얼마만큼이 이러한 자연적인 신장 감소로부터 비롯되었는지 판별하기 위한 추가적인 정보나 가정이 필요할 수 있다.

25-30세 연령 집단을 선택한 또 다른 중요한 이유는 식민 지배 기간과 관련이 있다. 1913년에 30세로 죽은 행려사망자는 1883년에 태어난 것인데, 그들의 신장이 식민화 이전에 모두 결정되었다. 그리고 1940년대에 30세로 죽은 행려사망자는 1910년 이후에 태어났기 때문에, 그들은 줄곧 식민 지배 하에서 성장한 것이다. 그러므로 두 시점 사이의 신장 차이는 식민 지배 하에서 성장하며 보낸 시간이 신장에 미친 영향을 보여 준다고 할 수 있다.

분석에 사용할 총관측치는 6,346개이다.[17] 이것은 『조선총독부통계연보』에 보고된 전체 남성 행려사망자의 7.3%를 차지한다. 관측치들은 시간별, 지역별로 비교적 고르게 분포되어 있기 때문에, 분석 결과는 식민지 조선 전 지역 그리고 모든 시기의 신장 수준을 비교적 잘 반영한다고 할 수 있다(〈부표 1-1〉).

---

17 25-30세 남성 행려사망자의 광고 수는 총 6,602건이다. 이 가운데 신장 정보가 기재되지 않은 256명은 분석에서 제외하였다.

그림 1-2 25-30세 남성 행려사망자의 연간 분포: 5년 이동평균, 1913-1945

자료: 본문 참조.

〈그림 1-2〉는 25-30세 남성 행려사망자의 연도별 분포를 보여 준다. 이 그림의 양상은 〈그림 1-1〉에 제시한 전체 행려사망자의 연도별 분포와는 다소 차이가 있다. 전체 행려사망자는 1910년대부터 1930년대 중반까지 세 배 이상 증가한 뒤 이후 감소하는 반면, 25-30세 남성 행려사망자 수는 전 시기에 걸쳐 200명 수준에서 크게 변하지 않는다. 연도별 변동이 적다는 사실은 역인과 관계로 인해 발생할 수 있는 문제를 줄여 주는 요인인데, 이와 관련해서는 다음 절에서 상세히 논의하기로 한다.

4. 추정 결과

〈그림 1-3〉은 본 연구의 핵심 결과이다. 25-30세 남성 행려사망자의 평균 신장은 식민지기 동안 꾸준히 증가하였다. 1880년대 출생자들, 즉 식민지기 이전에 성인이 되어 신장이 결정된 사람들의 키는 158.4cm인 반면, 식민지기에 태어났던 1910년대 출생자들의 키는 160.2cm이다.[18] 평균 신장의 차이는 통계적으로 유의하며, 두 시점 사이 기간 동안의 지속적인 증가 추이는 추정 결과의 신뢰성을 뒷받침한다. 회귀분석을 통해 연령을 통제하고 신장을 추정한 결과 역시 동일한 양상을 보여 준다(〈표 1-2〉 (1)).

그림 1-3 **25-30세 남성 행려사망자의 신장**

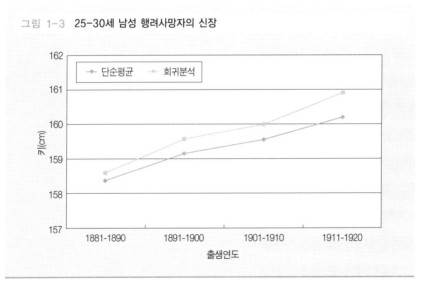

자료: 단순평균은 〈부표 1-1〉, 회귀분석 결과는 〈표 1-2〉 (1).

18 키는 전통적인 측정 단위인 척과 촌으로 기재되어 있는 것을 미터 단위로 환산하여 계산하였다. 척은 30.3cm이고 촌은 척의 1/10인 3.03cm이다.

표 1-2 회귀분석

종속변수 = 25-30세 남성 행려사망자 신장(cm)

	(1) 기본	(2) 신원 확인된 행려사망자	(3) 가난 이외의 이유로 사망한 행려사망자	(4) 전체
상수	158.61 (0.22)***	159.90 (0.47)***	159.55 (0.58)***	157.65 (0.28)***
출생연도 더미				
1880년대(배제)				
1890년대	0.98 (0.26)***	0.32 (0.54)	0.48 (0.63)	0.72 (0.26)***
1900년대	1.37 (0.25)***	0.41 (0.57)	1.33 (0.62)**	1.20 (0.26)***
1910년대	2.28 (0.29)***	1.70 (0.73)**	2.04 (0.70)***	2.22 (0.30)***
연령 더미				
25세	−1.61 (0.22)***	−1.02 (0.58)*	−1.60 (0.41)***	−1.60 (0.22)***
26세	−0.80 (0.30)***	−1.07 (0.68)	−0.39 (0.54)	−0.93 (0.30)***
27세	0.00 (0.29)	0.02 (0.58)	−0.69 (0.54)	−0.20 (0.29)
28세	−0.26 (0.28)	−0.39 (0.60)	−0.20 (0.52)	−0.38 (0.28)
29세	0.13 (0.43)	−0.72 (0.67)	1.10 (1.13)	−0.17 (0.43)
30세(배제)				
지역 더미				
북부				0.73 (0.22)***
남부				0.21 (0.19)
중부(배제)				
신원 더미				
확인				0.96 (0.21)***
미확인(배제)				
사망 원인				
가난 이외				1.51 (0.23)***
질병				0.66 (0.21)***
굶주림과 추위(배제)				
결정계수(R^2)	0.016	0.002	0.016	0.028
관측치	6,346	1,419	1,681	6,346

주: 더미변수의 각 범주들은 〈부표 1-1〉에 수록하였다. 분석 과정에서 여러 가지 가능한 회귀식을 모두 시
험해 보았지만, 이 표에 제시한 것과 크게 차이가 나는 결과는 없었다. 괄호 안의 수치는 표준오차이다.
*=10% 수준에서 유의, **=5% 수준에서 유의, ***=1% 수준에서 유의.
자료: 본문 참조.

표 1-3 **식민지기 신장에 대한 기존 통계**

	출생연도	측정 당시 연령	신장(cm)	관측치	출처
군인	1870-1880	21-30	163.4	1,847	Iijima(1901/02)
군인	1874-1889	23-35	161.4	546	Kubo(1913)
정치사상범	1890-1915	20-40	164.5	1,876	Choi and Schwekendiek(2009)
노동자					
북부	1918	20	163.4	931	
중부	1918	20	160.2	944	
남부	1918	20	162.3	1,953	조선총독부(1939)
학생					
북부	1918	20	165.2	440	
중부	1918	20	165.2	347	
남부	1918	20	163.8	684	

자료: 서대문형무소의 정치사상범 자료는 Choi and Schwekendiek(2009), 나머지는 Kimura(1991; 1993)에서 재인용.

이 결과는 식민지기에 작성된 신장 통계들과 일관된 것이다(〈표 1-3〉). 예를 들어, 1870-1880년대에 태어난 조선인 군인들은 20-30세일 때 키가 161-163cm 정도로, 1880년대에 태어난 비슷한 연령의 남성 행려사망자보다 2-5cm 가량 더 컸다. 또한 1918년에 태어난 노동자들의 신장은 20세에 160-163cm로, 1910년대에 태어난 남성 행려사망자보다 0-3cm 정도 더 컸다. 보다 정확한 비교를 위해 1910년대에 태어나고 20세에 죽은 남성 행려사망자의 신장을 별도로 추정하였는데, 그들의 신장은 노동자들보다 대략 4-7cm 정도 작은 156.0cm였다. 이 밖에도 〈표 1-3〉은 확보할 수 있는 여러 가지 신장 관련 통계들을 열거하였는데, 각 집단의 사회경제적 지위를 고려할 때 행려사망자들과 각 집단의 신장 수준이

표 1-4 25-30세 여성 행려사망자 신장

출생연도	신장(cm)	남성 대비 상대 신장(%)	관측치
1881-1890	145.6	91.9	209
1891-1900	145.6	91.5	392
1901-1910	147.3	92.3	536
1911-1920	149.5	93.3	286

자료: Kim and Park(2010).

보여 주는 유사성과 차이는 본 연구가 제시한 추정 결과의 신뢰성을 뒷받침한다.

〈표 1-4〉는 25-30세 여성 행려사망자의 신장 추세를 제시한 것이다. 관측치가 적기 때문에 다소 불안정한 모습을 보이고 있지만, 이 결과는 식민지기 동안 여성 행려사망자들의 키도 상승하고 있음을 보여 준다. 흥미로운 점은 남성 대비 여성 행려사망자의 상대 신장이 91.9%에서 93.3%로 증가했다는 사실이다. 이러한 결과는 소득 증가 없이 단지 여성에게 돌아갈 자원을 남성들이 더 소비함으로써 남성의 신장이 증가했을지 모른다는 우려를 불식시킨다.[19]

논의를 완결하기 위해서는 자료의 성질로부터 비롯되는 두 가지 주요 문제를 검토해 보아야 한다. 첫째는 연령 정보의 부정확성에 따른 왜곡 가능성이다. 대다수의 행려사망자는 신분 증명 기록이 없기 때문에, 관보에 표기된 나이 정보는 지방 행정기관의 공무원들이 사망자의 외모를 토대로 짐작한 값이다.

---

19 상세한 내용은 Kim and Park(2010)을 참조.

그림 1-4 남성 행려사망자의 연령 분포: 1920, 1930, 1940년 사망자의 경우

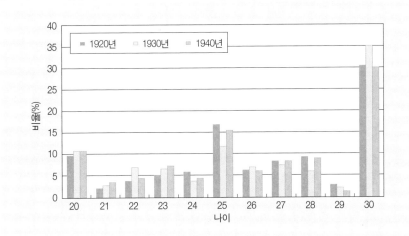

주: 다른 연도들도 비슷한 양상을 보여 준다. 20-24세 사망자들은 본 논문의 분석에 사용하지는 않았다.
자료: 본문 참조.

행려사망자의 나이 분포가 20세, 25세, 30세처럼 선택하기 쉬운 수치에 몰려 있다는 사실은 이러한 사실을 반영한다(〈그림 1-4〉). 나이 정보의 부정확성은 신장 측정 결과에 왜곡을 가져올 수 있기 때문에, 연령 정보의 부정확성으로부터 비롯될 수 있는 문제들을 세심하게 검토해 볼 필요가 있다.

둘째, 역인과 관계(reverse causation)가 작용할 가능성이다. 본 연구의 논의는 신장과 생활 수준 사이에 양의 상관관계가 존재한다는 사실을 전제한다. 그러나 행려사망자의 신장 증가는 생활 수준 악화로부터 비롯된 결과일 수 있다. 식민 지배로 인한 생활 여건 악화는 건강했던 개인들을 불운한 죽음으로 내몰 확률을 증가시켰을 수 있으며, 이것이 행려사망자의 평균 신장을 증가시켰을 수 있다. 만약 전자보다 후자가 더 크게 작용하였다면, 신장 증가는 생활 수준 향

상의 증거라고 해석할 수 없을 것이다.

연령값의 부정확성이 신장 추정 결과에 미친 영향 문제는 세 가지 방식으로 접근해 볼 수 있다. 첫째는 계량경제학 이론이다. Aigner(1973), Mouchart(1977), Lee and Porter(1984)에 따르면, 본 연구의 나이 변수처럼 회귀식의 통제 변수에 측정오차 문제가 존재할 경우 우리가 측정하고자 하는 출생연도 변수의 계수 추정치는 일치성(consistency)을 갖지 못한다. 그러나 Lee and Porter(1984)는 본 연구의 회귀분석이 충족하는 특정 상황에서는 출생연도 회귀계수 추정치가 하향 편의(bias)를 가짐을 보였다.[20] 하향 편의에도 불구하고 신장이 증가하였다는 결과가 나왔다는 사실은 회귀분석 결과가 연령 변수의 부정확성 문제로부터 강건(robust)하다는 것을 의미한다.

둘째, 지역별 신장 측정 결과를 비교해 볼 수 있다. 공무원들이 시신을 보고 연령을 어떻게 추측하는지는 지역별로 특별한 상관관계가 없을 것이다. 그럼에도 불구하고 지역별 성장 추세가 유사하다면 연령을 마구잡이로 짐작해서 기재했을 가능성이 높지 않음을 시사한다. 〈그림 1-5〉는 통상적인 방식대로 한반도를 북부, 중부, 남부의 세 지역으로 나눈 뒤 지역별로 신장을 측정한 결과이다.[21] 남부 지역 추정 결과에서 나타난 약간의 변동을 제외한다면 세 지역 모두 신장이 지속적으로 증가하는 추세를 보여 준다.[22] 이 결과는 신장 증가가 신

---

20 예를 들어, $Y_i=X_i\beta+W_i\delta+\epsilon_i$에서 β를 추정하려 한다고 하자. 여기서 X_i와 W_i는 각각 〈표 1-2〉에 나온 출생연도와 연령 더미를 의미한다. 만약 W_i가 이진변수(binary variable)이고 측정오차 문제를 가지고 있다면, β의 추정량인 $\hat{\beta}$은 일치성을 갖지 못한다. 그러나 Lee and Porter(1984)는 $\delta<0$이라면 $\hat{\beta}<\beta$임을 입증하였다. 행려사망자의 신장 패턴 때문에, 연령 계수의 부호 조건은 일반적으로 만족된다고 할 수 있다. 그러므로 β, 즉 출생연도 변수의 계수 추정치는 하향 편의가 있다고 할 수 있다.

21 북부 지방은 평안도, 함경도, 황해도, 중부 지방은 경기도, 강원도, 충청도, 남부 지방은 전라도(제주도 포함), 경상도를 포함한다.

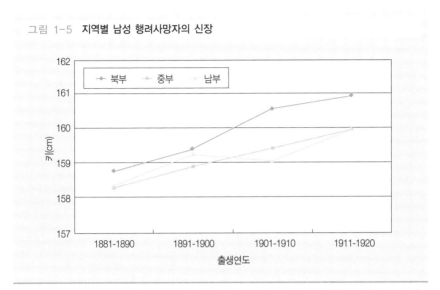

그림 1-5 **지역별 남성 행려사망자의 신장**

주: 북부는 평안도, 함경도, 황해도, 중부는 경기도, 강원도, 충청도, 남부는 전라도(제주도 포함), 경상도이다.
자료: 〈부표 1-1〉.

뢰할 수 없는 연령 정보로 인한 왜곡에서 비롯되었을지 모른다는 의심은 근거
가 없음을 보여 준다.

셋째, 신원이 확인된 행려사망자들의 정보를 사용하는 것이다. 앞서 언급
한 바와 같이, 행려사망자 광고에는 종종 개인의 이름이나 주소가 기재되어 있
다. 이러한 정보가 확인될 수 있었던 것은 그들이 죽기 전에 사회보호 시설에
수용되었기 때문으로 보인다. 그럴 경우 그들의 연령 정보는 행려사망자 스스

---

22 본 연구의 잠정 결과를 학술대회 등에서 발표했을 때, 몇몇 학자들은 지역별 신장의 체계적 차이가 소득 수준의
지역적 차이를 보여 주는 증거일 수 있다고 지적했다. 이러한 해석은 행려사망자들이 대부분 태어난 곳에서 살
다가 죽었을 것이라는 매우 강한 가정을 필요로 한다. 하지만 행려사망자들이 그들의 특성상 죽기 전에 여러 지
역을 돌아다닐 가능성이 높다는 점, 그리고 그 때문에 그들의 신원을 확인하기 어렵다는 사실을 감안한다면, 이
러한 가정은 받아들이기 어렵다. 그러므로 본 연구에서는 생물학적 생활 수준의 지역적 차이를 통해 지역 간 소
득 수준 차이를 추론하기보다는 추정의 강건성 확인에만 활용하기로 한다.

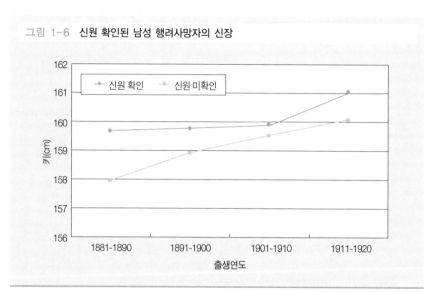

그림 1-6　신원 확인된 남성 행려사망자의 신장

주: 범례의 정의는 본문을 참조.
자료: 〈부표 1-1〉.

로가 제공한 것일 가능성이 높으며, 따라서 정확한 정보라고 할 수 있다.

〈부표 1-1〉에 제시한 것처럼 남성 행려사망자의 22.3%는 이름과 주소를 확인할 수 있었다. 〈그림 1-6〉은 신상 확인 여부에 따라 신장의 평균치를 계산한 결과이다. 신상이 확인된 행려사망자의 경우, 1910년대에 태어난 행려사망자는 1880년대에 태어난 행려사망자보다 1.3cm 더 크다. 〈표 1-2〉 (2)의 회귀분석 결과 역시 이러한 결과를 뒷받침한다.

역인과 관계 문제와 관련해서는 두 가지를 살펴보기로 한다. 첫째, 역인과 관계가 실제 성립하는지 여부이다. 만약 경제 상황 악화로 인해 건강한 사람들이 길거리에서 죽게 된 결과 행려사망자의 신장이 증가하였다면, 행려사망자 수가 늘어나야 할 것이다. 그러나 〈그림 1-2〉에 제시한 것처럼 본 연구가 분석

표 1-5 **행려사망자의 사망 원인 분류**

가난		가난 이외
굶주림과 추위	질병	
'추위', '굶주림', '굶주림과 추위', '미상'	질병 명칭이 기록된 경우	살인, 자살, 익사, 교통사고

한 25-30세 행려사망자의 연간 분포는 식민지기 내내 거의 변하지 않았다. 나아가 〈그림 1-1〉과 〈그림 1-2〉 모두에서 행려사망자의 수는 1930년대 초에 정점을 찍은 뒤 오히려 감소하는 역U자 형태를 갖는다. 이러한 모습 역시 역인과 관계가 성립하기 위한 전제와 일치하지 않는다.[23]

둘째, 행려사망자를 사망 원인별로 나누어 신장을 조사하였다. 광고에 사망 원인으로 기재된 내용은 대부분 배고픔, 추위, 질병처럼 가난과 관련된 것이다. 그러나 행려사망자 중 26.4%는 익사, 살인, 자살, 교통사고와 같은 사고로 세상을 떠났다(〈부표 1-1〉). 후자와 같은 사람들의 사망 원인은 비교적 경제적 상황 변화와는 독립적이라고 할 수 있다. 그러므로 가난 이외의 이유로 죽은 사람들의 신장은 역인과 관계 문제로부터 자유로울 것이다. 이러한 추론에 근거하여 행려사망자들을 사망 원인별로 분류하였다(〈표 1-5〉). 일차적으로 사망 원인을 '가난'과 '가난 이외'로 나눈 뒤, 전자의 경우는 다시 '굶주림과 추위' 그리

---

23 1930년대 초 이전에 나타나는 전체 행려사망자 수의 증가 역시 반드시 악화된 경제 상황을 의미하지는 않는다. 경찰 수 증가, 행정 체계 정착 등은 행려사망자 보고를 늘릴 수 있다. 그러나 이러한 요인들은 행려사망자의 평균 신장과는 독립적이므로, 본 연구 결과에 영향을 미친다고 보기 어렵다.

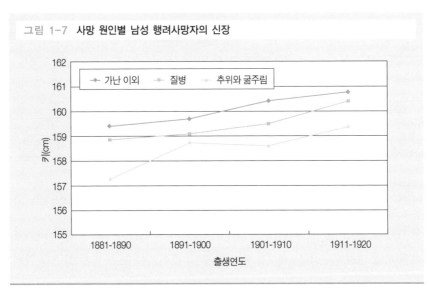

그림 1-7 **사망 원인별 남성 행려사망자의 신장**

주: 각 범주의 정의는 〈표 1-5〉를 참조.
자료: 〈부표 1-1〉.

고 '질병'으로 나누었다. '굶주림과 추위'는 사망 원인이 '추위', '굶주림', 또는 '미상'이라고 적힌 경우들이며, '질병'은 질병 이름이 명확히 기재된 경우이다.[24]

〈그림 1-7〉은 행려사망자들의 신장을 사망 원인별로 측정한 결과이다. '가난 이외' 범주의 신장은 증가 추세를 보여 주는데, 이 결과는 역인과 관계로 인해 신장이 증가했을 가능성을 반박한다. 회귀분석 역시 이러한 결과를 뒷받침한다(〈표 1-2〉 (3)). 아울러 주목할 점은 '가난 이외' 사망 집단이 '질병'이나 '추위와 굶주림' 집단보다 체계적으로 신장이 크다는 사실이다. '가난 이외' 사망

---

24 심장마비로 사망한 229명은 '질병'으로 분류하였다. 그들을 '가난 이외' 집단으로 포함시키더라도 결과는 변하지 않는다.

자들이 상대적으로 생활 수준이 더 나았을 것이라는 점을 고려하면 이러한 차이는 자료의 신뢰성을 높여 준다.

마지막으로, 〈표 1-2〉의 회귀식 (4)는 지금까지 논의된 모든 요인들을 포함한 추정 결과이다. 1880년대에 출생하고 30세에 중부 지역에서 추위나 굶주림으로 사망한 신원 미상의 남성 행려사망자의 신장은 157.65cm이다. 같은 특성을 지녔으나 1910년대에 태어난 남성 행려사망자의 신장은 전자에 비해 키가 2.2cm 더 컸다. 이 결과는 식민지기 동안 우리나라 사람들의 신장이 지속적으로 증가했음을 보여 준다.

5. 결론

식민지기 동안 우리나라 사람들의 생활 수준은 향상되었는가? 본 연구는 행려사망자의 신장이라는 새로운 유형의 자료를 이용해서 이 민감한 주제에 대한 답을 구해 보고자 하였다. 분석 결과, 25-30세 남성 행려사망자의 신장은 식민지기 동안 약 2.2cm 증가하였다. 이것은 식민지기 동안 우리나라 사람들의 생활 수준이 향상되었음을 보여 주는 기존 연구들과 일관된 결과이다. 같은 시기에 일본의 식민지였던 타이완 역시 식민지기 동안 신장이 증가하였으며, 이러한 유사성 역시 본 연구의 결과를 뒷받침한다고 할 수 있다.[25]

---

25 Olds(2003), Morgan and Liu(2007).

본 연구 결과는 식민지기 생활 수준 논쟁에 대하여 답을 제시함과 동시에 새로운 차원의 질문을 제기한다. 예를 들어, 식민지기 동안 우리나라 사람들의 신장이 증가했다면 이것은 한일합방 이후 시작된 것일까 아니면 19세기 말 혹은 그 이전부터 진행된 장기 추세의 연장일까? 이 질문에 답하기 위해서는 개항기의 생활 수준에 대한 본격적인 후속 연구가 필요하다.[26]

마지막으로 사망자의 신장 정보를 사용하는 접근 방식의 유용성을 언급하면서 논의를 마무리하고자 한다. 일본 그리고 일본의 식민지였던 다른 국가들 역시 행려사망자 자료를 갖고 있다. 이 자료들을 활용한다면 동아시아 국가들의 생활 수준이 어떤 장기 추세를 보이는지에 대하여 국가 간 비교 연구를 수행할 수 있을 것이다. 그런 면에서 볼 때, 행려사망자 자료 분석은 궁극적으로 동아시아 국가들의 장기적인 경제 변동에 대한 우리의 이해를 심화시키는 데 기여할 것으로 기대된다.

---

26 Kim and Park(2017)은 후자를 지지하는 결과를 보여 준다.

(단위: cm)

출생연도		전체	지역			신원		사망 원인		
			북부	중부	남부	확인	미확인	가난 이외	질병	굶주림 과 추위
1881 -1890	키	158.4	158.8	158.3	158.3	159.7	158.0	159.4	158.9	157.3
	표준편차	7.8	8.5	8.2	7.3	8.8	7.4	7.0	8.4	7.0
	관측치	1,027	178	361	488	262	765	117	564	346
1891 -1900	키	159.2	159.4	158.9	159.3	159.8	158.9	159.7	159.1	158.7
	표준편차	7.0	6.9	7.2	7.0	6.9	7.1	6.8	7.1	7.2
	관측치	2,011	410	791	810	605	1,406	548	993	470
1901 -1910	키	159.6	160.6	159.4	159.1	159.9	159.5	160.4	159.5	158.6
	표준편차	6.2	6.6	5.8	6.2	6.0	6.2	6.0	6.0	6.5
	관측치	2,183	517	850	816	393	1,790	713	896	574
1911 -1920	키	160.2	160.9	160.0	160.0	161.0	160.1	160.8	160.4	159.4
	표준편차	5.4	6.5	4.8	5.5	6.1	5.3	5.2	5.5	5.4
	관측치	1,125	272	558	295	159	966	303	500	322
전체 관측치		6,346	1,377	2,560	2,409	1,419	4,927	1,681	2,953	1,712

주: '지역' 범주가 어떻게 정의되었는지는 각주 21을 참조. '신원'의 경우 이름이나 주소가 주어졌다면 '확인'으로 분류하고, 그렇지 않다면 '미확인'으로 분류하였다. 사망 원인에서 '가난 이외', '질병', '굶주림과 추위' 각각의 정의는 〈표 1-5〉를 참조.

자료: 본문 참조.

길인성, 「한국인의 신장변화와 생활 수준: 식민지기를 중심으로」, 『제38회 전국 역사학대회 발표요지』, 1995, pp. 314-336.

김낙년 편, 『한국의 경제성장, 1910-1945』, 서울대학교출판부, 2006.

이우연 · 차명수, 「식민지 조선의 임금 수준과 구조」, 『경제사학』, 43, 2007, pp. 41-66.

조선총독부, 『조선총독부통계연보』, 각 연도.

_____, 『관보』, 1910-1945.

최성진, 「식민지기 신장변화와 생활수준」, 『경제사학』, 40, 2006, pp. 57-82.

최정태, 『한국의 관보: 조선조에서 대한민국 정부수립 이전까지』, 아세아문화사, 1992.

허수열, 「일제하 실질임금 추계」, 『경제사학』, 5, 1981, pp. 213-245.

_____, 『개발 없는 개발: 일제하 조선경제 개발의 현상과 본질』, 은행나무, 2006.

尾高煌之助, 「日本統治下における朝鮮の勞動經濟」, 『經濟硏究』, 26(2), 1975, pp. 145-158.

_____, 「臺灣, 朝鮮の勞動統計」, 溝口敏行 · 梅村又次 編, 『舊日本植民地經濟統計: 推計と分析』, 東洋經濟新報社, 1988, 第2部 第4章.

Aigner, Dennis, "Regression with a Binary Independent Variable Subject to Errors of

Observation," *Journal of Econometrics*, 1, 1973, pp. 49-60.

Cha, Myung Soo, "Facts and Myths about Korea's Economic Past," *Australian Economic History Review*, 44(3), 2004, pp. 278-293.

Choi, Seong-Jin and Daniel Schwekendiek, "The Biological Standard of Living in Colonical Korea, 1910-1945," *Economics and Human Biology*, 7(2), 2009, pp. 259-264.

Gill, Insong, "Stature, Consumption, and the Standard of Living in Colonial Korea," John Komlos and Jorg Baten, eds., *The Biological Standard of Living in Comparative Perspective*, Stuttgart, 1998.

Kim, Duol and Heejin Park, "Biological Living Standard of the Poorest Women in Colonial Korea: Evidence from the Female Hangryu Deceased," working paper, 2010.

_____, "A Consequence of Coerced Free Trade: Biological Living Standards of Korea during the Port-Opening Period, 1876-1910," working paper, 2017.

Kim, Duol and Ki-Joo Park, "A Cliometric Revolution in Korean Economic History: a Critical Review," *Australian Economic History Review*, 52(1), 2012, pp. 85-95.

Kimura, Mitsuhiko, "Changes in Living Standards in Colonial Korea: an Analysis Using Statistical Data on Stature," *Osaka Economic Papers*, 41, 1991, pp. 206-217.

_____, "Standard of Living in Colonial Korea: Did the Masses Become Worse off or Better off under Japanese Rule?," *Journal of Economic History*, 53(3), 1993, pp. 629-652.

Kwon, Tai Hwan, *Demography of Korea: Population Change and Its Components 1925-66*, Seoul National University Press, 1977.

Kwon, Tai Hwan et al., *Population of Korea*, Seoul National University Press, 1975.

Lee, Lun-Fei and Robert Porter, "Switching Regression Models with Imperfect Sample Separation Information-with an Application on Cartel Stability," *Econometrica*, 52(2), 1984, pp. 391-418.

Morgan, Stephen and Shiyung Liu, "Was Japanese Colonialism Good for the Welfare of Taiwanese? Stature and the Standard of Living," *China Quarterly*, 192, 2007, pp. 990-1017.

Mouchari, M., "A Regression Model with an Explanatory Variable Which is Both Binary and Subject to Errors," in Dennis Aigner and Arthur Goldberger, eds., *Latent Variables in Socio-Economic Models*, Amsterdam: North Holland, 1977.

Olds, Kelly, "The Biological Standard of Living in Taiwan under Japanese Occupation," *Economics and Human Biology*, 1(2), 2003, pp. 187-206.

Steckel, Richard, "Stature and the Standard of Living," *Journal of Economic Literature*, 33(4), 1995, pp. 1903-1940.

_____, "Biological Measures of the Standard of Living," *Journal of Economic Perspectives*, 22(1), 2008, pp. 129-152.

식민지 조선의 공업화:
노동생산성 추계를 통한 분석

식민지 조선의 공업화:
노동생산성 추계를 통한 분석

1. 서론

식민지 공업화란 말은 형용모순일까? 19세기와 20세기 초에 제국주의 세력들은 대체로 식민지를 자신들이 만든 제품을 판매하기 위한 시장 그리고 산업 생산에 필요한 원자재의 안정적인 조달처로 활용하고자 하였다. 이러한 정책은 식민화된 지역들의 초기 조건과 결합하면서 식민지의 산업화를 억제하는 결과를 가져왔다.[1] 하지만 식민지 조선은 몇 안 되는 예외 중 하나이다. 스즈키 다케오(鈴木武雄)가 '조선의 산업 혁명'이라고까지 불렀을 정도로, 식민지 조선에서는 제조업의 괄목할 만한 성장이 이루어졌다.[2]

전통설은 식민지 조선의 공업화가 1930-1945년 기간 동안 일본 정부가 추진한 정책의 결과였다고 설명해 왔다.[3] 그러나 최근 들어 여러 학자들은 광범위한 통계적 증거에 기반해서 전통설을 비판하였다. 1930년 이전에도 이미 공장

---

[1] Fieldhouse(1983), pp. 78-103; Austin(2003), p. 151.
[2] 鈴木武雄(1942). Cumings(1984), p. 489 역시 동일한 언급을 하고 있다.
[3] 鈴木武雄(1942)와 Suh(1978), pp. 95-129가 대표적이다. 식민지 조선의 산업화에 대한 연구사 개괄로는 안병직 · 호리 가즈오(1993)와 김낙년(2003)을 참조.

수와 공장 생산은 빠르게 증가하였으며, 이러한 움직임은 조선총독부의 산업 정책에 따른 결과도 아니었다.[4]

본 연구는 공장 노동생산성의 증가를 측정하고 생산성 증가의 원천을 분석함으로써 식민지 공업화에 대한 이해를 심화하고자 한다. 특히, 본 연구는 그동안 주목 받지 않았지만 전통설의 주춧돌에 해당하는 두 가지 문제를 검토한다. 첫째, 전통설이 함축하는 것처럼 1930년 이전에는 유의한 생산성 증가가 이루어지지 않았을까, 아니면 생산성 증가는 1910년대와 1920년대 공업 생산 확대에 중요한 역할을 하였는가? 둘째, 전통설이 상정한 것처럼 조선인 소유 공장들은 대부분 전근대적이고 침체되어 있었을까, 아니면 그들은 생산성을 높이고 일본인 소유 공장들과 성공적으로 경쟁하고 있었을까?

2. 선행 연구 검토

1910년 한일합방 무렵 조선 경제는 농업이 지배적이었고 제조업은 대체로 전근대적이었다. 1910년대 초반의 경우, GDP 가운데 광공업 부문으로부터 창출된 부가가치는 5%에 불과했고, 이것의 대부분도 가내수공업으로부터 나왔다. 그러나 다른 식민지들과는 달리 식민지 조선의 제조업 생산은 빠르게 확대되었다. 1930년대 후반이 되면 GDP 대비 광공업 부문 부가가치 비율은 20%로

---

4 허수열(1989; 1993; 1996), 주익종(1991; 1996), 木村光彦(1988), 박기주(2003).

증가하였고, 공장은 제조업 생산의 일반적 형태로 자리잡았다.[5]

서상철은 "식민지 조선의 산업화는 내재적 요인이 아니라 1930년대 일본의 정책 변화로부터 비롯되었다"고 주장하였다.[6] 이 언명은 식민지 조선의 산업화에 대한 전통설을 간명하게 보여 주고 있는데, 세 가지 내용을 내포하고 있다. 첫째, 제조업 성장이 본질적으로 이식의 결과라는 것이다. 식민지기 동안 조선인 제조업자들은 전근대적이었던 반면, 기계화되고 근대적인 대규모 생산을 수행한 것은 일본 기업들이었다. 둘째, 식민지기 초부터 일본 자본이 꾸준히 유입되었지만, 1930년 이후에는 큰 규모로 밀려들어 왔다. 셋째, 일본 정부의 정책 변화가 이와 같은 근본적인 변화를 야기하였다. 1930년까지 조선총독부는 주로 농업 생산 증진에 초점을 맞추었으며, 공업 생산을 늘리는 것은 관심사가 아니었다.[7] 하지만 일본 정부가 1920년대 말부터 1930년대 초의 불황에 대한 대응으로 1931년에 중요산업통제법(重要産業統制法)을 도입하자, 많은 일본 기업들은 생산과 가격에 대한 정부의 엄격한 규제를 피하기 위해 식민지 조선에 공장을 이전하거나 신설하였다. 좀더 중요하게는 1931년에 만주 사변 그리고

---

5 제조업과 광업의 부가가치 비율은 溝口敏行・梅村又次 編(1988), pp. 236-239를 이용해서 계산하였다. 우리나라 경제는 제조업뿐만 아니라 경제 전반적으로 식민지 기간 동안 빠르게 팽창했다. 1910년에 인구는 1,500만 명이 었지만 1938년에는 2,200만 명으로 증가했다. 溝口敏行・梅村又次 編(1988)에 따르면 1912년부터 1937년까지 의 연평균 GDP 성장률은 3.8%였으며, 김낙년 편(2012) 역시 유사한 추정치를 제시했다. 일본의 또다른 식민지 였던 타이완이 동일한 기간 동안 연평균 4.2% 성장하였는데, 이를 제외하면 동시대의 다른 식민지 경제들에서 이처럼 빠른 경제 성장은 찾아보기 어렵다.

6 Suh(1978), p. 103.

7 일본은 1910년대에 심각한 쌀 부족을 겪었는데, 그 결과 1918년에 쌀 파동과 같은 사회적 혼란이 발생하였다. 일 본 정부는 그들의 식민지에서 본국으로 보낼 쌀의 생산을 늘림으로써 이러한 문제를 해결하려고 했다. 이를 위해 조선총독부는 관개 시설이나 비료 공장에 많은 투자를 하였으며, 신품종 보급과 개발을 위해 많은 노력을 기울였 다. Ban(1979), Suh(1978), 山田三郎(1988)는 이러한 정책들이 식민지 조선의 농업 생산을 크게 증가시켰다고 주 장했다.

1937년에 중일 전쟁이 발발하게 되면서 일본 정부는 한반도에 공업 시설 설립을 지원하였다.

전통설은 몇 가지 심각한 결함을 안고 있다. 우선 식민 정책이 산업화를 선도하였다는 부분은 역사적 선후 관계와 어긋난다. 1931년에 흥남질소비료 공장이 생산을 시작하고 뒤이어 일본의 다른 대기업들이 한반도에 근대적인 직물·화학·시멘트 공장들을 건설하기 시작하면서 제조업 투자는 증가하였다. 하지만 일본 정부는 1936년 10월에 와서야 농공병진(農工竝進) 정책을 본격적으로 추진하였다.[8] 이와 관련해서 주익종(2003)은 1926년부터 1937년까지의 기간 동안 쌀 생산과 제조업에 대한 정부 보조금 규모를 추정하였다. 쌀에 대한 보조금 총액은 1926-1929년에 340만 엔, 1930-1933년에 470만 엔, 1934-1937년에 240만 엔이었다. 반면 1926년부터 1937년까지 기간 동안 제조업에 대한 보조금은 연평균 17만 엔에 불과하였다. 이러한 사실들은 1930-1937년 동안의 제조업 투자 급증을 정부가 의도한 정책의 결과라고 설명하는 것이 과도한 일반화의 오류를 범하고 있음을 보여 준다.[9] 나아가 군사 관련 투자를 위한 일본 정부의 계획이 식민지의 산업화를 촉진하고 산업 구조를 변화시켰다는 점은 부인하기 어렵지만, 그것은 1930년이 아니라 1937년 이후의 일이었다.

산업화가 1930년부터 시작되었다는 인식이 바뀌어야 할 이유는 또 있다. 일본 재벌 기업들은 1930년대부터 식민지 조선에 큰 공장들을 짓기 시작하였다. 그러나 만약 우리가 산업 구조 변화가 아니라 산업 생산을 기준으로 본다

8 김낙년(2003), p. 35.
9 김낙년(2003), p. 35, 특히 추정값은 주익종(2003), pp. 68-69.

그림 2-1 식민지 조선의 공장 생산, 1913-1937(1935년 실질액)

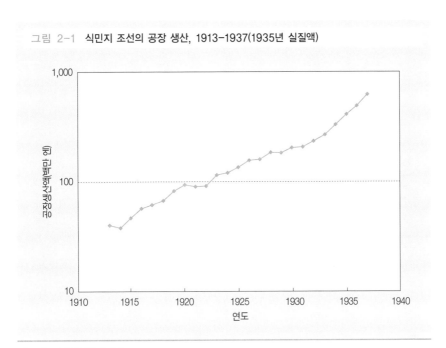

자료: 『조선총독부통계연보』, 1913-1937.

면, 1930년은 제조업 팽창의 시발점이라고 볼 수 없다. 〈그림 2-1〉과 〈그림 2-2〉
가 보여 주듯이, 공장 생산의 증가 그리고 이에 따른 가내수공업의 대체는 1910
년대 초부터 시작된 연속적인 과정이었다. 1913-1930년 기간 동안 공장 생산 증
가율은 연평균 11%였다. 이러한 1930년 이전의 성장률은 1931-1937년 동안의 연
평균 성장률인 17%보다 낮은 것이었다. 그러나 연평균 11%의 성장은 결코 낮
은 수준이 아니다. 전통설의 주장과는 달리, 1930년 이전의 산업화는 1930년 이
후의 산업화보다 덜 중요하거나 무시할 만한 것이 아니었다.

　기존 연구가 밝힌 이상의 내용에 더하여 추가적인 분석이 필요한 두 가지

그림 2-2　제조업 총생산 중 공장 생산의 비중, 1915-1937

자료: 『조선총독부통계연보』, 1915-1937.

문제가 있다. 하나는 1930년 이전 제조업 확장의 본질이 무엇인가이다. 전통설은 기계화된 생산 또는 규모의 경제에 기반한 기술들이 1930년 이후에 널리 알려졌던 반면, 1930년 이전의 제조업은 본질적으로 전근대적이었음을 주장한다. 그럴 경우 유의한 생산성 증가는 1930년 이전에는 이루어지지 않았어야 한다. 그러나 〈그림 2-1〉과 〈그림 2-2〉는 이러한 추론에 대해 의문을 제기한다. 수정론자들은 전통설을 비판하고 1930년 이전에도 공장과 제조업 생산이 확대되었음을 밝혔지만, 이러한 생산 증가가 그저 전통적 생산 방식 하에서 투입이 증가한 결과였는지 아니면 생산성이 증가해서인지에 대해서는 자세히 살펴보지 않았다.

그림 2-3 오다카 고노스케가 추정한 식민지 조선의 공장 노동생산성(1925=1)

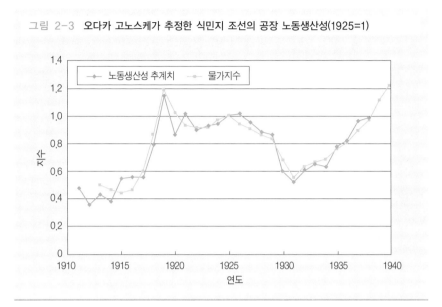

자료: 노동생산성은 尾高煌之助(1988), p. 88. 물가지수는 박기주(2003).

본 연구는 노동생산성 증가율을 측정함으로써 이 문제에 답하고자 한다. 식민지기 제조업 노동생산성에 대해서는 오다카 고노스케(尾高煌之助)의 선행 연구가 있다. 그러나 〈그림 2-3〉은 오다카의 노동생산성 시계열이 물가지수와 거의 동일하게 움직이는 것을 보여 준다. 이것은 오다카의 추계치가 실질 노동 생산성이 아니라 명목 노동생산성일 가능성을 시사한다. 아울러 이 결과는 노동생산성 변화를 제대로 추정하려면 물가 변화를 적절하게 통제하는 것이 매우 중요하다는 사실도 보여 준다.[10]

10 오다카는 尾高煌之助(1988), p. 88, 그림 8-7 (B)에 생산성 시계열을 제시했다. 오다카는 이 그림의 자료 출처를 제시하지 않기 때문에, 우리는 시행착오를 통해 溝口敏行 · 梅村又次 編(1988), p. 276의 표 41의 세 번째 열에

두 번째는 조선인 소유 공장들의 성과이다. 전통설에 따르면 조선인 소유 공장들은 식민지기 내내 정태적이고 전근대적이었던 반면, 기계화된 근대적 생산을 수행한 일본인 소유 공장들이 대부분의 생산성 증가를 가져온 원천이 었다. 하지만 허수열(1989; 1993; 1996), 주익종(1991; 1996) 등의 선구적인 연구는 조선인 소유 공장 및 기업들에 대한 이와 같은 정체된 이미지를 바꾸어 왔다. 그들은 조선인 소유 공장 및 기업들의 규모와 숫자가 식민지기 동안 빠르게 증가해 왔다는 것을 보여 주었다.[11] 본 연구는 한 걸음 더 나아가 조선인 소유 공장들의 생산성 증가를 측정하고 일본인 소유 공장들과 비교함으로써 조선인 소유 공장들의 역동성을 보다 심도 있게 파악해 보기로 한다.

3. 자료와 추정 방법

본 연구는 『조선총독부통계연보』를 이용하여 공장 노동생산성을 측정한다. 『조선총독부통계연보』에는 제조업과 관련해서 두 가지 종류의 통계가 수록되어 있다. 하나는 '공산물' 표로, 여기에는 공장과 가내수공업에 의해 생산된 모든 제조업 생산액 정보가 담겨 있다. 다른 하나는 '공장' 표로, 5인 이상을 고용한 공장들의 고용, 자본, 생산액 등이 수록되어 있다. 본 연구는 후자를 이용

수록된 'Suh의 제조업 부가가치'가 오다카의 시계열과 사실상 동일한 그림을 제공한다는 것을 알아냈다. 한편, 溝口敏行・梅村又次 編(1988)의 물가지수 시계열은 〈그림 2-3〉에 제시한 박기주(2003)의 물가지수와 거의 유사한 움직임을 보이고 있기 때문에, 이상의 결과는 어느 물가지수 시계열을 선택하는가에 좌우되지는 않는다.
11 허수열(1989; 1993; 1996), 주익종(1991; 1996).

해서 공장 노동생산성을 측정한다.

1910년대 초반의 공장표는 모든 개별 공장들을 열거하고, 총생산, 자본, 노동자, 공장 소유주의 민족 등의 정보를 기록하였다. 그러던 것이 1916년 이후부터는 산업 단위 집계값을 제공하는 것으로 바뀌는데, 산업 구분은 매우 세세한 수준으로 이루어졌다. 예를 들어, 1925년 공장표에는 71개의 산업이 보고되었고, 산업별 정보는 공장 소유주의 민족에 따라 다시 나누어졌다.[12] 공장표의 통계 형식은 1929년에 다시 한 번 바뀌어서, 산업별 근로자를 담고 있는 표와 산업별 총생산물의 가치를 담고 있는 표로 분할되었다. 본 연구에서는 이 두 표를 결합하여 1929년 이전 자료와 일관된 산업별 총생산과 근로자 수 정보를 확보하였다. 단, 1929년 이후로는 공장 수, 자본, 공장주의 민족 같은 정보는 이용할 수 없었다.

분석 기간의 경우, 자료상의 문제 때문에 1913년 이전 시기는 분석에 포함하지 않았다.[13] 아울러 조선총독부가 전쟁 관련 정보를 검열하고 삭제하기 시작한 1938년 이후 시기도 배제하였다.[14] 분석 대상인 1913-1937년 기간 동안에 대하여 t년도의 공장 노동생산성(LP_t)은 다음과 같이 측정하였다.

$$LP_t = \frac{\sum_{i=1}^{N}\left(\frac{TP_{it}}{P_{it}}\right)}{\sum_{i=1}^{N} L_{it}}.$$

---

12 『조선총독부통계연보』, 1925, pp. 179-199. 예를 들어, 직물업은 한국인 소유 공장, 일본인 소유 공장, 중국인 소유 공장, 외국인 소유 공장, 정부 소유 공장 등 다섯 개의 범주로 나뉘어 있으며, 총생산액이나 노동자 수는 범주별로 따로 기록되어 있다.

13 1910년 중반 자료 역시 소규모 기업들의 누락으로 생산성 추정에 문제가 있다. 1910년대 중반 자료를 배제하는 대신, 본 연구는 자료를 사용하되 누락으로 인한 잠재적 편의 문제를 언급하는 방식으로 논의를 전개하였다.

14 아울러 1939년에는 가격 통제가 시작되었는데, 이 역시 신뢰할 만한 물가지수 추정을 저해함으로써 생산성 추계를 어렵게 한다.

TP_{it}: t연도 i산업의 공업생산액(명목)

P_{it}: t연도 i산업의 물가지수

L_{it}: t연도 i산업의 노동자 수

$i=1, \cdots, N$(산업 수)

t=연도(1913, $\cdots$, 1937)

위 식에서 각 산업의 명목 공업생산액(TP_{it})과 근로자 수(L_{it})는 공장표로부터 구할 수 있다.[15] 산업별 실질 공업생산액($\frac{TP_{it}}{P_{it}}$)은 공장표의 산업들을 11개로 병합한 뒤 각 산업의 물가지수를 적용하여 계산하였다. 산업별 물가지수는 박기주(2003)의 추계값을 수정해서 사용하였다. 〈부표 2-1〉에는 11개 산업들과 총생산에서의 비중을 제시하였다.

아울러 공장표를 사용하는 데 필요한 추가적인 조정 사항은 다음과 같다. 첫째, 『조선총독부통계연보』는 가스와 전기 같은 분야의 정보를 공장표에 기재하였는데, 이 산업들은 배제하였다. 둘째, 정미업도 배제하였는데, 정미업은 공업 부문이라기보다는 농업 생산의 마지막 단계에 더 가깝기 때문이다.[16] 셋째, 몇몇 산업들은 어떤 해에는 보고되었다가 다음 연도에는 누락되기도 하였다. 이럴 경우 다른 자료를 이용해서 정보를 보충하였는데, 담배 · 기계류 · 금속 산업이 여기에 해당한다.[17]

---

15 총생산액이 아니라 부가가치를 사용할 경우, 원자재 비용의 변화로 인한 영향을 제거할 수 있다는 이점이 있다. 불행하게도 공장표는 투입물에 대한 정보를 제공하지 않기 때문에 총생산액을 사용할 수밖에 없다.

16 정미업은 1930년대까지 전체 공산액의 약 절반 정도를 차지한다. 이렇게 비중이 큰 것은 원자재인 쌀의 총생산액이 크기 때문이다. 경성산업조사회(1934)에 따르면, 제조업 전체의 생산액 대비 부가가치 비율은 평균 40% 정도인 반면, 정미업은 5%에 불과하였다. 본 연구는 부가가치가 아니라 생산액을 사용하여 공장 노동생산성을 측정하기 때문에, 정미업을 포함할 경우 생산성을 심각하게 과소 추정하거나 왜곡할 수 있다. 이런 이유 때문에 본 연구에서는 정미업을 배제하였다.

17 철강 산업의 경우, 초기에는 광산에서 철광석을 제련하는 작업이 제조업으로 보고되었다. 자세한 설명은 박기주

4. 공장 노동생산성 추계 결과

〈그림 2-4〉는 1913-1937년 기간 동안 식민지 조선의 공장 노동생산성 추계
결과이다. 이 그림은 오다카의 추계와는 매우 상이한 양상을 보여 준다. 1910년
대 중엽의 이례적인 움직임을 제외하면, 식민지기 동안 노동생산성은 지속적
으로 상승하였다. 1910년대 중엽의 움직임은 소규모 공장들의 누락에서 비롯

그림 2-4 **식민지 조선의 공장 노동생산성, 1913-1937(1930년=1)**

주: 1910년대와 관련해서는 각주 14와 20을 참조.
자료: 『조선총독부통계연보』, 1913-1937; 박기주(2003).

(2003)를 참조. 한편, 기계류 산업과 담배 산업에서는 정부 소유 공장들이 큰 비중을 차지하였는데, 이 공장들은
1928년까지는 공장표에 수록되다가 이후에는 배제되었으며, 그 결과 해당 산업의 통계는 대폭 축소되었다. 본
연구에서는 다른 자료를 이용해서 누락 정보를 보충하였다.

표 2-1 공장 노동생산성의 연평균 증가율: 식민지 조선과 일본, 1913-1937

(단위: %)

	식민지 조선	일본
1913-1937	2.4	
1913-1920	1.0	
1921-1928	1.8	3.0
1929-1937	4.0	2.8

주: 1913-1928의 연평균 증가율은 연간 1.4%이다.
자료: 식민지 조선에 대해서는 〈그림 2-4〉와 본문 참조. 일본은 大川一司·篠原三代平·梅村又次 編(1988).

된 것으로 보인다. 앞서 언급한 것처럼, 이러한 상향 편의는 생산성 증가를 과소 추정하는 결과를 가져오는데, 이 점은 추정 결과를 해석하는 데 있어서 고려해야 할 사항이다.[18]

1913-1937년 기간 동안 생산성 증가율은 연평균 2.4%였다(〈표 2-1〉). 기간별 증가율은 생산성 증가가 가속화하는 양상을 보여 주는데, 1921-1928년 기간 동안의 증가율은 1913-1920년 기간보다 두 배 정도 높았고, 1929-1937년 기간은 이전 시기의 두 배 수준이었다.[19] 1929년 이전과 이후의 성장률이 큰 차이가 난다는 사실은 전통설을 뒷받침하는 것처럼 보일 수 있다. 그러나 이러한 해석은 1929년 이전에는 생산성 증가가 이루어지지 않았다고 말할 수 있을 경우에만 성립할 수 있다.

18 대안은 1910년대를 배제하고 1920년대 자료에 한정해서 분석하는 것이다.
19 만약 1910년 기간의 상향 편의를 조정한다면, 1910년대와 1920년대 사이의 가속화는 사라질 것이다. 그러나 이것은 1929년 이전 기간 동안의 생산성 증가를 감소시키기보다는 증가시킨다. 그리고 1930년 이전의 생산성 증가가 낮지 않았다는 명제를 강화한다.

이 문제와 관련해서 1929년 이전의 생산성 증가를 다른 나라와 비교해 보기로 한다. 일본의 또다른 식민지였던 타이완은 좋은 비교 대상이다. 타이완의 경우 현재 사용 가능한 자료는 오다카가 식민지 조선의 노동생산성과 함께 제시한 추정 결과뿐이다. 불행하게도 이 추계치는 식민지 조선에 대한 그의 추정치와 유사한 문제들을 가지고 있기 때문에, 더 신뢰할 만한 추정 결과가 나올 때까지 타이완과의 비교는 미룰 수밖에 없다.[20] 일본의 경우는 자료 수집 방법이 식민지 조선과 동일하므로 좋은 기준점이 될 수 있다. 일본의 공장 노동생산성 증가율은 1921-1928년 기간 동안에 연평균 3.0%였고, 1929-1937년 기간 동안에는 2.8%였다.[21] 1921-1928년 기간 동안 식민지 조선의 노동생산성 증가율은 일본보다 약 1%p 낮은 셈이다. 그러나 1920년대 동안에 일본에서 규모의 경제를 시현하는 산업들이 빠르게 증가했다는 점을 고려한다면, 이러한 격차는 오히려 적은 것이라고도 할 수 있다.

흥미로운 것은 서유럽 국가들의 산업화 초기 생산성 증가와 비교한 결과이다. 영국, 프랑스, 독일, 벨기에에 대한 크래프츠(N.F.R. Crafts)의 노동생산성 추정에 따르면, 1840-1900년 기간 동안 영국과 프랑스의 제조업 노동생산성 증가율은 각각 1.4%와 1.0%이었고, 1860-1900년 기간 동안 독일과 벨기에의 연평균 증가율은 2.0%와 2.1%이었다.[22] 비록 단순한 비교이지만, 적어도 이 결과는

---

20 尾高煌之助(1988), p. 88, 그림 8-7. 1913-1920년 동안 생산성 증가율은 -3.7%이고, 1921-1928년에는 9.0%, 1929-1936에는 2.5%이다. 1913-1936년 전체 기간 동안 생산성의 증가율은 2.9%이다.

21 大川一司 · 篠原三代平 · 梅村又次 編(1988)에서 노동력은 2권, p. 256, 총생산액은 10권, p. 147. 총생산액은 1870-1938년 기간에 대해 제공되어 있지만, 노동 통계는 1897년부터 시작되기 때문에 1897년 이전 기간의 생산성은 계산할 수 없었다. 게다가 1897-1920과 1919-1940년 기간에 대해 서로 다른 기준을 적용한 노동자 통계를 제시하였기 때문에 일관된 노동생산성 추계를 얻는 것은 불가능하다. 이 자료를 이용해서 1897-1920년 기간의 생산성 증가를 계산해 보면 -0.5%가 나온다.

1929년 이전 기간 동안 식민지 조선의 제조업 노동생산성 증가가 무시할 만한 수준은 아니었다는 판단을 뒷받침한다.

5. 생산성 증가의 원천

이상의 분석 결과는 식민지 조선의 산업화에 대한 기존 설명이 일본 정부의 영향을 과장하고 1930년 이전의 산업 발전을 과소평가했음을 보여 준다. 그렇다면 1930년 이전 생산성 증가의 원천은 무엇일까? 1930년 이전 기간에 대한 성장회계 분석(growth accounting analysis) 결과 총요소생산성 증가율은 음의 값이 나타났다(〈부표 2-2〉). 공장표에 수록된 자본금이 어떻게 산정되었는지에 관한 상세한 정보가 없기 때문에, 현 단계에서는 더 나은 추정치를 제시하는 것은 불가능하다.[23] 단, 이 결과는 노동생산성 증가에 있어서 총요소생산성보다는 자본 축적이 더 큰 역할을 했을 가능성을 시사하는 정도로 해석해 볼 수 있다.

전통설은 식민지 조선의 공업화가 이식된 것임을 강조하고, 본질적으로는 조선 경제가 근대적이고 선진화된 일본인 소유 공장들과 전근대적이고 미발전

22 Crafts(1984), p. 61, 표 8를 이용하여 계산하였다.
23 이처럼 자본증가율이 높게 나온 원인 가운데 가장 손쉽게 생각해 볼 수 있는 것은 공칭자본금과 납입자본금 간의 불일치 문제이다. 만약 많은 기업들이 공칭자본금을 보고했지만 그것을 제대로 납입하지 않았다면, 근로자 일인당 자본액의 증가율은 과장되었을 것이다. 아울러 일본 대기업의 식민지 지사들 중 일부는 조선 지점의 자본 대신 회사 전체의 자본을 보고하기도 하였다. 예를 들어, 다음 절에서 다룰 1936년 『평안남도통계연보』를 살펴보면, 일본제당의 조선 공장은 6,200만 엔의 자본금을 가지고 있는 것으로 기록되어 있는데, 그것은 그 다음으로 자본금이 큰 기업보다 15배 많은 규모인데다가 평안남도에 있는 제조업 기업들의 총자본 중 72%를 차지한다. 이러한 상황은 보고된 액수가 조선 공장이 아니라 일본제당 전체의 자본금을 보고했을 가능성을 시사한다(『평안남도통계연보』, 1936).

표 2-2 식민지기 조선인 소유 공장, 1913-1938

	기업 수	노동자(1,000)	자본(백만 엔, 1935년 실질액)	총생산액(백만 엔, 1935년 실질액)
1913	106(27)	1.7(10)	1.0(8)	0.9(4)
1918	622(48)	7.0(22)	2.6(9)	4.1(6)
1923	1,143(45)	11.4(27)	5.6(6)	8.2(11)
1928	1,508(45)	18.2(30)	14.1(4)	23.0(18)
1933	2,652(55)	n.a.	n.a.	n.a.
1938	3,963(60)	n.a.	n.a.	n.a.

주: 괄호 안의 숫자는 전체 공장 대비 한국인 소유 공장의 비율(%)임.
자료: 1913년부터 1928년은 『조선총독부통계연보』, 1933년과 1938년은 허수열(1993), p. 139 참조.

한 조선인 소유 사업체들로 구성된 이중 경제라고 규정한다.[24] 성장회계 분석 결과와 관련해서 이러한 관점이 시사하는 한 가지 함의는 높은 수준의 자본 투자가 주로 일본인 소유 공장들로부터 비롯되었으리라는 것이다. 공장 소유자를 민족별로 살펴보면, 1930년 이전에 형성된 총자본의 90%는 일본인에 의한 것이었다(〈표 2-2〉). 게다가 1930년대 초반부터는 일본 재벌의 대규모 자본 투입이 있었기 때문에, 식민지 기간 동안 일본의 자본 투자가 생산성 향상에 지배적 역할을 했음은 이론의 여지가 없다.

그러나 〈표 2-2〉는 한국인 소유 공장들이 노동생산성 증가를 지체시키는 요인은 결코 아니었음을 시사한다. 1913년부터 1928년까지의 기간 동안 한국인 소유 공장의 자본은 14배 증가하였고, 한국인 소유 공장의 수는 15배 증가하였

---

24 Ho(1984), p. 368; Suh(1978).

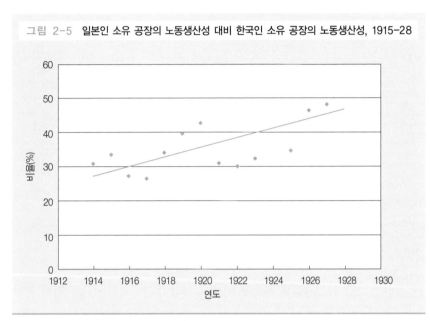

그림 2-5　일본인 소유 공장의 노동생산성 대비 한국인 소유 공장의 노동생산성, 1915–28

주: 추세선은 상대 노동생산성(%)=1.40 · 연도−2,648.3, R^2=0.51.
자료: 〈그림 2-4〉를 참조.

으며, 공장당 총생산액은 두 배로 증가하였다.[25]

　〈그림 2-5〉는 일본인 소유 공장의 생산성에 대비한 조선인 소유 공장의 생산성을 보여 준다. 전통설이 시사하는 바와 같이 조선인 소유 공장의 생산성은 일본인 소유 공장 생산성의 30-50%에 불과하였다. 그러나 일본인 공장 대비 조선인 공장 생산성은 1910년 중반부터 1920년대 후반까지 상승 추세를 보인다. 이것은 한국인 소유 공장의 생산성이 일본인 소유 공장의 생산성보다 빠르게

25　총자본에서 조선인 소유 공장들이 차지하는 비율은 1913-1928년 기간 동안 감소하는 것처럼 보인다. 그러나 이것은 앞서 논의한 것처럼 식민지 조선에 있는 일본인 공장의 자본을 잘못 보고한 결과일 가능성이 높다. 다른 자료를 분석한 허수열(1989; 1993), 주익종(1991) 역시 조선인 소유 기업들의 평균 규모가 본 연구와 유사하게 증가하였음을 제시하고 있다. 총자본액 중 조선인 소유 공장들의 총자본 비중이 감소하는 문제와 관련해서는 각주 23을 참고.

증가하였음을 의미한다. 일본인 소유 공장의 노동자 일인당 자본액은 조선인 소유 공장보다 3배 정도 빠르게 증가했기 때문에, 생산성 격차의 축소는 조선인 소유 공장의 총요소생산성이 더 빠르게 증가한 결과로 볼 수 있다.[26] 나아가 총요소생산성 증가는 조선인 기업가들의 능력이 향상되었다는 결과로 해석될 수 있다. 이 같은 조선인 기업가들의 능력 증진과 투자 확대는 조선인 소유 공장의 후진성을 과장하거나 그들의 생산성 증가를 낮추어 보는 이중 경제적 관점을 액면 그대로 받아들여서는 안 됨을 시사한다.

식민지 조선의 생산성 증가를 설명함에 있어서, 조선인 소유 공장의 기여는 일본으로부터의 자본 유입에 비하면 부차적인 요인에 불과하다. 그러나 조선인 기업의 이와 같은 성과는 식민지 경험이 해방 이후의 경제 성장에 미친 영향을 이해하는 데 있어서 매우 중요하다. 이와 관련해서는 평안남도의 공장들에 대한 분석 이후 좀 더 자세히 살펴보기로 한다.

6. 조선인 기업가 대(對) 일본인 기업가: 평안남도 사례 연구

본 절에서는 평안남도 지역에 대한 사례 분석을 통해 조선인 소유 공장들의 생산성 증가 문제를 보다 심층적으로 분석해 보기로 한다. 평안남도에는 식민지 기간 동안 전체 인구의 6-7%가 거주하였고, 총공장 생산 가운데 14%가 이

---

26 〈부표 2-2〉를 참조.

표 2-3 조선인 소유 공장: 평안남도, 1919년과 1936년

	기업 수	노동자(천 명)	자본(백만 엔, 1935년 실질액)	총상품(백만 엔, 1935년 실질액)	상대적 노동생산성 (일본인 공장 대비 한국인 공장, %)*
1919	56(43)	0.8(17)	0.4(6)	0.7(7)	46
1936	517(70)	7.0(51)	6.9(9)	12.0(17)	20

주: *조선인 소유 공장 노동생산성을 일본인 소유 공장 노동생산성으로 나눈 것임.
   괄호 안의 숫자는 전체 공장 대비 한국인 소유 공장의 비율(%)임.
자료: 『평안남도통계연보』, 1919년과 1936년.

곳에서 산출되었다. 1919년과 1936년 『평안남도통계연보』는 이 지역의 제조업
과 관련해서 노동자, 자본, 총생산, 공장 소유자의 민족 등에 대한 공장 수준 정
보를 담고 있다.[27] 〈표 2-3〉은 이 자료에 수록된 조선인 공장들에 관한 기초 통
계이다. 〈표 2-2〉와 마찬가지로 〈표 2-3〉은 이 지역에서 조선인 소유 공장들이
빠르게 성장하는 양상을 보여 준다. 1919-1936년 기간 동안 공장 수는 10배, 총
생산액은 두 배 가량 증가하였으며, 노동생산성은 연평균 5.4%씩 높아졌다.

대규모 일본인 소유 공장들은 1920년대부터 상대적으로 이 지역에 더 집중
적으로 설립되었으며, 이것은 이 지역의 성장률 증가를 이끈 중요한 요인이었
다. 조선인 공장의 노동생산성이 연평균 5.4%씩 증가했음에도 불구하고 일본
인 소유 공장 노동생산성 대비 조선인 소유 공장 노동생산성은 1919년에 46%이
던 것이 1936년에 20%로 감소하였다. 평안남도, 특히 평양의 조선인 기업가들

27 『평안남도통계연보』, 1919년과 1936년.

은 성공적인 기업 활동으로 명성을 얻었지만, 그들은 조선인과 일본인 공장 간의 생산성 차이를 좁힐 수 없었던 듯하다.

이러한 큰 생산성 격차 그리고 격차의 증가는 평양의 조선인 기업가들이 일본인 기업가들과 경쟁할 만한 능력을 갖추지 못하였음을 의미하는가? 이 질문에 답하기 위해서는 노동자 일인당 자본액과 산업을 통제한 뒤 조선인 소유 공장들과 일본인 소유 공장들의 생산성 차이를 비교해 볼 필요가 있다. 〈표 2-4〉는 회귀분석 결과를 제시한 것인데, 두 집단 간의 생산성 격차는 대부분 노동자 일인당 자본액 차이로 설명될 수 있음을 보여 준다. 한편, 1936년에 대해서는 동일한 회귀분석을 산업별로 실시하였다. 기계, 목재, 인쇄업의 경우는 동일한 조건일 경우 조선인 소유 공장들의 생산성이 낮은 것으로 나타났다. 그러나 대부분의 산업에 있어서는 소유주의 민족에 따른 생산성 격차가 통계적으로 유의하지 않았다. 결론적으로, 노동자 일인당 자본액과 산업이 동일하다면 조선인 기업가들은 일본인 기업가들만큼 효율적으로 공장을 운영하였다.

자본 규모 분포에 대한 분석은 이 같은 양상을 명확하게 이해하는 데 도움이 될 수 있다. 〈그림 2-6〉은 1919년과 1936년 평안남도 전체 공장들의 자본 분포를 나타낸다. 비교를 위해 1919년 자본금을 1936년 물가 수준으로 환산하였다. 1919년과 1936년 기간 동안 기업 수는 약 6배 증가하였지만, 자본금 분포는 유사한 모습이 지속되었다. 하지만 민족 구성은 크게 바뀌었다(〈그림 2-7〉). 1919년에는 전체 공장의 20%가 25,000엔 이상의 자본금을 가졌는데, 이 가운데 조선인 소유 공장은 하나뿐이었다. 이러한 상황은 1936년이 되면 크게 바뀌었다. 공장 규모 분포는 1919년과 1936년 간에 유사하지만, 공장 주인의 민족 구성은 두

표 2-4 조선인 소유 공장과 일본인 소유 공장 간 생산성 격차, 1919년과 1936년

종속변수 = ln(총생산액/노동자).

A. 전체 산업	1919년	1936년
소유주 더미^	−0.08	−0.09
	(0.17)	(0.09)
ln(자본/노동)	0.45	0.52
	(0.06)***	(0.03)***
ln(노동)	−0.17	−0.16
	(0.06)***	(0.04)***
상수항	−2.14	3.86
	(0.46)***	(0.26)***
결정계수(R^2)	0.56	0.42
관측치	129	731

B. 산업별(1936년)	식품	음료	의류	철강	기계
소유주 더미^	0.07	0.26	0.39	−0.40	−1.26
	(0.24)	(0.13)	(0.45)	(0.29)	(0.27)***
ln(자본/노동)	0.42	0.44	0.35	0.59	−0.48
	(0.09)***	(0.08)***	(0.11)***	(0.09)***	(0.17)*
ln(노동)	0.44	−0.27	−0.47	−0.62	0.36
	(0.18)	(0.11)*	(0.10)***	(0.11)***	(0.20)
상수항	4.36	5.31	5.26	4.64	9.69
	(0.70)***	(0.73)***	(0.97)***	(0.76)***	(0.87)***
결정계수(R^2)	0.26	0.39	0.25	0.45	0.79
관측치	75	64	90	132	15

	요업	화학	목재	인쇄	기타
소유주 더미^	−0.29	0.08	−0.80	−0.49	0.06
	(0.21)	(0.37)	(0.36)*	(0.20)*	(0.18)
ln(자본/노동)	0.39	0.63	0.39	0.25	0.37
	(0.09)***	(0.09)***	(0.13)**	(0.11)*	(0.08)***
ln(노동)	−0.18	−0.16	−0.60	−0.08	−0.40
	(0.08)*	(0.19)	(0.24)*	(0.14)	(0.16)**
상수항	4.50	3.06	6.05	5.43	5.02
	(0.68)***	(0.95)***	(0.84)***	(0.78)***	(0.63)***
결정계수(R^2)	0.47	0.64	0.25	0.37	0.19
관측치	38	31	50	39	125

주: 괄호 안 숫자는 표준오차. *=10% 수준에서의 유의, **=5% 수준에서의 유의, ***=1% 수준에서의 유의.
^ 한국인=1, 일본인=0.
자료: 〈표 2-3〉 참조.

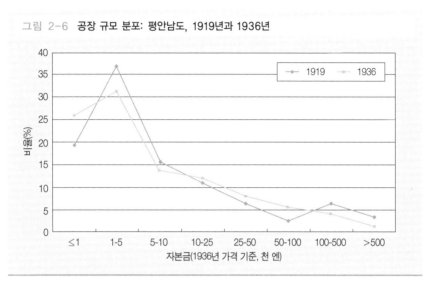

그림 2-6   공장 규모 분포: 평안남도, 1919년과 1936년

주: 공장 수는 1919년에 130개, 1936년에 753개임.
자료: 〈표 2-3〉을 참조.

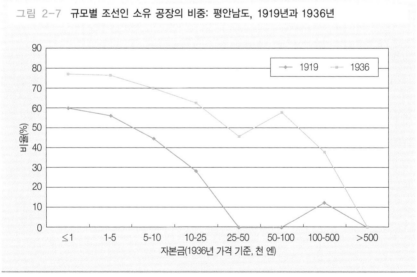

그림 2-7   규모별 조선인 소유 공장의 비중: 평안남도, 1919년과 1936년

주: 1919년에 전체 공장 수는 130개, 조선인 소유 공장 수는 55개임. 1936년에 전체 공장 수는 753개, 조선
인 소유 공장 수는 517개임.
자료: 〈표 2-3〉을 참조.

시점 간에 극명한 차이를 보여 준다. 25,000-100,000엔 범주의 경우, 1919년에는 조선인 소유 공장이 하나도 없었으나, 1936년에는 조선인 소유 공장이 주를 이룬다. 심지어 10만-50만 엔 범주의 경우도 조선인 소유 공장이 전체의 40%를 차지한다. 조선인 소유 공장을 찾을 수 없는 영역은 자본금 규모가 가장 큰 영역인 '50만 엔 이상' 구간뿐이다.[28]

이 결과는 집계변수 자료가 조선인 소유 공장들의 자본 축적 정도를 지나치게 과소평가하도록 하고 있음을 보여 준다. 그리고 조선인 소유 공장들의 급속한 성장은 식민지 산업화에 대한 '이중경제론' 또는 전통설이 많은 문제가 있음을 의미한다. 조선인 기업가들이 침체해 있었다는 주장을 뒷받침할 만한 유일한 근거는 아마도 1936년에 가장 큰 규모의 공장들 가운데 조선인 소유 공장이 하나도 없었다는 사실뿐일 것이다. 그러나 위에서 살펴본 조선인 소유 공장의 성장이 고작 20년이라는 짧은 기간 동안에 이루어진 것임을 감안한다면, 이러한 평가는 불합리하다고 판단된다. 이상의 결론을 식민지 조선 전체로 일반화하려면 추가적인 분석이 필요하다. 그러나 평안남도처럼 조선인 기업가들이 활발하게 성장한 지역이 존재했다는 사실만으로도 조선인 기업가들에 대한 전통적 설명은 더 이상 타당성을 인정 받기 어려운 것으로 보인다.

---

28 그러나 50만 엔 이상 구간에는 일본인 소유 기업도 7개뿐이다.

7. 해방 후 경제 성장에 대한 함의

이상에서 살펴본 조선인 기업가들의 역동성과 경쟁력은 해방 이후의 경제적 성과를 이해하는 데 중요한 시사점을 제공한다. 우리나라의 경우 식민지 공업화가 1945년 이후 한국의 경제적 성취에 어떤 영향을 미쳤는지와 관련해서 크게 세 가지 요인들이 주로 논의되었는데, 이들은 정부 정책의 연속성, 물적 자본 그리고 인적 자본이다.

첫째, Woo(1991)와 Kohli(1994; 1997) 등은 1937-1945년 동안 조선총독부가 수행한 정책과 1960년대 초 이후 우리나라 정부의 역할이 유사하다는 사실을 강조하였다. 그들은 식민지 공업화가 1960년대 이후 한국 산업화의 원형을 창출하였다고 주장한다. 즉, 정부의 경제 통제, 재벌이라고 불리는 대기업들의 선도적 역할, 그리고 재벌과 정부 간 긴밀한 관계와 같은 한국 경제의 특성들은 1930-1945년 기간 동안 형성되었다는 것이다. 이 주장의 치명적인 문제점은 식민지기 동안 형성된 이러한 구조가 왜 15년 이상 사라졌는지, 그리고 왜 1960년대 초에 들어서야 다시 나타났는지를 설명하지 못한다는 점이다. 이 사실은 개발 국가(developmental state)가 식민지로부터 기원하였다는 가설의 설득력을 크게 떨어뜨린다.[29]

둘째, 1945년 이후 남겨진 일본인 소유 공장들의 시설과 기계들은 해방 이후 경제 성장에 기여했을 가능성이 있다. 그러나 대부분의 학자들은 이 주장에

---

[29] 한국에 있어 개발 국가의 식민지적 기원에 대한 비판으로는 Haggard, Kang, and Moon(1997), 주익종(2003), 김낙년(2003)을 참조.

대해 회의적인데, 대규모 시설들은 주로 한반도 북부에 위치하고 있었기 때문에 한국의 경제 발전에는 거의 기여할 수 없었기 때문이다. 물론 적지 않은 수의 일본인 소유 시설들이 남한에 남아 있었다. 하지만 이러한 시설들을 운영하는 데 없어서는 안 될 숙련 노동자들은 대부분 일본인이었고, 그들은 1945년 이후 일본으로 돌아갔다. 운영 및 관리 인력의 부재(不在)로 인해 기계와 장비들은 얼마 지나지 않아 노후화되고 쓸모 없어졌다.[30]

셋째, 인적 자본과 관련해서는 두 가지 흐름이 존재한다. 하나는 식민지기 학교 교육과 업무 경험을 통해 훈련 받은 고급 인력의 증가에 초점을 맞춘다.[31] 다른 하나는 해방 이후 정치 · 경제 지도자들의 식민지적 기원을 강조한다. 김성수와 그의 가문에 대한 기념비적인 연구에서 카터 에커트(Carter Eckert)는 그들이 조선총독부의 보호와 협력을 통해 식민지 조선에서 선도적 기업을 키울 수 있었다고 주장한다. 이러한 '제국의 후예'들은 해방 이후 정치 · 경제 분야의 엘리트가 되었다.[32] 여기에 근거해서 에커트는 일본의 지배가 해방 이후 경제 발전에 큰 영향을 미쳤다고 주장한다.

본 연구는 식민지기에 형성된 기업가의 인적 자본이 해방 후 경제 성장에 지속적인 영향을 미쳤으리라는 새로운 가설을 제시한다. 이러한 가설은 엘리트 가설과 유사한 측면이 있지만 두 가지 점에서 중요한 차이가 있다. 첫째, 엘리트 가설은 식민지 엘리트의 성장과 관련해서 식민 정부의 주도적인 역할을

---

30 이대근(1989; 1993), 김대래 · 배석만(2002).
31 안병직(1989; 1993), 한편, Sugihara(2007)는 동아시아의 산업화가 노동집약적인 경로를 걸었는데, 자본 또는 에너지 집약적인 경로를 거친 서구와는 달리 노동집약적 경로에서는 인적 자본의 질이 중요하였음을 주장하였다.
32 Eckert(1991).

강조한다. 김성수 같은 저명한 기업가들은 이러한 견해와 부합할 수 있다. 그러나 엘리트 기업인들이 받았을지 모를 보호는 본 연구의 분석 대상인 대다수 기업들과는 무관한 것이었다. 이 점은 두 번째 요소와 연결된다. 이러한 '평범한' 조선인 기업가들의 역량을 증진시킨 근본적인 힘은 조선총독부의 보호나 협력이 아니라 생존경쟁이었다.[33] 식민지기 경험이 남긴 진정한 유산은 일본이 베풀어 준 선물이 아니라 일본인 경쟁자들과 시장에서 치열한 경쟁을 통해 쟁취한 성과였을 가능성을 본 연구는 보여 주고 있다.

8. 결론

식민지 조선의 산업화에 대한 연구들은 오랫동안 일본 기업의 투자와 조선총독부 정책의 중요성을 강조해 왔다. 그리고 그들은 조선인 제조업의 역할을 경시해 왔다. 두 가지 요인으로 의해 이러한 해석은 별다른 이견 없이 받아들여져 왔다. 첫째, 1937-1945년 기간 동안의 군사공업화로부터 1960년대 한국 산업화의 기원을 본 학자들은 1930년대 일본 정부의 역할을 강조하는 경향이 있었다. 그 결과 그들은 1930년 이전의 산업화나 한국인 소유 공장의 급속한 성장을 간과하였다. 역설적이지만, 일본 식민지 지배가 가져다주었을 수 있는 긍정적 유산을 모두 부정하는 학자들 역시 비슷한 견해를 표명해 왔다. 그들은 조

---

33 주익종(2000; 2001; 2002)은 Eckert(1991)를 비판하고, 조선인 대기업들조차도 보호보다는 경쟁이 성공의 주된 원인이었음을 주장하였다.

선총독부의 착취 정책 때문에 조선인 소유 기업들은 성장할 여지가 없었으며, 그로 인해 산업화는 조선총독부와 일본인 소유 기업이 이끈 결과일 수밖에 없었다고 여겼다.[34] 이 두 상반된 견해 간에 이루어진 묘한 동의로 인해, 학자들은 전통설에 부합하지 않는 증거들을 무시해 왔다.

최근의 여러 연구들과 함께 본 연구의 정량적 증거들은 새로운 시각을 제시한다. 1930년 이전에 조선총독부는 식민지 조선을 산업화하려는 어떠한 종합적인 정책도 실시하지 않았다. 그러나 공장 생산은 이미 1910년대부터 급속하게 늘어나기 시작했다. 본 연구는 생산성 증가가 생산 확대를 가져온 중요한 요인임을 밝혔다. 일본인 소유 공장들의 투자가 급속한 생산성 증가를 가져온 주요인이었다. 그러나 조선인 기업가들 역시 많은 투자를 통해 생산성을 크게 증진시켰다. 조선인 소유 공장의 성장은 조선총독부의 보호나 지원 없이 일본인 소유 공장들과의 경쟁을 통해 이룬 결과이다. 이러한 사실들에 기초해서 본 연구는 기업가적 인적 자본 축적이 해방 이후 경제 성장의 중요한 원동력 가운데 하나일 가능성을 제시하였다. 어떤 요인들이 식민지기 조선인들의 기업 활동을 촉진하였는지, 그리고 기업가들의 인적 자본이 해방 이후 경제 성장에 실제로 기여하였는지 여부는 후속 작업을 통해 연구해 보기로 한다.

---

34 대표적으로 梶村秀樹(1985)와 박현채(1983)를 참조.

(단위: %)

	식품	음료	담배	의류	철강	기계	요업	화학	목재	인쇄	기타	전체
식민지 조선												
1913-1920	3.6	4.3	35.3	6.9	11.2	21.1	1.9	3.1	2.0	2.8	7.9	100.0
1921-1928	8.9	7.0	17.7	10.6	19.4	11.8	3.7	6.0	4.7	4.8	5.5	100.0
1929-1937	9.5	8.0	12.7	16.9	12.9	3.5	3.7	23.4	3.8	3.6	2.1	100.0
평안남도												
1919	28.0	5.3	24.1	3.6	26.2	2.4	3.3	1.9	0.3	0.8	4.1	100.0
1936	27.4	11.4	0.0	6.7	36.1	0.3	8.1	4.6	1.6	0.6	3.3	100.0

자료: 『조선총독부통계연보』, 1913-1937; 『평안남도통계연보』, 1919; 1936.

부표 2-2 성장회계 분석, 1913-1928

(단위: %)

	$\Delta(Q/L)$[a]	$\Delta(K/L)$[a]	자본 비율[b]	ΔTFP
식민지 조선				
전체	3.6	19.1	30	-2.1
기계 및 담배 제외	4.1	18.5	30	-1.5
조선인 소유 공장	8.0	6.0	30	6.2
일본인 소유 공장	2.5	19.2	30	-3.3

주: a) 신뢰할 만한 가격지수를 확보하지 못하였기 때문에, 생산액(Q)과 자본금(K)은 명목액을 사용하였다.
  b) 자본 비율에 대해서도 신뢰할 만한 추정치를 확보하지는 못하였다. 따라서 여기에서는 통상적인 값인 30%를 이용하였지만, 실제값은 이보다 훨씬 높았으리라 판단된다. 예를 들어, 한국 경제에 대한 성장회계 분석 연구인 Pillat(1994), p. 229는 1963년에 대해 40%를, Young(1995), p. 660은 1960-1966년에 대해 50%를 적용하였다. 자본 비율 값을 이처럼 더 높게 잡는다면 TFP 성장률은 당연히 줄어들 것이다.
자료: 『조선총독부통계연보』, 1913-1928.

참고문헌

경성상업회의소,『경성상업회의소통계연보』, 1921-1928.

김낙년,「식민지기 조선 공업화에 관한 제 논점」,『경제사학』, 35, 2003, pp. 29-62.

김낙년 편,『한국의 장기통계: 국민계정 1911-2010』, 서울대학교출판문화원, 2012.

김대래·배석만,「귀속사업체의 연속과 단절(1945-1960): 부산지역을 중심으로」,『경제사학』, 33, 2002, pp. 63-91.

박기주,「식민지기 광공업 생산액의 추계」, 안병직 편,『한국경제성장사: 예비적 고찰』, 서울대학교출판부, 2003, 제3장.

박현채,「해방 전후 민족경제의 성격」,『한국사회연구』, 1, 한길사, 1983, pp. 369-410.

안병직,「식민지조선의 고용구조에 관한 연구 –1930년대의 공업화를 중심으로」, 안병직·이대근·나카무라 사토루·카지무라 히데키 공편,『근대조선의 경제구조』, 비봉출판사, 1989, 제11장.

_____,「「국민직업능력신고령」 자료의 분석」, 안병직·나카무라 사토루 공편,『근대조선공업화의 연구: 1930-1945년』, 일조각, 1993, 제7장.

안병직·호리 가즈오,「총론: 식민지조선 공업화의 역사적 조건과 그 성격」, 안병직·나카무라 사토루 공편,『근대조선공업화의 연구: 1930-1945년』, 일조각, 1993, 제1장.

이대근,「해방후 귀속사업체의 실태와 그 처리과정」, 안병직·이대근·나카무라 사토루·카지무라 히데키 공편,『근대조선의 경제구조』, 비봉출판사, 1989, 제13장.

_____,「정부수립후 귀속사업체의 실태와 그 처리과정」, 안병직·나카무라 사토루 공편,『근대조선공업화의 연구: 1930-1945년』, 일조각, 1993, 제8장.

조선총독부,『조선총독부통계연보』, 각 연도.

주익종,「일제하 조선인 회사자본의 동향」,『경제사학』, 15, 1991, pp. 31-66.

_____,「식민지기 조선인공업의 성장」, 김종현·오두환 공편,『공업화의 제 유형: 한국의 역사적 경험』, 경문사, 1996, 제4장.

_____,「확장기의 경성방직: 재무분석을 중심으로」,『경제사학』, 29, 2000, pp. 111-143.

_____,「경성방직(주)의 초기경영」,『경제사학』, 31, 2001, pp. 35-64.

_____,「후발자와 후후발자: 일제하 조선방직(주)와 경성방직(주)」,『경제사학』, 32, 2002, pp. 95-128.

_____,「일제하 한국의 식민정부, 민간기업, 그리고 공업화」,『경제사학』, 35, 2003, pp. 63-88.

평안남도,『평안남도통계연보』, 1919; 1936.

허수열,「일제하 조선인회사 및 조선인중역의 분석」, 안병직·이대근·나카무라 사토루·카지무라 히데키 공편,『근대조선의 경제구조』, 비봉출판사, 1989, 제10장.

_____,「일제하 조선인공장의 동향」, 안병직·나카무라 사토루 공편,『근대

조선공업화의 연구: 1930-1945년』, 일조각, 1993, 제4장.

_____,「식민지적 공업화의 특징」, 김종현・오두환 공편,『공업화의 제유형: 한국의 역사적 경험』, 경문사, 1996, 제5장.

溝口敏行・梅村又次 編,『舊日本植民地經濟統計: 推計と分析』, 東洋經濟新報社, 1988.

京城府産業調査會,『工場工業に依ル生産狀況調査』, 京城府, 1934.

大川一司・篠原三代平・梅村又次 編,『長期經濟統計』, 東洋經濟新報社, 1988.

木村光彦,「臺灣, 朝鮮の鑛工業」, 溝口敏行・梅村又次 編,『舊日本植民地經濟統計: 推計と分析』, 東洋經濟新報社, 1988, 第1部 第5章.

尾高煌之助,「日本統治下における臺灣, 朝鮮の勞動經濟」, 溝口敏行・梅村又次 編,『舊日本植民地經濟統計: 推計と分析』, 東洋經濟新報社, 1988, 第8章.

梶村秀樹,『朝鮮における資本主義の形成と展開』, 龍溪書舍, 1985.

山田三郎,「臺灣, 朝鮮の農業生産」, 溝口敏行・梅村又次 編,『舊日本植民地經濟統計: 推計と分析』, 東洋經濟新報社, 1988, 第1部 第4章.

鈴木武雄,『朝鮮の經濟』, 日本評論社, 1942.

Austin, Gareth, "Economic Imperialism," in Joel Mokyr, ed., *Oxford Encyclopedia of Economic History*, vol. 2, New York: Oxford University Press, 2003.

Ban, Sung Hwan, "Agricultural Growth in Korea," in Yujiro Hayami, Vernon Ruttan, and Herman Southworth, eds., *Agricultural Growth in Japan, Taiwan, Korea, and Philippines*, Honolulu: University of Hawaii Press, 1979.

Crafts, N. F. R., "Economic Growth in France and Britain, 1830-1910: A Review of the Evidence," *Journal of Economic History*, 44(1), 1984, pp. 49-67.

Cumings, Bruce, "The Legacy of Japanese Colonialism in Korea," in Ramon Myers and Mark Peattie, eds., *The Japanese Colonial Empire, 1895-1945*, Princeton: Princeton University Press, 1984, ch. 13.

Eckert, Carter, *Offspring of Empire: The Koch'ang Kims and the Colonial Origins of Korean Capitalism 1876-1945*, Seattle: University of Washington Press, 1991.

Fieldhouse, D. K., *Colonialism 1870-1945: An Introduction*, London: Macmillan, 1983.

Haggard, Stephan, David Kang, and Chung-in Moon, "Japanese Colonialism and Korean Development: a Critique," *World Development*, 25(6), 1997, pp. 867-881.

Ho, Samuel Pao-San, "Colonialism and Development: Korea, Taiwan, and Kwantung," in Ramon Myers and Mark Peattie, eds., *The Japanese Colonial Empire, 1895-1945*, Princeton: Princeton University Press, 1984, ch. 9.

Kohli, Atul, "Where do High Growth Political Economies Come from? the Japanese Lineage of Korea's 'Developmental State'," *World Development*, 22(9), 1994, pp. 1269-1293.

_____, "Japanese Colonialism and Korean Development: a Reply," *World Development*, 25(6), 1997, pp. 883-888.

Pilat, Dirk, *The Economics of Rapid Growth: The Experience of Japan and Korea*, Brookfield: E. Elgar, 1994.

Sugihara, Kaoru, "The Second Noel Butlin Lecture: Labour-intensive Industrialisation in Global History," *Australian Economic History Review*, 47, pp. 121-154.

Suh, Sang-chul, *Growth and Structural Changes in the Korean Economy*, Cambridge: Harvard University Press, 1978.

Woo, Jung-en, *Race to the Shift: State and Finance in Korean Industrialization*, New York: Colombia University Press, 1991.

Young, Alwyn, "The Tyranny of Numbers: Confronting the Statistical Realities of the East Asian Growth Experience," *Quarterly Journal of Economics*, 110(3), 1995, pp. 641-680.

식민지 조선의 회사 수

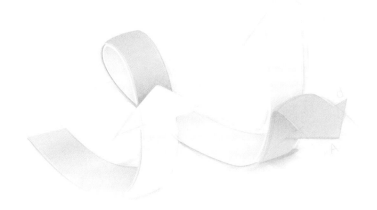

식민지 조선의 회사 수

1. 서론

규모의 경제를 담보하는 생산 기술이 각종 산업에서 주도적 형태로 활용되는 것은 근대적 경제 성장의 중요한 특징이며, 기업 규모의 증가는 이러한 생산 방식 등장에 조응하는 필연적인 현상이다. 한 기업 내에서 다양한 인적·물적 자원을 결합하고 관리하는 과정에서는 무수히 많은 복잡하고도 어려운 문제들이 발생하게 되는데, 근대국가에서는 이 같은 문제의 해결을 지원하기 위해 다양한 관련 제도를 발전시켜 왔으며 회사 제도는 이러한 노력의 핵심을 차지한다. 과연 회사 제도가 기업 내부 문제의 해결에 효과적으로 작용함으로써 근대 경제의 성장에 얼마나 기여하였는지, 또 경제 여건의 변화가 회사 제도의 형성과 진화에 어떤 영향을 미쳐 왔는지 여부는 경제사 혹은 경영사 연구에서 오래 전부터 다루어져 온 매우 전통적인 주제인데, 제도가 경제 성장에 미치는 영향에 대한 관심의 고조와 아울러 최근 들어 보다 활발하게 다루어지고 있는 추세이다.[1]

---

1 최근 연구로는 Abramitzky, Frank, and Aprajit(2010), Guinnane, Harris, Lamoreaux, and Rosenthal(2007), Harris

우리나라에 서구의 회사 제도가 소개되고 이러한 형태를 활용한 기업들이 등장하기 시작하는 것은 1880-1890년대까지 거슬러 올라간다.[2] 하지만 오늘날과 같은 형태의 회사 제도, 즉 상법에 근거한 영리법인으로서의 회사가 처음 등장한 것은 1910년대부터라고 할 수 있다. 그동안 학계에서는 식민지기에 회사들이 얼마나 존재하였는지, 또 이 회사들이 얼마나 생겨나고 사라졌는지 등에 대해 다양한 연구가 진행되어 왔다.[3] 그런데 이러한 연구들 중 상당수는 근대적 의미의 회사가 적어도 우리나라의 경우에는 회사법의 존재를 전제한다는 사실을 명확하게 설정하고 접근하지 못했기 때문에 회사 수 파악이나 회사들의 경영 성과 등을 파악하는 데 여러 가지 혼란을 보여 왔다.

본 연구는 회사에 대한 정의를 명확히 하고 식민지 기간 동안 이 기준에 따른 회사가 얼마나 생겨나고 사라졌으며, 개체 수가 얼마나 되었는지를 제시함으로써 관련 연구의 기초 자료를 마련하는 데 목적이 있다. 이를 위해 제2절에서는 회사의 정의를 명확히 하고 회사 수 추계 방법을 논의한 뒤, 제3절에서 여러 가지 자료들의 비교를 통해 식민지기 회사 수 시계열을 제시하기로 한다. 이어 제4절에서는 해방 이후 회사 수 통계를 이용해서 지난 100년간 회사 수의 일관 시계열을 살펴보기로 한다.

(2000), Hilt and O'Banion(2009), Kim(2003; 2007), Lamoreaux and Rosenthal(2005), La Porta, Lopez-de-Silanes, Shleifer, and Vishny(1997; 1998) 등을 참조.
2 전우용(1997; 2011).
3 손정목(1984), 小林英夫 外(1994), 전우용(1997; 2011), 허수열(1989), 주익종(1991) 등 참조. 최근 연구로는 박이택(2010a; 2010b; 2011), 홍제환(2013; 2014) 등이 있다.

2. 회사의 정의와 회사 수 추계 방법

오늘날 우리 사회에서 회사는 상법에 의해 '영리법인'(營利法人)이라고 정의된 존재들을 지칭한다. 상행위를 할 수 있는 법적 주체는 자연인과 법인으로 나누어지는데, 법인 가운데서 영리을 목적으로 설립된 것들을 회사라고 규정한다. 따라서 회사이기 위해서는 주식회사, 합명회사, 합자회사, 유한회사, 유한책임회사처럼 상법이 정한 형태 중 하나에 해당하여야 하고, 이러한 법인체의 설립은 등기를 통해 국가로부터 인증 받아야 한다.[4]

이처럼 현재 우리나라에서 무엇이 회사이고 회사가 아닌지는 법적 형식 요건이 규정한다. 물론 회사라는 법적 기준을 갖춘 존재가 내부 조직이나 실제 운영 등에 있어 얼마나 '회사다운'지에 있어서는 큰 편차가 있을 수 있다. 혹은 회사인 기업과 회사가 아닌 기업이 내용상 별다른 차이가 없을 수도 있으며, 반대로 회사들 간의 차이가 회사인 기업과 회사가 아닌 기업 간의 차이 이상으로 클 수도 있다. 하지만 이 같은 모든 문제들은 회사라는 제도가 어떻게 운용되고 있는지, 혹은 기업 경영에 어떤 방식으로 기여하는지 등과 같은 문제의 분석이 필요함을 제기할 뿐, 회사가 무엇인가에 대한 법적 정의, 즉 법인격을 갖춘 기업이라는 정의를 대체하는 다른 기준을 세우려는 시도를 정당화하는 것은 아니다.

---

4 상법 제169조는 "본법에서 회사라 함은 상행위 기타 영리를 목적으로 설립한 사단"을 이르며, 제171조에는 "회사는 법인으로 한다"고 정의함으로써 회사가 영리법인을 지칭함을 명시하였다. 아울러 제172조는 "회사는 본점 소재지에서 설립등기를 함으로써 성립한다"는 조항을 통해 등기를 통한 성립을 규정하였다. 제170조에서는 "회사는 합명회사, 합자회사, 유한책임회사, 주식회사와 유한회사의 5종으로 한다"는 조항을 통해 회사의 종류를 정하였다.

오늘날 우리나라에서 시행되는 서구식 회사 제도는 1880년대 초에 처음 소개된 것으로 알려져 있다.[5] 하지만 회사에 관한 일반법을 근거로 한 회사 제도는 1910년대 이전에는 시행되지 않았다. 1880년대부터 1910년 사이에 '社', '會', '會社' 등의 명칭을 가진 기업들이 등장하고 있지만 이 조직들 중 상당수는 일반 기업이 법인격의 획득 없이 명칭을 붙인 데 불과한 것으로 보인다.[6] 물론 이 중에는 국가의 특허에 근거한 특권기업 혹은 국가가 소유한 관영기업 등도 있었지만, 당시 국가가 일반화된 법인 제도를 시행하고 있었다고 보기 어렵기 때문에 이들을 오늘날과 같은 의미의 '회사'라고는 할 수 없다. 따라서 1910년 이전에 존재한 '회사'라는 명칭을 가진 기업들을 오늘날의 회사와 연결시키려는 시도는 매우 신중을 기할 필요가 있다.

오늘날과 같은 회사 제도가 갖추어지는 1910년대에서 보다 구체적으로 어떤 시점을 특정할 수 있는지에 대해서는 여러 가지 견해가 있을 수 있다. 먼저 1910년은 그 해 12월 29일 회사령을 통해 일본의 회사법이 적용되기 시작하는 시점이라는 점에서 중요하다. 조선회사령에는 상법에서와 같은 회사에 대한 일반 규정이 제시되어 있지 않다. 하지만 제9조에 "영리를 목적으로 하는 사단법인은 모두 회사로 간주한다"라는 규정을 담고 있기 때문에, 회사가 법인이어야 함을, 즉 법인 등기는 의무 조건임을 밝히고 있다고 보인다.[7] 아울러 회사 일반에 대한 규정은 일본의 상법을 준용할 것이므로 일본 상법에 따른 회사 제도

5 전우용(1997), p. 14.
6 구한말 '회사'들의 실태와 관련해서는 전우용(1997; 2011) 참조.
7 제령 제13호.

가 적용됨을 의미한다고 할 수 있다.[8]

단, 1918년 혹은 1920년까지는 회사 설립에 있어 조선총독부의 허가를 받아야 했기 때문에, 오늘날과 같은 등록제가 아니라는 면에서 특권기업적 성격이 1910년 이후에도 지속되고 있었다고 해석될 여지가 있으며, 이 점은 회사령의 성격이 무엇인지에 대한 논쟁의 주요 쟁점이기도 하다.[9] 그런 의미에서 회사령이 실질적으로 폐지된 해인 1918년이나, 회사령 자체가 철폐되고 상법상의 회사 규정이 온전하게 적용되는 1920년이 진정한 의미에서 회사 제도가 시행되는 시점이라고 주장할 수도 있다.[10]

이처럼 회사 제도의 핵심이 무엇인지에 대한 견해에 따라 1910년대 중 특정 연도를 선택하는 데 있어서는 차이가 있을 수 있지만, 본 연구에서는 편의상 1910년을 오늘날과 같은 회사 제도가 시작되는 시점으로 설정하기로 한다. 허가제인지 혹은 등록제인지 여부도 회사 제도의 중요한 문제일 수 있기는 하지만, 오늘날에도 정부가 필요할 경우 회사의 설립을 제한하는 것이 드물지 않다는 점을 고려해 볼 때, 영리법인에 대한 포괄적인 법적 규정의 도입과 비교해서 허가제 여부는 부차적인 문제라고 볼 수 있기 때문이다. 아울러 회사령이 담고 있던 허가제가 독점권 부여와 같은 전근대적 특성과 연결되었는지 여부에 대

---

8 조선민사령(제령 제7호, 1912년 5월 3일) 제1조에는 민사에 관한 특별한 규정이 없을 경우, 이 조항에 열거한 법률에 의거함을 명시하였는데, 제8항에 상법, 제10항에 상법시행법이 기재되어 있다. 한편, 명치 32년(1899) 만 들어진 일본의 제정상법(制定商法) 중 제42, 43, 44조는 회사가 상행위를 목적으로 하는 사단이며 법인이어야 함을 규정하고 있다.

9 손정목(1984), 小林英夫 外(1994), 전우용(1997; 2011).

10 여기에 열거한 시점들 외에 한국상호령이 공포되는 1908년도 중요한 시점인데, 이것은 여전히 회사령과 비교해 보면 전사(前史)적 의미를 갖는다고 할 수 있기 때문에 시점을 확장하는 문제와 관련해서는 고려하지 않기로 한다.

해서는 논란의 여지가 있기 때문에 전근대적 의미의 정부 규제로 단언하기 어렵다는 점도 염두에 둘 필요가 있다.

회사의 정의에 대한 이상과 같은 검토는 회사 수 파악의 시간적 기점을 설정하고 회사 수가 실제로 얼마였는지를 헤아리는 데 매우 중요하다. 앞서 언급한 바와 같이 회사는 일차적으로 법인이어야 하고, 법인은 등기를 통해 국가로부터 법인격을 부여 받아야 한다. 이러한 정의에 기초해서 추론해 보면, 어떤 시점의 총회사 수는 회사라는 법인이 몇 개나 등기되어 있는지를 조사함으로써 파악할 수 있다. 그동안 학계에서 인지되고 활용되지는 않았지만『조선총독부통계연보』(이하『통계연보』)에는 회사의 신설·해산 등기 건수가 보고되어 있다. 즉,『통계연보』의 '재판' 혹은 '재판, 등기 및 공탁' 장에 '상사·회사 등기 사건' 편은 매년 신설·해산된 회사들의 등기 건수를 집계해서 소개하고 있다.[11] 이처럼 신설·해산된 회사 수를 알 경우, T년도의 총회사 수 N_T는

$$N_T = E_T - X_T + N_{T-1} = \sum_{t=1}^{T} E_t - \sum_{t=1}^{T} X_t + N_0, \tag{1}$$

E_t : t년의 설립 기업
X_t : t년의 해산 기업
N_t : t년의 총기업 수
t : 연도$(1, 2, \cdots, T)$

---

11 조선총독부는 1915년 2월 3일 정무총감 명의로 "등기사건의 통계 보고에 관한 건"(관통첩 제32호)이라는 통첩을 발송하였는데, 이는 각 지방 법원 등이 상업등기나 법인등기 등 등기 일반에 관한 통계를 매월 보고하도록 지시하고 있다. 조선총독부관보, 1915년 2월 3일.『통계연보』에 수록된 회사 관련 통계들은 이와 같은 경로 등을 통해 수집되고 집계 처리된 정보였다고 추론된다. 아울러 시기는 보다 늦지만 林元龍(1928)도 통계 자료의 집계 과정을 이해하는 데 도움이 되는 정보를 제공한다.

와 같이 계산할 수 있다.

　이상과 같은 방식으로 회사의 신설, 해산 등에 대한 집계치를 알아낼 수 있음은 물론, 어떤 회사가 언제 설립되고 언제 해산되었는지와 같은 개별 회사에 대한 정보 역시 파악 가능하다. 조선총독부는 1913년 11월 「조선총독부관보편찬규정」 제4조에 "광고란에는 다음 사항을 등재한다"고 명시한 뒤 제13항에 "상업등기, 기타 각종 등기" 사항을 명시하였다.[12] 이 조항이 의무조항인지 여부는 논란의 여지가 있지만, 여러 가지 정황으로 미루어 보면 등기소들은 회사 관련 등기 사항들을 관보에 비교적 충실하게 게재한 것으로 보여진다.[13] 따라서 회사의 신설, 해산, 증자, 주주 변동 등에 대한 가장 포괄적인, 그리고 일차적인 자료는 관보이고, 이 관보의 수록 내용이 집계된 결과가 『통계연보』의 회사 등기 통계라고 할 수 있다.

　관보의 회사등기 광고와 『통계연보』 등기 자료 간의 관계에 대한 이상과 같은 추론은 『통계연보』가 1942년까지만 발간되었다는 문제의 해결책도 제시해 준다. 즉, 1943년부터 1945년까지 얼마나 회사가 설립되고 해산되었는지 여부는 관보에 수록된 회사 설립 및 해산 건수를 헤아려 보는 작업을 통해 확인할 수 있기 때문이다. 이 같은 방식으로 식민지 기간 동안 매년 몇 개의 회사가 설립·해산되었는지에 대한 시계열을 확보할 수 있다.

　회사의 실태에 대한 과거의 주요 연구들은 이러한 내용에 대한 명확한 이

12　"조선총독부 훈령 제57호," 조선총독부관보, 1913년 11월 21일. 물론 이것은 법적 근거를 마련한 시점을 의미할 뿐, 실제로 등기가 수록되기 시작한 것은 1908년까지 거슬러 올라간다.
13　홍제환(2014, p. 26 각주 11)은 비송사건수속법 제114조에 의거, 등기 사항의 관보 게재가 의무 사항임을 지적하고 있다.

해가 없었기 때문에 회사 수의 파악 등에 있어 여러 가지 혼란을 보여 왔다. 먼저 전우용 박사는 회사령이 실시되기 시작한 1910년 이후의 회사 수를 파악함에 있어 "관보에는 회사의 인허, 허가실효 등에 관한 기사가 실리고 있지만, 누락분이 상당히 있어서 정확한 통계를 작성할 수 없다"고 언급한 뒤, 관보 이외의 자료에 등장한 회사들을 합산하고 있다.[14] 그러나 앞서 언급한 「조선총독부 관보편찬규정」에는 광고란에 대한 규정과는 별도로 제3조 휘보란에 대한 규정 제3항 제15절에 "회사에 관한 허가와 허가 취소, 회사사업의 정지, 금지, 지점폐쇄나 해산명령"을 수록할 것을 규정하고 있다.[15] 광고란의 규정과는 달리 이 조항은 의무 조항인 것이 명확하므로 이러한 법적 규정에도 불구하고 관보에 수록되지 않은 회사의 설립과 해산이 상당히 많이 있을 것이라고 보는 것은 설득력이 떨어진다. 만일 전우용 박사가 관보 이외의 자료에서 회사들을 찾았다면 이들은 회사라는 명칭을 가지고는 있지만 등기되지 않은 비법인기업, 즉 법적으로 회사가 아닌 기업들일 가능성이 높다.

식민지기 총회사 수 동향을 파악하고 조선인 회사를 연구하고자 했던 허수열 교수, 주익종 박사의 연구에서도 회사에 대한 정의의 부재는 유사한 문제를 야기하였다. 우선 허수열(1989)은 『조선은행회사조합요록』(이하 『요록』)을 이용해서 조선인 회사의 동향을 일본인 회사와의 비교를 통해 연구하였다. 하지만 이 연구에서는 자료의 분석 이전에 반드시 거쳐야 할 작업인 사료의 검토가 철저하게 이루어지지는 못하였다. 『요록』의 발간 주체와 관련해서는 발간자

14 전우용(1997).
15 주 12 참조.

이름과 출판사명을 언급할 뿐, 이 발간자가 어떤 이유로 그리고 어떤 방식으로 회사명부를 만들었는지에 대해서는 전혀 다루지 않고 있다. 『요록』의 포괄 범위와 관련해서도 『요록』에 수록된 회사 수가 조선은행 및 경성상공회의소의 자료와 상당히 근접하다는 것만 언급할 뿐, 전수조사 여부와 같은 핵심적인 문제는 다루어지지 않았다.[16] 자료의 성격에 대한 이와 같은 불명확한 파악은 회사 수 증가나 생존율 등에 대한 추정 결과를 해석하는 데 있어서도 명확한 결과를 제시하지 못한 결과를 가져왔다.[17] 한편, 주익종 박사의 경우도 경성상공회의소가 발간한 『경성상의월보』에 수록된 「조선회사변동표」(이하 「변동표」)를 통해 회사 수를 추계하였는데, 허수열 교수와 마찬가지로 이 자료들이 내용이 매우 포괄적이라는 언급은 하고 있지만, 전수조사 여부 혹은 조사 방식과 같은 통계적 특성은 명확히 하지 않은 채 분석을 진행하였다.[18]

사료의 성격에 대한 불충분한 파악은 학문적 논의뿐 아니라 많은 예산을 들인 국책사업에도 영향을 끼쳤다. 국사편찬위원회는 1990년대 말 많은 인력을 동원해서 『요록』을 전산 자료화하고 인터넷을 통해 이용할 수 있도록 함으로써 『요록』의 정보가 보다 손쉽게 이용될 수 있는 획기적인 계기를 마련하였다. 그러나 회사에 대한 포괄적인 기초 전산 자료를 구축하는 것이 목적이었다면, 가장 원본에 가까운 자료를 선택해서 다루는 것이 원칙일 텐데, 무엇이 원

---

16 허수열(1989), p. 357. 『요록』의 서문 등에는 이와 관련된 언급이 제시되어 있지 않다. 허수열 교수의 작업 이후에도 『요록』의 성격에 대한 파악은 별달리 진척이 이루어진 바가 없어서, 국사편찬위원회의 『요록』 전산 자료에 대한 해제를 제시한 이승렬 박사 역시 자료의 성격에 대해 뚜렷한 언급을 제시하지 않은 채 허수열 교수의 작업을 소개하고 있을 뿐이다.
17 김두열(2008)과 홍제환(2013; 2014)은 이러한 한계들을 감안하여 『요록』 자료에 대한 보다 체계적인 분석 및 해석을 제시하였다.
18 주익종(1991), pp. 35-37.

본인지에 대한 충분한 사료 검토가 없었기 때문에 관보 자료가 아닌 『요록』을 전산화하였다. 이것이 문제가 되는 이유는 단순히 동일한 자료 중 어느 것이 원본에 더 가까운가라는 형식적 차원 이상의 본질적 문제를 내포하고 있기 때문이다. 즉, 『요록』은 2년마다 발간되기 때문에 발간 연도 사이에 신설되었다가 해산된 회사들은 반영할 수 없는 한계를 내포하고 있으며, 회사의 자본 규모 변동이나 이사 등의 변동과 같은 사항은 더욱 말할 것도 없다. 아울러 『요록』은 시기적으로도 1921년 이전이나 1942년 이후의 회사 변동 자료를 포괄하지 못하기 때문에 회사령 전후 내지 전시기의 회사 수 변동과 같은 중요한 문제들을 다루는 데 있어 많은 한계가 있다. 물론 관보 자료 자체가 얼마나 회사 변동을 충실하게 수록하고 있는가는 실증적 검증의 대상이다. 하지만 관보가 아닌 『요록』을 전산 자료화한 것은 연구자들이 보다 풍부한 분석을 할 수 있도록 하는 가능성을 상당히 축소시켰다는 점에서 아쉬움이 남는다.

3. 식민지기 회사의 신설·해산 및 총회사 수

이 절에서는 『통계연보』의 등기 자료 및 관보의 상업등기 자료를 이용해서 식민지기 동안 식민지 조선에 본점을 둔 회사의 설립 및 해산 추이를 제시해 보기로 한다. 먼저 〈그림 3-1〉과 〈부표 3-1〉은 해당 자료에 수록된 회사의 신설 및 해산 수 동향을 보여 준다. 1911년부터 1942년까지는 『통계연보』상의 회사 신설 및 해산 등기사건 수를 이용하였으며, 1942년부터 1944년까지는 관보의 '상업등기'란에 기록된 회사 신설 및 해산 등기 건수를 헤아려 집계하였다. 1945년은 전시 말 그리고 해방으로 인한 자료의 불완전성을 고려해서 집계하지 않았다.[19]

집계 결과를 살펴보면, 1911년부터 1944년까지 신설회사 수는 크게 세 국면을 보이며 움직이고 있으며, 해산회사 수 역시 상대적 크기만 다를 뿐 유사한 형태로 움직이고 있다. 첫째는 1910년에서 1918년까지의 기간이다. 회사령에 의해 회사 설립이 제한된 결과 신설회사 수가 연간 15-50개 수준으로 억제되어 있으며 해산회사 수는 10-20개 수준으로 유지되고 있다. 1919부터 1941 혹은 1942년까지는 제2기로 회사 신설과 해산 모두가 급증하는 시기이다. 1919년에 143개의 회사가 새로 만들어짐으로써 이전보다 회사 신설이 크게 증가한 이후, 연간 회사 신설은 계속 확대되어 1930년대 말에는 신설회사가 연간 700개를 상회한다. 해산회사 역시 1910년대 말 20여 개 수준이던 것이 빠르게 증가하여 1930년대 말에는 연간 400개 수준으로 올라간다. 이처럼 회사의 연간 신설과 해산이 모두 증가하였지만, 모든 연도에서 신설회사의 수가 해산회사 수보다 많았기 때문에 이 기간 동안 총회사 수는 크게 증가시켰을 것으로 추정할 수 있다. 마지막으로 1942 혹은 1943년부터 1944년까지의 기간으로, 본격적인 전시경제 체제가 시작되면서 회사 신설 및 해산이 감소하는 시기이다. 한 가지 흥미로운 것은 1943년에 회사 설립이 크게 감소한 이듬해인 1944년에 회사 설립이 반

---

19 『관보』 기록에서 회사의 해산에 대한 등기 기록은 "해산인과 청산인", "해산", "청산 완료" 등 크게 세 가지로 제시되어 있다. 그런데 어떤 회사의 경우는 위 세 가지 단계 각각에 대해 등기가 이루어져서 두 번 이상의 기록이 제시된 경우가 있다. 〈그림 3-1〉과 〈부표 3-1〉에서는 중복 기록된 회사들을 모두 확인하여 한 번만 반영하도록 정리한 결과이다.

그림 3-1 회사의 신설과 해산, 1910-1944

자료: 〈부표 3-1〉.

등하고 있다는 사실인데, 전시기 말에 어떤 회사들이 이러한 증가를 주도하였
는지에 대한 분석은 이 시기를 이해하는 데 여러 가지 시사점을 줄 수 있을 것
으로 보인다. 아울러 회사의 해산 추이도 신설과 유사한 양상을 보이는데, 신설
률과 함께 해산율이 하락한 것은 신규 기업들의 퇴출률이 높다는 일반적 현상,
그리고 전시기의 기업 구조조정이라는 특수성이 반영된 결과로 보인다.

참고로 〈그림 3-1〉에는 주익종 박사가 집계한 「변동표」상의 신설·해산 회
사 수 추이를 수록하였는데, 둘은 사실상 같은 자료임을 보여 준다. 단, 『통계연
보』가 1910년부터 1942년까지 식민지기 전체를 통괄하는 일관 시계열을 제시

그림 3-2 총회사 수, 1910-1944

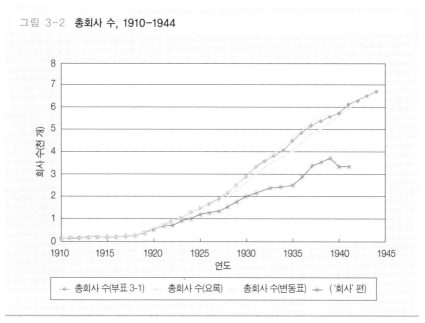

주: 총회사 수(부표 3-1)은 〈부표 3-1〉에 제시된 총회사 수 시계열로, 『통계연보』의 등기 자료 및 관보 회사 수에 식 (1)을 적용해서 계산하였다.
자료: 본문 및 〈부표 3-1〉.

하는 데 비해 「변동표」는 보다 짧은 시기만을 보여 준다는 면에서 집계 변수 파악이라는 측면에서는 『통계연보』가 보다 포괄적인 자료라고 할 수 있다.

〈그림 3-2〉는 회사의 신설·해산 수와 식 (1)을 이용해서 식민지기의 총회사 수를 계산한 결과이다. 회사령에 따라 1910년 말 기준으로 112개의 회사가 등기되었으므로 이 값을 N_0로 사용할 수 있다. 회사의 증가 추이를 살펴보면 1910년 112개이던 것이 1944년에는 약 6,700여 개까지 늘어나서 연평균 13.3%의 증가율을 보였다. 앞서 신설·해산 추이에서 보는 바와 같이 1918년경까지는 회사의 신설이 억제되고 있었다. 그러나 1918년까지 총회사 수는 251개로, 1910

년보다 두 배 이상 증가하였기 때문에 회사 설립의 금지라고 이야기할 만큼 통제가 가해진 것은 아니었다. 1919년부터 1944년까지 총회사 수가 계속 증가하는데, 이 시기만의 연평균 증가율을 계산해 보면 연평균 14.1%로, 전 시기 증가율보다 약 0.8%p 가량 높다.

〈그림 3-2〉에는『요록』의 회사 수 집계 결과도 함께 보여 주는데, 총회사 수에 있어 등기 자료와 거의 일치하는 움직임이 나타나고 있다. 이는『요록』작성자가 매 2년마다 관보 등에 실린 회사의 신설·해산 등을 충실하게 반영하였음을, 다시 말해서 센서스 조사처럼 2년마다 회사의 전수조사를 수행한 결과에 상응하는 자료를 만들었음을 의미한다. 앞서 언급한 바와 같이『요록』은 발간 연도 사이에 신설되었다가 해산된 회사들을 수록하고 있지 못하다는 점과 같은 한계를 내포하고 있는 반면, 국사편찬위원회가 이미 많은 자원을 들여 전산화해 두었기 때문에 손쉽게 이용할 수 있다는 장점이 있다. 이런 상황에서『요록』이 회사의 전수조사 자료임을 확인한 것은 전산화된『요록』자료가 가지는 가치를 명확히 드러내어 주는 것이며, 차후에『요록』을 사용해서 분석을 수행하거나 분석 결과를 해석하는 데 매우 중요한 기초를 제공한다.

자료 검토를 마무리하면서 마지막으로 언급해야 할 것은『통계연보』상의 "상업 및 공업" 장에 수록된 '회사' 항목 통계이다. 〈그림 3-2〉에 제시한 것처럼 이 숫자는 시간이 갈수록 등기 자료나『요록』,「변동표」로부터 집계된 숫자보다 훨씬 적어진다.[20] 그동안 이 문제에 대해서는 명확한 설명이 제시되지 못하

20 허수열(1989)은 이 차이를 언급하였지만, 왜 이런 차이가 발생하는지를 설명하지는 않았다.

그림 3-3 『요록』과 『통계연보』비교

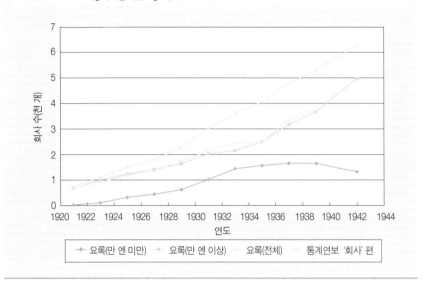

자료: 『통계연보』.

였는데, 『요록』은 이 문제에 대한 해답을 제시해 준다. 『요록』은 공칭자본금 규모에 따라 회사를 두 종류로 나누어 수록하고 있다. 공칭자본금이 1만 엔 이상인 회사의 경우에는 본문에 정식으로 수록한 반면 1만 엔 미만인 회사는 책 말미에 요약 정보만 제시하고 있다. 1만 엔이라는 구분을 적용한 이유는 명확하지 않지만 『요록』에서 적용한 이 구분 기준은 『통계연보』의 등기 자료와 '회사' 통계 간 차이를 설명하는 단초를 제공한다. 〈그림 3-3〉은 『요록』에 수록된 총회사들을 1만 엔 이상과 미만으로 구분해서 헤아린 결과인데, 1만 엔 이상 회사 곡선은 『통계연보』의 '회사' 자료와 사실상 일치한다. 이는 『통계연보』 '회사' 편이 1만 엔 이상의 회사들만을 기재했음을 시사한다. 물론 1만 엔이라는 기준이 왜 적용되었는지에 대해서는 추가적인 검토가 필요하겠지만, 적어도 『통계연보』상의 통계가 어떤 기준에 의해 작성된 것인지를 명확하게 했다는 점에서는 큰 의의가 있다.

지금까지 『통계연보』의 등기 통계를 이용해서 1910년부터 1944년까지 식민지기에 존재했던 총회사 수의 변동을 제시하고 동향을 검토하였다. 이 자료를 통해 드러난 가장 두드러진 사실은 식민지기에 회사 수가 연 13-14% 수준으로 빠르게 증가했다는 점이다. 물론 식민지 조선에서 회사 수가 크게 늘어났다는 언명은 이미 기존 연구자들이 많이 언급한 내용이기 때문에 새로울 것은 없다. 단, 기존 연구들과는 달리 식민지기 전체를 포괄하는 전수조사 통계를 제시함으로써 이 언명을 보다 명확하게 뒷받침하였다는 점이 중요한 의의라고 할 수 있다. 나아가 식민지기 전체를 포괄하는 일관 시계열 자료를 확보함으로써 회사령이나 제2차 세계대전과 같은 외생적 충격이 회사의 설립이나 해산에 어떤 영향을 미쳤는지 혹은 회사 형태별·지역별·규모별 양태가 어떻게 전개되었는지 등을 분석하는 기반이 마련되었으며, 다음 절에서 보이는 것과 같이 해방 이후와 연결된 장기 시계열을 확보할 수 있도록 하였다는 점이 본 연구의 기여라고 할 수 있다.

4. 회사 신설 및 해산 그리고 총회사 수의 장기 추이, 1910-2011

식민지기의 회사 수 변동에 대한 이상의 분석에 근거해서 본 절에서는

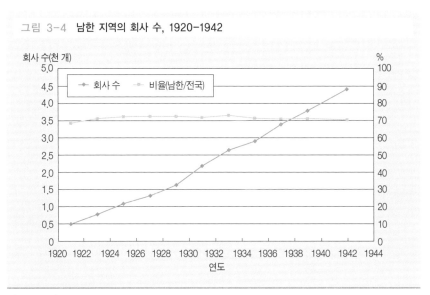

그림 3-4   남한 지역의 회사 수, 1920-1942

자료: 본문 참조.

1910년부터 2012년까지의 기간 동안 회사의 신설 및 해산 그리고 총회사 수에 대한 장기 시계열을 제시하고 분석하기로 한다. 이를 위해서는 두 가지 작업이 필요한데, 첫째는 식민지기의 회사 가운데 남한 지역에 본점을 둔 회사들을 파악하는 것이다. 『요록』에는 회사들의 본사 주소가 기재되어 있기 때문에 국사편찬위원회가 만든 전산화된 『요록』 자료를 이용하면 남한에 본점을 둔 회사 수를 손쉽게 파악할 수 있다.

〈그림 3-4〉는 전체 회사 중 본사 주소가 남한으로 되어 있는 회사들의 숫자와 전체 회사에서의 비율을 보여 준다. 남한의 회사 수는 1921년 511개이던 것이 1942년에는 4,400여 개로 약 8배 증가하였다. 재미있는 사실은 남한 회사들의 비중이 전 시기에 걸쳐 약 70%를 꾸준히 유지하고 있다는 점으로, 이는 식민

지기 내내 남한의 총회사 수가 북한의 두 배 가량 수준을 유지하였음을 보여 준다. 흔히 식민지기 후기로 갈수록 남한은 보다 농업으로 특화되고 북한은 보다 공업화됨으로써 북한 지역의 경제가 보다 근대적 성격을 많이 띠었다는 인식이 널리 받아들여지고 있다. 하지만 남한의 회사 수가 북한보다 두 배 가량 많았다는 것은 남한 지역을 단순히 북한 지역에 대비시켜 '농업 지역'으로 또는 경제가 상대적으로 미발달한 것으로 파악하는 것이 과도한 일반화일 수 있음을 시사한다.

장기 추세 파악을 위해 필요한 두 번째 작업은 해방 이후 회사의 신설과 해산 동향을 파악하는 것이다. 이것 역시 식민지기처럼 등기 자료를 활용해서 파악할 수 있다. 1945년에서 1953년 기간에 대한 자료는 아직 확인되지 않았지만, 그 이후 시기의 회사등기 관련 통계는 대법원이 발간한 통계 자료집, 즉 1954년에서 1976년까지는 『법원통계연보』, 그리고 1977년부터 현재까지는 『사법연감』의 등기 관련 부문에 수록되어 있다.

〈그림 3-5〉 (A)는 1910년부터 2012년까지의 신설·해산된 회사 수 추이를 보여 준다. 해방 이후의 경우를 보면 1954년 1,162개의 회사가 신설된 이후 신설회사 수는 계속 증가해서 2000년대에 들어서서는 연간 5만-6만 개, 2012년에는 76,000개의 회사가 신설되었다. 한편, 해산회사의 경우도 1954년 217개이던 것이 2000년대에는 약 4,000개까지 증가하였다. 〈그림 3-5〉 (B)는 신설회사 대비 해산회사 비율의 추이를 보여 주는데, 해방 전과 비교해 볼 때 해방 후는 이 비율이 크게 낮아짐을 볼 수 있다. 이 점은 해방 이후에 회사 수 증가가 더 빠른 속도로 진행되었음을 시사한다.[21]

그림 3-5 회사의 신설과 해산, 남한 지역 1910-2012

(A) 신설 및 해산 회사 수

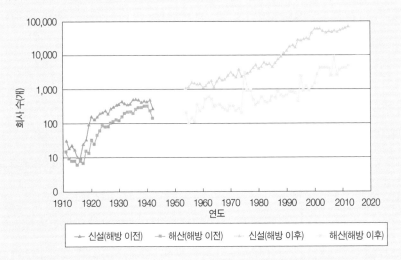

(B) 신설회사 대비 해산회사 비율

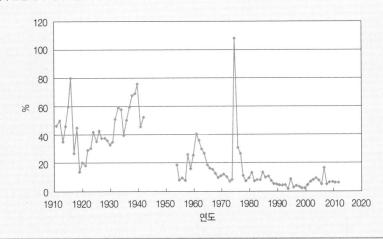

자료: 본문 참조.

앞서와 마찬가지로 신설 및 해산 통계에 식 (1)을 적용하면 해방 이후 기간에 대해서도 총회사 수가 몇 개나 존재하는지를 손쉽게 계산할 수 있다. 불행하게도 1945년에서 1953년까지 기간 동안의 자료가 존재하지 않기 때문에 해방 이후의 회사 수 파악을 위해서는 초기치를 다시 설정해서 계산해야 한다. 〈그림 3-6〉 (A)는 초기치를 1944년 남한의 회사 수인 4,703개로 설정한 뒤 추계한 결과이다. 그럴 경우 1954년에서 2012년까지 회사 수는 연평균 9.6%씩 증가해서 2012년 현재 우리나라에 존재하는 회사는 109만 개 정도가 되는 것으로 추정된다. 이 결과는 초기치를 합리적인 범위 내에서 변화시키더라도 크게 바뀌지는 않는 것으로 확인되었다.[22]

이처럼 해방 이후 회사 수가 크게 증가한 것은 회사 신설이 지속적으로 높은 수준을 유지했다는 점과 해산회사가 신설회사에 비해 상대적으로 감소했다는 두 가지 요인에 의한 결과라고 할 수 있으며, 이는 경제 성장에 따른 필연적 현상이라고도 할 수 있다. 단, 회사 수의 증가를 이해하는 데 있어 여기에 나타난 회사가 모두 생산 활동을 수행하고 있는 회사가 아니라는 점에 유의할 필요가 있다. 우선 상당수의 회사들은 여러 가지 이유로 더 이상 영업을 하지 않으면서도 해산등기를 하지 않은 것들이다. 즉, 영업 활동을 중단하고 세금 부과를 면제 받기 위해 사업자 등록은 취소하였지만, 법인의 해산등기를 하지 않은 상

---

21 보다 엄밀히 이야기한다면, 신설회사 대비 해산회사 비율의 감소는 해방 전과 비교할 때 해방 이후에는 해산회사보다 신설회사 증가가 더 높아진 측면, 그리고 해산되어야 할 회사가 가동은 하지 않으면서 해산이 되지 않은 채 존재하는 휴면회사의 증가라는 두 가지 요인이 복합적으로 작용한 결과로 보인다. 휴면회사에 대해서는 이하의 논의를 참조.
22 예를 들어, 1953년 초기치를 4,703개로 놓을 때 2012년의 회사 수 추계치는 1,086,140개인데, 이 초기치를 두 배 수준인 9,000개로 놓더라도 2012년의 회사 수는 1,090,437개로, 별다른 차이를 보이지 않는다.

그림 3-6 우리나라의 회사 수, 남한 지역 1910-2012

(A) 회사 및 가동법인

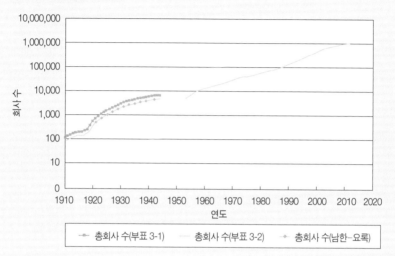

(B) 회사 중 가동법인의 비율

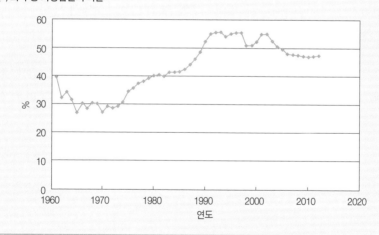

주: (A)의 총회사 수 추계치(남한)의 경우, 해방 이전은 〈그림 3-4〉에 의거해서 〈부표 3-1〉의 총회사 수에
   70%를 곱하여 도출한 것이다. 그림에 나타난 것처럼 요록을 통해 도출한 총회사 수(남한-요록)과 비교
   할 때 거의 차이가 없으므로, 장기 시계열을 도출함에 있어서는 이 방법이 유용하다. 해방 이후 시계열
   은 〈부표 3-2〉의 회사 수 추계치이다.
자료: 본문 참조.

태로 놓아 둔 경우인데, 이런 회사를 흔히 휴면회사(休眠會社)라 부른다. 휴면회사의 존재는 등기 정보가 실제 영업과 관련된 회사의 퇴출 여부를 과소반영함으로써 경제 활동을 수행하고 있는 회사 수를 과다계상하게 하는 편의를 낳는다. 아울러 신설회사 가운데서도 상당수는 회사로 등기를 하였지만 실제 영업은 하지 않는 존재들인데, 이들은 흔히 간판회사(paper company)라 불리는 서류상으로만 존재하는 회사들이다.

휴면회사나 간판회사는 절세나 기업 합병 등 다양한 이유에서 만들어지는데, 간판회사나 휴면회사처럼 생산 활동을 직접적으로 수행하지 않는 법인의 신설과 누적은 회사 제도 자체를 향후 어떻게 발전시킬 것인가라는 문제와도 맞물려 많이 논의가 이루어지고 있는 사항이다.[23] 단, 본 연구와 관련해서는 등기상 존재하는 회사 가운데 얼마만큼이 실제 영업 활동을 수행하고 있는 회사들인가가 문제가 되는데, 가동법인 수를 살펴보면 이 문제에 대해 어느 정도 답을 구할 수 있다. 가동법인이란 국세청에 사업자 등록을 한 법인을 뜻한다. 국세청에 개인이나 법인이 사업자 등록을 하게 되면 여러 가지 세금 납부 의무를 지게 되므로, 실제 영업을 하지 않는 법인들은 사업자 등록을 하지 않는 것이 일반적이며, 비가동법인들은 정의상 간판회사나 휴면회사가 되기 때문이다. 법인등기와는 달리 국세청의 가동법인 통계는 매년 세금 정산 시점에서의 총량만을 제시할 뿐, 몇 개의 회사들이 신규로 등록을 하였고 말소하였는지 여부

---

23 상법 제520조의2. 물론 간판회사와 휴면회사에 대한 이상과 같은 구분은 다소 자의적이며, 두 표현은 많은 경우 혼용되고 있다. 정부는 휴면회사의 집적이 회사 제도의 운영에 여러 가지 문제를 야기한다고 보고, 1984년 상법 개정에서 휴면회사를 정리하는 법적 조치를 마련하였다. 즉, 5년간 등기상의 변화가 없을 경우, 이들을 관보에 수록하고 제거하는 것이다.

를 보여 주지는 않기 때문에 회사의 신설률이나 해산율은 알기 어렵고 총회사 수의 변동 추이만을 파악할 수 있다. 〈그림 3-6〉 (B)에는 비영리법인이나 외국 법인을 제외한 가동법인 수의 추이를 함께 수록하였는데, 가동법인 통계가 처음 나오는 1960년대에는 등록법인의 약 30%이던 것이 1970년대 말부터 1990년대 초까지 꾸준히 증가해서 50%에 도달한 이후, 지난 20년 동안은 이 수준을 유지하고 있다. 바꾸어 말하면 현재 우리나라 회사들 가운데 약 50% 가량이 비가 동법인인 셈이며, 회사의 증가 추이에 대한 이해는 이 점을 감안하는 것이 긴요하다.

지금까지 지난 100년간 우리나라에서 회사가 얼마나 생겨났고 사라졌는지에 대한 장기 추이를 살펴보았다. 이상을 통해 가장 강조되어야 할 부분은 아마도 우리나라에서 회사 제도가 받아들여지고 활용되는 과정에서 식민지기가 가지는 중요성일 것이다. 비록 전쟁기간 등으로 인한 단절이 있긴 하였지만, 1960년대 이래로의 경제 성장에서 회사 제도가 널리 활용되는 것은 이미 그 이전에 회사 제도가 활발하게 활용된 역사적 경험이 있었기 때문일 것이다. 이 점에 대한 이해를 위해서는 식민지기의 회사 제도에 대해 향후 보다 활발한 자료 발굴과 심도 있는 연구가 수행될 필요가 있다.

5. 결론

일반적으로 어떤 제도가 어떤 경로를 통해서 얼마만큼 경제 성장에 기여하는지를 실증적으로 평가하기란 매우 어려운데, 이 문제는 회사의 경우에도 마찬가지로 적용된다. 달리 표현하자면, 회사 제도가 경제 성장에 기여한 정도를 본격적으로 평가해 보려면 회사 제도가 없었을 때의 경제 상황, 즉 회사 제도가 없을 경우 경제 주체들이 자본을 모집하는 등의 활동을 위해 회사 대신 어떤 제도 등을 활용할지, 그리고 이러한 대체재가 얼마나 효과적으로 작동할지 등을 궁구해 보아야 하는데, 이러한 반사실적 실험(counterfactual experiment)은 매우 어려운 작업이기 때문이다.

단, 많은 연구자들이 상정하는 것처럼 회사 제도가 규모의 경제를 가진 기술을 사용하는 데 중요한 역할을 함으로써 경제의 성장에 기여한다는 것을 받아들인다면, 회사 제도가 언제 도입되고 어떻게 보편화되었는가 여부는 분석 가능한 형태의 유의미한 문제로 치환된다. 본 연구는 회사라는 제도가 도입되고 확산되어 가는 과정을 연구하기 위한 가장 기초가 되는 정보, 즉 식민지기 회사 수를 확정하는 시도이다. 본 연구는 그동안 경제사 연구에서 많이 다루어지지 않았던 사법 관련 통계가 회사 수 확정에 매우 중요한 근거임을 제시하고, 기존에 회사 연구에서 활용되던 여러 통계 자료나 일차 자료들이 서로 어떤 관계가 있는지를 제시한 데 의미가 있다. 향후 식민지기 기업사·회사사 연구에 있어서 본 연구가 제시한 통계가 조그마한 기초가 될 수 있기를 기대한다.

연도	『통계연보』의 등기 자료		「변동표」(1924-1939) 및 관보(1942-1944)		총회사 수
	신설	해산	신설	해산	
1910					112
1911	47	22			137
1912	28	14			151
1913	34	12			173
1914	26	12			187
1915	15	9			193
1916	15	12			196
1917	37	10			223
1918	51	23			251
1919	143	20			374
1920	235	48			561
1921	195	36			720
1922	231	67			884
1923	299	91			1,092
1924	315	132	303	130	1,275
1925	346	122	334	113	1,499
1926	287	123	291	111	1,663
1927	411	154	395	119	1,920
1928	449	170	440	198	2,199
1929	524	188	499	177	2,535
1930	540	178	589	176	2,897
1931	666	233	654	188	3,330
1932	576	294	563	261	3,612
1933	537	318	552	296	3,831
1934	543	316	505	251	4,058
1935	737	293	714	277	4,502
1936	765	385	718	361	4,882
1937	730	435	794	471	5,177
1938	632	428	636	458	5,381
1939	677	469	609	401	5,589
1940	640	486			5,743
1941	733	337			6,139
1942	397	208	449	272	6,328
1943			425	223	6,530
1944			561	372	6,719

주: 1) 총회사 수는 『통계연보』의 등기 자료 및 관보의 신설 및 해산 회사 수에 식 (1)을 적용해서 계산하였다.
　　2) 변동표 자료는 주익종(1991)에 의해 정리된 것을 가져왔다.
자료: 『조선총독부통계연보』, 「조선회사변동표」, 관보.

부표 3-2 신설 및 해산 회사, 총회사 수 추계치, 그리고 가동법인, 1953-2012

연도	신설	해산	회사 수 추계치	가동법인
1953			4,703	
1954	1,162	217	5,648	
1955	1,217	100	6,765	
1956	1,649	150	8,264	
1957	1,605	126	9,743	
1958	1,471	381	10,833	
1959	1,515	248	12,100	
1960	1,190	305	12,985	
1961	1,335	543	13,777	5,459
1962	1,658	601	14,834	4,770
1963	1,778	529	16,083	5,516
1964	1,187	319	16,951	5,331
1965	1,807	337	18,421	4,948
1966	2,151	355	20,217	6,085
1967	1,925	296	21,846	6,228
1968	2,094	261	23,679	7,177
1969	2,558	250	25,987	7,793
1970	3,079	333	28,733	7,797
1971	2,738	328	31,143	9,061
1972	2,391	242	33,292	9,544
1973	3,814	277	36,829	10,798
1974	2,475	211	39,093	12,000
1975	2,928	3,161	38,860	13,416
1976	3,146	973	41,033	14,640
1977	3,523	934	43,622	16,279
1978	4,430	503	47,549	18,134
1979	5,154	371	52,332	20,530
1980	4,269	400	56,201	22,574
1981	4,821	634	60,388	24,400
1982	6,276	464	66,200	26,412
1983	5,571	452	71,319	29,473
1984	5,717	477	76,559	31,600
1985	4,809	639	80,729	33,536

연도	신설	해산	회사 수 추계치	가동법인
1986	6,192	622	86,299	36,483
1987	7,936	844	93,391	41,281
1988	9,366	685	102,072	46,959
1989	12,387	665	113,794	55,347
1990	14,175	730	127,239	66,565
1991	19,072	850	145,461	80,053
1992	20,143	859	164,745	91,428
1993	17,850	817	181,778	101,173
1994	28,164	473	209,469	113,644
1995	28,658	2,450	235,677	129,748
1996	31,259	919	266,017	147,251
1997	34,457	1,258	299,216	165,837
1998	30,951	1,026	329,141	168,070
1999	49,143	1,126	377,158	192,051
2000	61,195	1,454	436,899	227,973
2001	61,927	2,815	496,011	272,382
2002	61,638	4,306	553,343	303,715
2003	53,343	4,465	602,221	315,612
2004	49,190	4,523	646,888	326,610
2005	53,280	4,226	695,942	345,749
2006	50,976	2,585	744,333	357,163
2007	53,965	8,846	789,452	377,430
2008	51,492	2,673	838,271	398,624
2009	58,348	3,844	892,775	421,938
2010	62,717	4,339	951,153	447,330
2011	68,166	4,285	1,015,034	478,063
2012	75,956	4,850	1,086,140	515,050

주: 회사 수 추계치 계산 방식과 관련해서는 본문 참조.
자료: 『법원통계연보』, 『사법연감』, 『국세통계연보』.

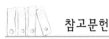 참고문헌

국세청,『국세통계연보』, 각 연도.

김두얼,「회사제도와 회사, 1910-1945」,『해방 전후 한국의 기업과 경제변동』, 역
　　　사문제연구소 · 경제사학회 공동학술대회 발표문, 2008, pp. 3-25.

박이택,「식민지 조선의 기업지배구조 – 한국인 회사와 일본인 회사의 비교」,
　　　『경제사학』, 49, 2010a, pp. 39-71.

_____,「근대 한국의 기업과 경제 성장: 기업 지배구조론적 접근」,『기업과 경
　　　제 성장: 방법론과 한국의 사례』, 2010년 경제사학회 춘계학술대회 발
　　　표논문집, 2010b, pp. 89-136.

_____,「20세기 전반 한국 · 일본 · 대만에서의 회사의 성장」,『일본제국과 식
　　　민지: 지역간 통합과 격차』, 낙성대경제연구소 학술대회 발표논문집,
　　　2011, pp. 71-102.

손정목,「회사령연구」,『한국사연구』, 46, 1984, pp. 87-130.

이승렬,「《조선은행회사조합요록》과 한국근대사연구」, 국사편찬위원회 한국
　　　사데이터베이스 조선은행회사조합요록 해제(http://www.history.go.kr
　　　/front/dirservice/dirFrameSet.jsp?pUrl=/front/dirservice/common/listLargeMai
　　　n05.jsp).

전우용,「19세기말–20세기초 한인 회사 연구」, 서울대학교 국사학과 박사학위
　　　논문, 1997.

_____,『한국 회사의 탄생』, 서울대학교출판문화원, 2011.

조선총독부,『조선총독부통계연보』, 1910-1942.

주익종,「일제하 조선인 회사자본의 동향」,『경제사학』, 15, 1991, pp. 31-66.

허수열,「일제하 조선인회사 및 조선인중역의 분석」, 안병직·이대근·나카무라 사토루·카지무라 히데키 공편,『근대조선의 경제구조』, 비봉출판사, 1989, 제10장.

홍제환,「식민지기 회사의 생존력, 1917-1944: 조선경제잡지의 회사등기 자료 분석」,『경제사학』, 54, 2013, pp. 97-129.

_____,「한국 근대의 회사제도 활용에 대한 연구」, 서울대학교 경제학부 박사학위논문, 2014.

小林英夫 外,『植民地への企業進出 – 朝鮮會社令の分析』, 柏書房, 1994.

林元龍,『統計實務提要』, 帝國地方行政學會朝鮮本部, 1928.

Abramitzky, Ran, Zephyr Frank, and Mahajan, Aprajit, "Risk, Incentive, and Contracts: Partnerships in Rio de Janeiro, 1870-1891," *The Journal of Economic History*, 70(3), 2010, pp. 686-715.

Guinnane, Timothy, Ron Harris, Naomi R. Lamoreaux, and Jean-Laurent Rosenthal, "Putting the Corporation in its Place," *Enterprise and Society*, 8(3), 2007, pp. 687-729.

Harris, Ron, *Industrialising English Law*, Cambridge University Press, 2000.

Hilt, Eric and Katharine E. O'Banion, "The Limited Partnership in New York, 1822-1853: Partnerships without Kinship," *The Journal of Economic History*, 69(3),

2009, pp. 615-645.

Kim, Duol, "The Popularity of Partnership in United States Manufacturing during the Nineteenth Century," paper presented to All-UC Group in Economic History Meeting, San Francisco, 2003.

_____, "The Next Best Thing to Getting Married: Partnerships among the Jewelry Manufacturers in the Providence/Attleboro Area during the Nineteenth Century," *Enterprise and Society*, 8(1), 2007, pp. 106-135.

Lamoreaux, Naomi R. and Jean-Laurent Rosenthal, "Legal Regime and Contractual Flexibility: A Comparison of Business's Organizational Choices in France and the United States during the Era of Industrialization," *American Law and Economics Review*, 7(1), 2005, pp. 28-61.

La Porta, Rafael, Florencio Lopez-de-Silanes, Andrei Shleifer, and Robert W. Vishny, "Legal Determinants of External Finance," *The Journal of Finance*, 52(3), 1997, pp. 1131-1150.

_____, "Law and Finance," *Journal of Political Economy*, 106(6), 1998, pp. 1113-1155.

제2부

1950년대와 고도성장기

4

한국의 산업화와 근대 경제 성장의 기원, 1953–1965:
전통설과 새로운 해석

5

한국에 제공된 공적개발원조: 규모 추정 및 국제 비교

6

수출진흥확대회의: 기능과 진화 과정

7

중간재의 생산과 교역

8

한국개발연구원(KDI): 경제 발전에서의 역할과 진화 과정

한국의 산업화와 근대 경제 성장의 기원, 1953-1965: 전통설과 새로운 해석

한국의 산업화와 근대 경제 성장의 기원,
1953-1965: 전통설과 새로운 해석

1. 서론

　한 나라가 언제 근대 경제 성장(modern economic growth)의 길로 접어들었고
어떤 요인들로 말미암았는지 구명하는 작업은 경제 발전 연구의 핵심 주제 중
하나이다. 사이먼 쿠즈네츠(Simon Kuznets), 월터 로스토우(Walter W. Rostow) 등의
고전적 작업이 보여 주는 것처럼 이 질문에 답하는 시도는 기본적으로 이론적
이기보다는 실증적이고 현재적이기보다는 역사적이다.[1] 국민경제가 본격적인
성장 궤도에 오른 이후에야 '언제부터' 이러한 추세가 시작되었는가라는 회고
적 질문이 유효해지기 때문이다. 또 이러한 장기 추세를 전제로 해야 동시대에
추진된 정책이나 외부 요인과 같은 외생변수 가운데 중요한 것들을 식별하고
영향을 분석함으로써 '어떤' 요인들이 경제 성장을 촉발했는지 파악할 수 있
기 때문이다. 물론 이러한 질문들을 탐구하는 작업은, 한 국가의 경제 성장을
장기적 시야에서 이해하고 정책 시사점을 도출할 수 있다는 점, 그리고 개발도

1　Kuznets(1966), Rostow(1960).

상국의 경제 발전에 유효한 요인들이 무엇인지 이해할 수 있도록 해준다는 점 때문에 과거를 대상으로 함에도 불구하고 현재적이며 미래지향적이다.

본 연구는 우리나라의 근대 경제 성장이 언제 시작되고 어떤 요인들에 의해 촉발되었는지 궁구함으로써, 한국 경제의 발전 과정을 새롭게 파악하고 근대 경제 성장의 기원이라는 보편적 주제에 대한 이해를 제고하는 데 기여하려는 시도이다. 지난 20여 년 동안 이루어진 한국 경제사에 대한 수량적 연구들의 성과와 20세기 전반에 있었던 여러 가지 역사적 사실들을 고려해 볼 때, 한국 경제가 근대 경제 성장의 길로 본격적으로 접어들게 된 시점은 1945년 이후로 보는 것이 자연스럽다.[2] 본 연구는 다양한 통계를 이용하여 오늘날까지 지속되고 있는 근대 경제 성장이 '언제부터' 시작되었는지를 점검한다. 그리고 해방 이후의 지속적 경제 성장이 그때 촉발되도록 작용한 주요한 외생적 요인을 판별해 보기로 한다.

해방 이후 한국의 경제 성장에 대한 전통적이고 지배적인 설명은 산업화에 기반한 근대 경제 성장의 계기가 1960년대 전반에 마련되었다고 파악한다. 1961년 군사정변을 주도한 세력이 집권하면서 한국 경제가 공업화에 성공하였고 그 결과 지속적이면서도 급속한 경제 성장의 길로 접어들었다는 것이다. 박정희 정부가 이러한 전환을 이룩할 수 있었던 이유로는 수출지향 경제 발전 전략을 수립하고 실질적으로 집행하였기 때문이라는 점이 제시된다. 전통설은 1960년경까지 한국 경제는 경제 성장의 길로 접어들지 못하고 침체하였으며,

---

2 오늘날까지 이어지는 근대 경제 성장의 출발 시점 또는 기원을 해방 이전이 아닌 해방 이후에서 찾는 이유는 [보론]에서 상세히 논의하기로 한다.

이것은 상당 부분 5.16 군사정변 이전 정부의 무능과 부패 그리고 수입대체공업화라는 잘못된 정책 방향에 기인하였음을 함축한다. 결국 한국 경제의 지속적 성장은 수출지향성 때문에 가능했는데, 수출지향 경제 성장은 1960년대 초 도입된 수출지향 경제 성장 정책에서 비롯되었다는 것이 전통적 설명의 핵심이라고 할 수 있다.

지난 20여 년 동안 이러한 전통적 설명에 대해서는 다양한 비판 그리고 대안적 설명이 제기되어 왔다.[3] 본 연구는 근대 경제 성장의 역사를 분석한 전통적인 연구들이 지향한 바에 기초하여, 1950-1960년대 통계들을 재검토하고 기존의 연구들을 종합함으로써 한국 경제의 장기적 성장에 대한 새로운 해석을 체계화하고자 한다. 새로운 해석의 핵심은 해방 이후 진행된 산업화 그리고 수출지향적인 한국 경제 성장의 기반이 1960년대 전반이 아니라 그보다 이른 1950년대에 마련되었다는 것이다. 휴전 이후 1950년대 동안 도입된 무역, 산업 정책들 그리고 이러한 정책을 구현할 수 있는 물적 기반을 제공한 원조가 해방 이후 산업화의 본격적 출발점이었으며 수출지향적 근대 경제 성장의 초석을 갖추는 중요한 요인들이었음을, 그런 맥락에서 한국 경제 성장의 주요한 기원임을 제시하고자 한다.

본 연구는 새로운 자료를 발굴 · 분석하는 것이기보다는, 1950 · 1960년대에 대한 기존 실증 연구들 그리고 해당 시기의 정부 통계들을 가급적 폭넓게 파악하여 종합하는 작업에 가깝다. 이러한 시도가 부가가치를 갖는 까닭은 다음

3 박동철(1991; 1994), 김대환(1996), 서문석(1998; 2009), 서문석 · 박승준(2015), 최상오(2005; 2010), 이영훈(2012; 2013; 2015) 등이 대표적이다.

과 같다. 먼저 1950, 1960년대에 대한 많은 기존의 실증 연구들은 중요한 역사적 사실들을 밝혀 왔지만 이런 사실들이 어떻게 다른 연구들과 관련성을 가지고 있으며 궁극적으로 한국의 장기 성장의 모습에 대해 어떤 의미를 가지고 있는 지를 심도 있게 고찰하고 명시적으로 논의하는 데에는 소홀하였다. 많은 사실들을 나열하는 데 그치지 않고 이들을 종합하는 큰 그림을 그려 나갈 때 개별 사실의 의미가 분명해지며, 향후 연구가 보다 생산적이 될 수 있다는 점에서 기존 연구의 개괄과 종합은 충분한 의미를 갖는다.

기존 통계에 대한 종합적이고도 비판적인 검토가 의미 있는 이유 역시 이전 연구들이 이것을 충분히 수행하지 않았기 때문이다. 1950-1960년대를 다룬 많은 연구들은 동시대의 통계들을 제한적으로만 이용한 경향이 있으며, 이러한 문제는 1950년대 통계와 관련해서 특히 두드러진다. 당시 우리나라 정부가 경제 관련 통계들을 적지 않게 생산하고 있었음에도 불구하고 이러한 현상이 나타난 것은 기본적으로 통계에 대한 불신에 기인하였다고 짐작된다. 하지만 통계가 여러 가지 결함을 안고 있는 것은 일상적인 문제이다. 이러한 한계는 다양한 자료들을 대조하고 심도 있는 검토를 통해 극복해야 할 과제이지, 통계를 방치하는 것을 정당화하지는 않는다.

이하의 논의는 다음과 같이 진행한다. 먼저 제2절에서는 수출지향 경제 성장의 기원에 대한 전통설을 살펴보고, 제3절에서는 이 이론이 갖는 이론적·실증적 문제점들을 검토한다. 제4절에서는 본 연구가 제시하고자 하는 '새로운 해석'을 체계적으로 기술한다. 제5절에서는 본 연구의 결과가 가지는 정책적 함의를 제시하고 추가 논의 사항을 다룬 뒤, 제6절에서 논의를 마무리한다.

2. 전통설

해방 이후 우리나라 경제 발전의 기원에 대한 지배적인 견해는 1960년대 전반 박정희 정부가 추진한 수출지향적 경제 개발 정책을 시발점으로 보는 것이다. '전통설'은 논자에 따라 다양한 형태로 제기되어 왔지만, 가장 핵심적인 내용은 크게 네 가지 명제로 구성해 볼 수 있다.

첫째, 한국 경제가 지속적 경제 성장의 길로 접어든 시점은 1960년대 전반이다. 1950년대 말까지 한국 경제는 침체된 경제 상황을 벗어나지 못한 상태였고 이것을 벗어날 실마리가 보이지 않는 상태였지만, 1960년대 전반에 활로를 찾고 지속적이면서도 급속한 경제 성장을 시작하였다. 이러한 변화가 시작된 시점을 특정하기는 쉽지 않지만 대략 1962년부터 1964년 사이로 볼 수 있으며, 1965년경이 되면 근대 경제 성장이 진행되고 있다는 사실은 명확하다.

둘째, 1960년대 전반부터 근대 경제 성장이 이루어질 수 있었던 것은 이 시기부터 산업화가 성공적으로 진행되었기 때문이다. 1950년대에도 산업화를 위한 노력이 없었던 것은 아니었다. 하지만 그것은 성공적이지 못하였다. 그에 비해 1960년대에는 산업화가 성공적으로 이루어졌고 그 결과 근대 경제 성장이 이루어졌다.

셋째, 1960년대 전반부터 산업화가 성공적으로 진행되어 지속적 경제 성장의 길로 접어들 수 있었던 것은 산업화가 수출지향적으로 이루어졌기 때문이다. 1950년대에 이루어진 산업화 노력이 성공하지 못한 것은 산업화가 대내지향적인 혹은 수입대체적인 방식으로 진행되었기 때문이다. 그에 비해 1960년대에는 산업화가 수출지향적으로 이루어졌기 때문에 성공적이었고, 궁극적으로 지속적 경제 성장도 가능하였다.

넷째, 수출지향 공업화는 정부의 정책 주도로 이루어질 수 있었다. 정부가 수출지향적 산업화를 핵심으로 하는 경제개발계획을 입안하고 여기에 맞추어 자원 배분 등을 통해 민간 부문을 성공적으로 유도하였기 때문에 산업화와 수출 확대 그리고 고도성장을 달성할 수 있었다.

이상에 제시한 전통설은 한국의 근대 경제 성장이 1960년대 전반부터 박정희 정부가 추진한 수출지향 경제 정책에서 비롯되었다는 명제로 요약할 수 있다. 사실 이러한 역사 해석은 1961년 군사정변을 통해 잡은 집권 세력의 역사관으로부터 비롯되었다. 정변 세력은 "절망과 기아선상에서 허덕이는 민생고를 시급히 해결"하는 것을 혁명공약으로 제시하였다.[4] 이처럼 우리 국민들이 경제적 어려움을 겪은 이유를 전 정권의 무능 때문으로 평가한 뒤, 빈곤으로부터의 탈피를 위해 군사정변을 일으키고 경제개발계획을 추진하게 되었다고 주장하였다.[5]

박정희 정부 당시 활동한 경제 관료나 기업가들 역시 유사한 생각을 표명해 왔다. 제1차 경제개발 5개년계획 평가서는 서문에서 "제1차 경제개발 5개년계획의 성공적인 수행으로 무기력하였던 지난날의 우리의 역사는 이제 그 종지부를 찍게 되었고 생기발랄한 약동의 역사로 대치되어 가고 있는 것"이라고

---

4 「혁명공약」, 제4조.
5 한국군사혁명사편찬위원회(1963), 제1권 제2편 제3장 제5절. 전 정권에 대한 박정희 대통령의 평가는 박정희 (1962; 1963) 참조.

평가하였다.[6] 1970년대 초 경제기획원 장관을 지낸 태완선은 1950년대의 한국 경제는 "한 마디로 말하여 빈곤의 악순환이었다"고 규정하면서, '참다운 지도자'의 등장으로 이러한 상황을 벗어날 수 있었다고 서술하였다.[7] 제3공화국 경제 개발 정책 추진에 있어 중요한 역할을 수행했던 오원철은 「한국형경제건설」에서 1961년 제1차 경제개발계획이 수립됨으로써 한국의 '산업혁명'이 시작되었으며, 보다 본격적으로는 '공업의 수출 전환'을 착수한 1964년부터 경제 성장이 시작되었다고 언급하였다.[8] 한국경제인연합회 상임이사를 역임한 조규하도 1945년부터 1961년까지의 기간을 "기나긴 어둠의 터널"로 묘사하고, 이로부터 벗어나게 된 것은 "1962년부터 시작된 박정희 대통령 주도 하의 경제개발계획의 실시"로부터라고 서술하고 있다.[9]

정치 세력의 변화와 경제 발전을 연결하는 이러한 역사 해석은 1950년대와 대비되는 1960년대의 여러 상황들로 인해 별다른 이견 없이 받아들여졌다. 우선 1950년대 경제를 분석한 연구들은 1950년대의 산업화가 경제 성장에 기여하지 못하였다는 부정적인 견해를 표명하였다. 예를 들어, 김대환(1981)은 1950년대 한국의 공업화가 "대외 의존의 심화와 대내 불평등의 확대 과정"이었다고 규정하였으며, 다른 연구들 역시 이와 큰 차이를 보이지 않는다.[10]

---

6 기획조정실평가교수단(1967), 「서문」.
7 태완선(1972), pp. 16-19.
8 오원철(1995), 특히 제7권, pp. 85-86. 김정렴(2006), pp. 15-18, 140-155; 박충훈(1988), pp. 135-139; 황병태(2011) 등도 유사한 내용을 담고 있다. 그리고 최근 고도성장기에 활동한 경제 관료들을 인터뷰하여 작성된 홍은주·이은형·양재찬(2013) 역시 이러한 관점을 보여 주고 있다.
9 전국경제인연합회 편(1986), p. 8.
10 김대환(1981), p. 254. 1950년대 경제와 관련된 연구 중 상당수는 당시 우리나라가 받던 원조를 중심으로 논의를 전개하고 있는데, 이들 대부분은 원조가 우리나라 경제를 파행으로 몰고 갔다고 평가한다. 우리나라가 받은 원조에 대한 기존 논의의 개괄 그리고 비판적 평가에 대해서는 제5장을 참조.

공제욱 · 조석곤 공편(2005), 이병천(1999), 이상철(2005, 2015), 장하원(1999), Amsden(1989), Woo(1991) 등 한국 경제 발전을 다루는 많은 연구들도 1960년대 이후 진행된 지속적 경제 성장을 1960년대에 이루어진 변화들로부터 설명하고자 하는 데 초점을 맞추었다.[11] 차동세 · 김광석(1995), Cummings(1997), 이헌창(2012), 한국경제60년사편찬위원회(2010) 등 한국 경제를 다룬 대표적인 개설서들도 대체로 전통설에 입각하여 1950년대와 1960년대를 서술하고 있다.

한편, 최근 들어서는 전통설의 패러다임 하에서 제기되는 중요한 질문, 즉 "박정희 정권이 어떤 계기로 인해 과거와는 다른 새로운 정책 방향을 설정하게 되었는가"라는 문제가 주요 연구 과제로 조명을 받았다. 이러한 맥락 속에서 장하원(1999), 이완범(2006), 박태균(2007), 기미야 다다시(2008), 이영훈(2012), 공제욱 · 조석곤 공편(2005) 등은 박정희 정부의 정책과 과거 정부들의 정책 간의 연속과 단절, 그리고 단절의 계기를 파악하는 작업을 수행하였다.

박정희 정부와 그 이전 정부 하의 경제 상황을 대비하는 전통적 입장은 박정희 정부에 대해 정치적으로 비판적 견해를 견지하는 학자들조차도 일반적으로 받아들이고 있다. 전철환(1981), 유종일 엮음(2011), 장하성(2014), 양우진(2016) 등은 해방 이후 경제 발전이 1960년대에 시작되었다는 견해를 인정하면서 그 내용을 비판하는 방식으로 논지를 전개한다.

---

11 김광석(2001)은 "1960년대 초까지 한국은 전후 복구와 초기 단계의 수입대체형 공업화를 거의 완료하게 되어"(p. 9) 1960년대의 정책 전환이 이루어졌음을 언급한다. 하지만 기본적으로 그의 분석은 1960년 이전의 산업 및 무역 정책은 전혀 다루지 않고 있다는 점에서 기본적으로는 전통설의 패러다임 하에서 이루어진 연구로 볼 수 있다.

3. 전통설의 문제점

해방 이후 한국 경제의 성장이 1960년대 전반 실시된 수출지향 경제 개발 정책으로부터 시작되었다는 전통설은, 1960년대 전반에 군사정변을 일으킨 세력이 제기한 이후 오늘날까지 한국 경제의 성장이 어떻게 비롯되었는지를 설명하는 지배적인 패러다임의 지위를 견지하여 왔다. 하지만 이러한 지배적 지위는 이론적 성찰과 실증적 검증을 이겨 낸 결과는 아니었다. 이하에서는 여러 통계들과 선행 연구들에 기초하여 전통설을 구성하는 네 명제가 사실과 부합하는지를 점검해 보기로 한다.

1) 경제 성장

우리나라의 경제 성장과 관련해서 모두가 동의할 수 있는 사실은 늦추어 잡아도 1965년부터 한국 경제는 산업화에 기초한 '고도성장'에 접어들기 시작하였다는 사실이다. 그런데 이 시기의 경제성장률이 매우 높았다는 사실은 역설적이게도 지속적 경제 성장이 언제, 어떤 계기에 의해 시작되었는가라는 문제를 차분하게 돌아보고 반추하는 작업을 소홀히 하도록 만든 측면이 있다.

만일 우리가 고도성장과 근대 경제 성장을 동일하게 놓는다면 전통설은 타당할 수 있다. 하지만 경제 성장에서 10%에 가까운 고도성장이 유지되는 기간은 오히려 특수하며, 근대 경제 성장 나아가 근대 경제 성장의 출발 여부를 판단하는 기준으로서는 적절하지 않다. 물론 어느 정도의 경제성장률이 얼마만큼 지속될 때 근대 경제 성장이 진행되고 있다고 이야기할 수 있는 명확한 기준은 존재하지 않는다. 하지만 세계경제의 장기 성장 추세를 살펴보면, 연평균 3-4% 정도 이상의 경제 성장이 지속적으로 이루어지는 경제를 '지속적인 근대 경제 성장'(sustainable modern economic growth)이 이루어진다고 보는 것에 큰 무리는 없다.[12] 한국의 근대 경제 성장이 1960년대의 고도성장으로부터 시작되었는지 아니면 일정 수준 이상의 경제 성장이 진행되다가 고도성장기로 접어들게 되었는지를 파악하려면 1950년대의 경제 성장을 살펴보아야 한다.

〈그림 4-1〉은 1953년부터 현재까지 우리나라의 실질 GDP 성장률을 보여 준다. 앞서 언급한 바와 같이 1965년 이후에는 우리나라의 경제성장률은 10% 수준으로 접어들며, 이러한 높은 경제성장률이 유지되는 기간을 우리는 통상적으로 '고도성장기'라고 부른다. 그런데 고도성장기에 접어들기 이전의 시기가 경제성장률이 절대적 수준에서 볼 때 낮았던 것은 아니다. 1954년부터 1960년 까지의 성장률은 평균 5.3%이다. 물론 고도성장기보다는 낮은 수준이지만 경제학에서 일반적으로 받아들여지는 기준 혹은 근대 경제 성장이 진행된 지난

---

12 경제성장률에 근거해서 근대 경제 성장 여부를 판단하는 것은 Kuznets(1966), Rostow(1960) 등 경제발전론의 전통적 연구에 기반한 것이며, 경제 발전에 대한 로버트 루카스(Robert Lucas, Jr.)의 유명한 규정, "경제 발전이라는 문제는 단지 국가 간, 시점 간 일인당 소득의 수준과 증가율의 관측된 양상을 설명하는 것"이라는 언명과도 일관된 것이다(Lucas, 1988, p. 3). 한편, Maddison(2003, p. 259)은 세계 경제의 성장은 산업혁명 이전에는 연평균 0.1% 수준에 불과했지만, 산업혁명 이후인 1820년부터 2000년까지 180년 기간 동안 전 세계 GDP의 연평균 성장률을 약 2.2%, 서유럽 국가들은 약 2.1%로 제시하였다. 특히, 본 연구가 다루고 있는 1950년부터 2000년까지 50년 기간을 놓고 보더라도 근대 경제 성장을 하고 있다고 볼 수 있는 서유럽 국가들의 연평균 GDP 성장은 3.2%라는 점을 감안한다면, 연평균 3-4%의 경제성장률을 지속하는 경제가 근대 경제 성장의 필요조건을 갖추었다고 보는 기준을 기각할 만한 근거는 찾기 어렵다. 아울러 이러한 기준은 경제성장론의 표준적인 교과서라고 할 수 있는 Weil(2005, ch. 1) 등과도 일관된 것이다. 물론 이러한 성장률은 산업의 고도화로 뒷받침된 것일 때 지속적일 수 있으며, 진정한 의미의 근대 경제 성장이라고 할 수 있다. 한국 경제가 이 시기에 산업화가 이루어지고 있는지 여부는 다음 절에서 다루기로 한다.

그림 4-1 실질 국내총생산(GDP) 증가율, 1954-2014

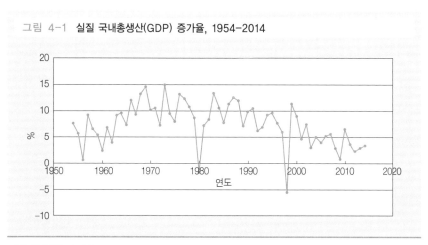

자료: 통계청(kosis.kr).

200여 년 동안 세계 각국의 성장률을 고려해 볼 때, 5.3%의 경제성장률은 결코 낮은 수준이 아니다. 이런 점에서 볼 때 1950년대를 침체기로 규정하는 것은 부적절하다.[13]

물론 1950년대의 경제성장률은 해외로부터의 주입(injection), 즉 원조에 크게 힘입은 것이다. 하지만 이 점은 1960년대도 마찬가지이다. 제5장에 제시한 바와 같이 우리나라가 받은 ODA 규모는 1950년대 후반에 가장 높은 수준을 보이지만, 1960년대에도 1950년대보다 크게 모자라다고 보기 어려운 규모가 계속 유입되었다(제5장 〈그림 5-6〉).[14] 따라서 원조 규모를 가지고 1950년대의 성장을

---

13 흥미롭게도 군사정변의 공식 역사는 1950년대의 경제성장률이 낮은 수준이 아니었음을 인정하고 있다. 한국군사혁명편찬위원회(1963), p. 173.
14 ODA는 무상원조와 양허성 차관의 합으로 산정된다. 이는 곧 위 통계가 '비양허성' 차관은 포함하지 않음을 의미한다. 그러나 우리나라에 비양허성 차관이 본격적으로 도입되는 것은 1960년대 중반부터의 일이기 때문에, 적

편하하고 1960년대의 성장을 높이 평가하는 것은 타당하지 않다. 나아가 제2차 세계대전 이후 전 세계 ODA의 역사를 보더라도 원조가 그대로 경제성장률 제고를 담보하는 것은 아니라는 점을 고려해 본다면, 이 시기의 경제 성장이 외부로부터의 주입에 힘입었다고 해서 무의미하다고 치부하는 것 역시 적절하지 않다.[15]

한편, 개발도상국은 경제 활동의 시장화 정도가 낮기 때문에, 또 자료 수집과 처리상의 문제 때문에 GDP 추계가 경제의 실상을 제대로 반영하지 못할 가능성이 있다. 이런 점을 감안해서 개발도상국의 경제성장률을 추정하는 대안으로 많이 사용되는 지표 중 하나가 전력 생산 및 사용량이다. 우리나라의 경우도 1950년대부터 1960년대 중반까지 전력 생산 추이를 살펴봄으로써 당시의 경제 상황을 보다 심도 있게 파악할 수 있다.

〈그림 4-2〉와 〈표 4-1〉은 전력 생산 및 사용량 추이를 보여 준다. 1950년대 동안 전력 생산은 연평균 13.1%씩 상승하고 있으며, 1960년대 전반에 비해 결코 전력 생산 증가 속도가 낮지 않았음을 보여 준다. GDP뿐 아니라 전력 생산 및 소비 추세 역시 근대 경제 성장이 1950년대에 이미 시작되었으며, 이 시기가 1960년대에 도래할 고도성장의 기반을 마련하고 있다는 해석이 현실을 보다 잘 반영하는 설명임을 제시한다.

이상의 논의를 마무리하기 전에 두 가지 문제를 언급하고자 한다. 먼저 이 시기의 경제성장률을 평가함에 있어 국민 일인당 지표가 아닌 총량 지표를 사

어도 1960년대 중반까지 우리나라에 유입된 해외 자원은 ODA와 사실상 동일하다.
15 한국에 제공된 원조 규모의 추정과 평가에 대해서는 제5장 참조.

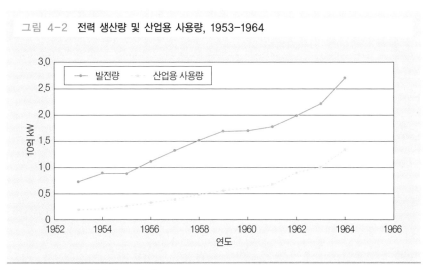

그림 4-2　전력 생산량 및 산업용 사용량, 1953-1964

자료: 한국은행, 『경제통계연보』, 각 연도.

표 4-1　전력 생산량 및 산업용 사용량 증가율, 1954-1964

(단위: %)

	발전량	산업용 사용량
1954-1964	12.9	19.1
1954-1960	13.1	17.3
1961-1964	12.5	22.2

자료: 한국은행, 『경제통계연보』.

용한 까닭이다. 〈표 4-2〉는 일인당 실질 GDP 증가율 추이를 보여 주는데, 1950
년대의 일인당 GDP 증가율은 연평균 1.6%로 비교적 낮은 수준이었다. 그런데
이 표는 일인당 GDP 성장률이 낮았던 이유가 낮은 성장률 때문이 아니라 높은
인구증가율에 기인하였음을 보여 준다. 즉, 1950년대는 해방 이후 현재까지의

표 4-2 일인당 GDP 증가율, 1955-1970

(단위: %)

	GDP	인구	일인당 GDP
1955-1960	4.8	3.2	1.6
1960-1966	8.1	2.8	5.3
1966-1970	11.7	1.5	10.2

주: 인구증가율은 인구총조사 자료를 이용하였는데, 인구총조사는 1955년, 1960년, 1966년, 1970년에 이루어졌다. 본 표의 인구증가율은 이 시점들을 기준으로 작성하였으며, GDP 증가율 역시 여기에 맞추어 계산한 결과, 이전의 표들과 성장률 산정 기간에 차이가 발생하였다.
자료: 한국은행, 『경제통계연보』; 통계청(kosis.kr).

70년 기간 동안 출산율이 가장 높았던 시기였고, 이 점이 일인당 GDP 성장률이 낮게 나타나는 원인이었다. 만일 1950년대 후반의 인구증가율이 고도성장기인 1960년대 후반의 수준이었다고 한다면, 1950년대 후반의 일인당 GDP 증가율은 3%가 넘는 높은 수준이었을 것이다. 이처럼 일인당 GDP는 절대적인 측면에서나 이후 시기와의 비교라는 측면 모두 이 시기의 경제 성장을 저평가하고 있으며, 그런 의미에서 실질 GDP나 전력 생산과 같은 총량 지표가 이 시기의 경제 성장 추세를 살피는 데에는 보다 유의미한 정보를 제공해 준다고 판단된다.

둘째는 전후 복구 과정이 경제성장률에 미친 영향을 평가하는 문제이다. 1950년대 경제성장률이 높았던 것은 전쟁으로부터의 복구 때문이며 이것이 완료되는 1950년대 말에 가서는 그 효과가 다하기 때문에, 1950년대의 경제 성장을 근대 경제 성장의 맥락에서 보기 어렵다는 견해가 있을 수 있다.

이러한 견해는 두 가지 측면에서 받아들이기 어렵다. 먼저 이 견해는 전쟁으로 인한 파괴로부터의 빠른 복구를 '당연한' 일로 전제한다. 그러나 이것은 타당하지 않다. 한국 경제는 1953년 휴전 이후 복구를 하지 못한 상태로 머물러 있었을 수도 있으며, 복구는 훨씬 이후에야 혹은 훨씬 느린 방식으로 이루어질 수도 있었다. 특히, 당시 한국의 낮은 소득 수준을 고려한다면, 전쟁으로 인한 파괴는 한국 경제를 '가난의 덫'에 가둠으로써 돌이킬 수 없는 침체로 끌고 갈 가능성도 존재하였다. 이러한 가능성들을 고려하지 않은 채 이 시기의 높은 성장을 당연시하는 것은 당시의 경제 현황을 적절하게 평가한 것이라고 보기 어렵다.

보다 근본적으로, 1950년대 말이 되면 경제 성장이 정체된다는 것은 경제 성장률 통계와 부합하지 않는다. 1960년의 경제성장률이 2.3%로 전후 연도와 비교해서 낮은 수준을 보이고 있지만, 1959년과 1961년 양년도 모두 5% 이상의 높은 경제 성장을 보여 주고 있다. 아울러 1960년의 낮은 경제성장률 중 상당 부분은 해당 연도의 흉작으로 인한 농업 생산 저하에 기인하였다는 점도 감안할 필요가 있다. 이런 점을 고려해 볼 때 전후 복구가 완료되는 1950년대 말 이후에는 경제가 성장의 한계 혹은 원조의 중단으로 인해 침체하기 시작하였다는 평가는 실증적으로 뒷받침되지 않는다.

이상의 논의는 다음과 같이 정리할 수 있다. 경제 성장을 측정하는 데 활용되는 기본 지표들을 검토해 볼 때, 우리나라의 고도성장이 시작된 시기는 이미 널리 받아들여지는 사실, 즉 1960년대 중엽임을 확인할 수 있다. 하지만 지속적인 근대 경제 성장이 시작된 시기는 1950년대 중엽부터라고 보는 것이 적절하다.

2) 산업화

근대 경제 성장의 핵심은 산업화이다. 앞서 살펴본 경제 성장 추이가 근대 경제 성장인지를 평가하는 데 있어서 일종의 필요조건이라고 한다면, 산업화의 진행 여부는 경제 성장의 '근대성' 여부를 평가하는 중요한 잣대이다. 1960년대 중반부터 진행된 고도성장이 같은 시기 이루어진 산업화의 성공을 통해 추동되었다는 점은 두 말할 나위가 없다. 그러나 이것이 곧 산업화가 이 시기부터 시작되었음을 의미하지는 않는다. 경제성장률과 마찬가지로 1950년대의 산업화에 대해서도 면밀한 평가와 비교가 필요하다.

산업화의 진행 정도를 파악하고 평가하려면 무엇보다 산업 생산 추이를 살펴보아야 한다. 〈그림 4-3〉과 〈표 4-3〉은 1955년부터 1965년 기간 동안 제조업 부문 GDP와 생산지수의 증가 추이를 보여 준다. 제조업 생산지수의 경우 1960년을 100이라고 볼 때, 1965년까지 180에 이를 정도로 1960년대 전반에는 제조업 생산이 급증하였다. 하지만 1954년부터 1960년까지의 기간 동안에도 제조업 생산은 47에서 100으로 증가하고 있다. 이것은 1960년대 전반의 증가와 거의 맞먹는 수준이다. 즉, 두 기간 동안의 연평균 성장률을 계산해 보면, 1955년부터 1960년까지는 13.6%, 1961년부터 1965년까지는 12.3%로, 1950년대의 경제성장률이 1960년대 전반과 거의 같은 수준이었다.[16]

이러한 추세는 부가가치 증가율로부터도 그대로 확인할 수 있다. 1955년부

---

16 1950년대 산업 생산에 대한 체계적 검토로는 박기주 · 류상윤(2010)을 참조.

그림 4-3 제조업 부문 부가가치 및 생산지수, 1954-1965(1960=100)

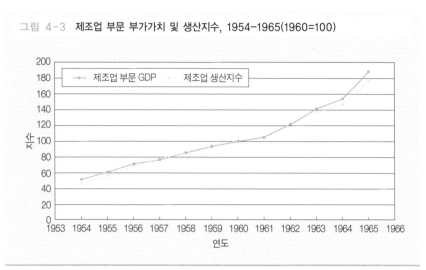

자료: 한국은행, 『경제통계연보』, 각 연도.

표 4-3 제조업 부문 부가가치 및 생산지수의 연평균 증가율, 1955-1965

(단위: %)

	부가가치	제조업 생산지수						
		전체	주요 부문					
			식료품	방직	목재 및 목제품	고무	화학	토석 및 유리
1955-65	12.6	13.0	9.9	10.5	5.4	11.0	21.8	18.5
1955-60	11.7	13.6	15.7	10.9	4.4	14.0	26.8	18.8
1961-65	13.7	12.3	3.0	10.1	6.5	7.3	15.8	18.1

주: '주요 분야'로 제시한 산업들은 생산지수상의 가중치가 5% 이상인 산업들이다.
자료: 부가가치는 통계청(kosis.kr), 제조업 생산지수는 한국은행, 『경제통계연보』, 각 연도.

터 1965년 기간 동안의 부가가치 증가율은 12.6%로, 제조업 생산지수 증가율과
거의 유사하다. 한편, 앞서 〈그림 4-2〉와 〈표 4-1〉은 이 시기 산업용 전기 생산

추이도 제시하였는데, 1954년부터 1960년 기간 동안 산업용 전력 사용량은 연평균 17.3%씩 증가하였고, 이것은 같은 시기 전체 발전량 증가율보다 높은 수준이었다.

〈표 4-3〉은 위 결과와 아울러 1955년부터 1965년 기간 동안 주요 제조업 부문 생산지수의 연평균 성장률을 1950년대와 1960년대로 나누어 제시하였다. 이 표에 따르면 1950년대 후반의 생산증가율이 1960년대 전반보다 다소나마 낮은 산업은 목재 분야에 불과하며, 나머지 영역은 오히려 1950년대 후반이 더 높은 생산 증가를 보이고 있다.

이상과 같은 1950년대의 산업화 진척은 세계적으로도 높은 수준이었다. United Nations(1960)은 1950년대 각국의 산업 분야 성장률을 비교하였는데, 이에 따르면 한국의 산업 생산 증가율은 경공업과 중공업 모두에서 전 세계에서 가장 높은 수준이었다(〈그림 4-4〉).

한편, 산업화는 기업의 수와 규모 증가를 수반한다. 이런 의미에서 제조업 관련 기업 및 해당 기업 근로자 추이 역시 산업화를 가늠하는 좋은 지표가 될 수 있다. 〈그림 4-5〉는 제조업 사업체 및 종업원의 추이를 보여 준다. 1955년 우리나라의 제조업체는 8,800개였으며, 여기 근무하는 종업원은 약 20만 명 수준이었다. 이것은 1964년이 되면 업체가 18,700여 개, 종업원이 37만 명으로 늘어난다. 1950년대와 1960년대 전반을 나누어 증가 추세를 살펴보더라도 앞서 검토한 지표들처럼 두 시기 간에는 큰 차이가 나타나지 않는다.

산업화는 도시화와 밀접한 관련을 가지고 있기 때문에 도시화의 진행 정도 역시 1950년대를 평가하는 데 있어서 중요한 정보를 제공해 줄 수 있다. 〈표

그림 4-4 경공업 및 중공업의 연평균 산업 생산 증가율, 1953-1958

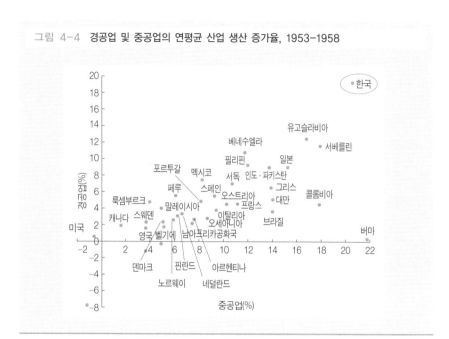

자료: United Nations(1960); Amsden(1989), p. 41에서 재인용.

그림 4-5 제조업 사업체 수 및 종업원 수, 1955-1964

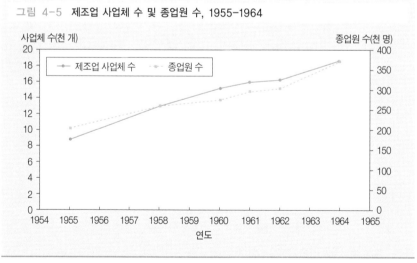

자료: 한국은행, 『경제통계연보』.

표 4-4　도시화율, 1955-1966

(A) 인구

		총인구	전체	10만 명 이상 도시	서울 및 부산
1955	인구(백만)	21.5	5.3	4.2	2.6
	총인구 대비 비율(%)		24.5	19.5	12.2
1960	인구(백만)	25.0	7.0	5.7	3.6
	총인구 대비 비율(%)		28.0	22.8	14.4
1966	인구(백만)	29.2	9.8	7.8	5.2
	총인구 대비 비율(%)		33.5	26.9	17.9

(B) 인구증가율(%)

	총인구	전체	10만 명 이상 도시	서울 및 부산
1955-66	2.8	5.8	5.9	6.5
1955-60	3.1	5.9	6.4	6.7
1960-66	2.6	5.7	5.4	6.3

주: '도시'는 인구총조사에서 '시'로 구분된 행정구역을 의미한다.
자료: 통계청(kosis.kr).

4-4)는 1955년부터 1966년 기간 동안 도시에 거주하는 인구의 변화 추이를 제시한 것이다. 1955년에 우리나라 전체 인구 중 도시에 사는 인구는 530만 명으로 전체 인구의 24.5%를 차지하였다. 그러던 것이 인구는 1960년까지 700만 명으로 28%, 1966년까지 980만 명으로 33.5%로 증가하였다. 이러한 도시 인구 증가는 1955-1960년 기간 동안 연평균 5.9%, 1960-1966년 기간 동안 5.7% 증가한 결과로, 1950년대 후반의 도시 인구증가율은 1960년대 초와 거의 동일한 수준이었다. 도시 인구 증가는 10만 명 이상 도시, 나아가 가장 규모가 컸던 서울 및 부산으로 갈수록 더욱 높은 수준으로 진행되었는데, 대도시를 살펴보더라도 1950

년대 후반의 도시화가 절대 수준에서 높았을 뿐 아니라 1960년대 전반과 비교해도 뒤지지 않는 정도로 진행되고 있었다.

제조업 부문의 기업, 노동자, 생산량 등이 증가하는 추세에 대한 이상의 검토는 본격적인 산업화가 1960년대 들어 시작되었다는 주장이 통계적으로 뒷받침되지 않음을 보여 준다. 이미 1950년대부터 산업화 그리고 도시화는 지속적으로 진행되고 있었다고 보는 것이 적절하다.

3) 산업화와 수출

전통설에 입각한 연구를 진행해 온 학자들 중에서도 일부는 1950년대에 산업화가 진행되고 있었음을 완전히 부정하지 않는다. 단, 이들은 대개 1950년대와 1960년대의 공업화가 불연속적이며 본질적으로 다르다고 파악한다. 1950년대는 내수지향적 혹은 수입대체적인 방향으로 공업화가 진행된 데 비해 1960년대에는 수출지향적인 형태로 진행되었으며, 그 때문에 전자는 실패한 반면 후자는 성공하였다고 평가한다. 1960년대 이후 산업화의 성공을 '수출지향적 공업화' 때문이었다고 설명하는 논의들은 기본적으로 이러한 대비(對比)에 기초한다고 할 수 있다.[17]

산업화와 수출 간의 관계에 대한 전통설의 설명을 평가하려면, 먼저 수출 추이를 살펴보아야 한다. 대외교역이라는 측면에서 볼 때 1950년대와 1960년대

---

17 오원철(1995); 한국경제60년사편찬위원회(2010), 제1권 제1장 등.

그림 4-6 GDP 대비 수출 비중, 1953-2014

자료: 통계청(kosis.kr).

가 큰 차이를 보인다는 것은 별다른 논란의 여지가 없다. 〈그림 4-6〉은 1950년
대부터 현재까지 GDP 대비 수출액의 추이인데, GDP 대비 수출액은 1950년대
전 기간에 걸쳐 2-3% 수준에 머무르고 있다. 하지만 이 값은 1960년대부터 지속
적으로 증가하기 시작해서 현재까지 꾸준히 증가하였다. 오늘날 한국은 GDP
대비 수출액이 50% 수준으로 세계 모든 국가들 가운데 가장 높은 축에 속하는
데, 〈그림 4-6〉은 이러한 현재의 모습이 1960년대부터 진행되어 온 장기 추세의
결과임을 보여 준다.

    1950년대와 1960년대의 차이를 보다 명확히 파악하기 위해, 〈그림 4-7〉은

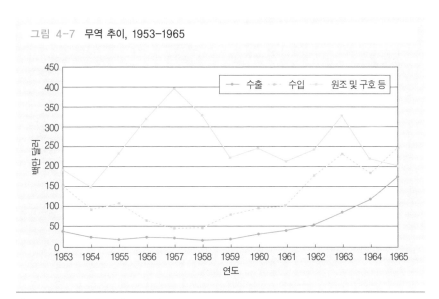

그림 4-7 **무역 추이, 1953-1965**

자료: 한국은행, 『경제통계연보』, 각 연도.

1955년부터 1965년 기간 동안 수출과 아울러 수입 및 원조 수령액의 변화 추이를 제시하였다. 이 그림은 수출의 절대액뿐 아니라 원조와 수입 대비 규모라는 면에서도 수출이 본격적으로 증가하는 것은 1960년대에 접어들면서 나타나는 현상임을 보여 준다.

　제조업 수출에 초점을 맞출 경우 1950년대와 1960년대의 대비는 더욱 뚜렷하다. 〈그림 4-8〉은 제조업 수출 그리고 전체 수출에서 제조업의 비중이 변화하는 추이를 보여 준다. 한국전쟁 직후 우리나라의 수출품은 대부분 농산품과 광물이었다. 제조업 제품은 규모도 미미하였을 뿐 아니라 전체 수출에서 차지하는 비중 역시 2-3%에 불과하였다. 그러던 것이 1962년부터 규모와 비중 모두에서 급격한 상승이 일어나서 불과 4년 만인 1965년에는 전체 수출에서 제조업 제

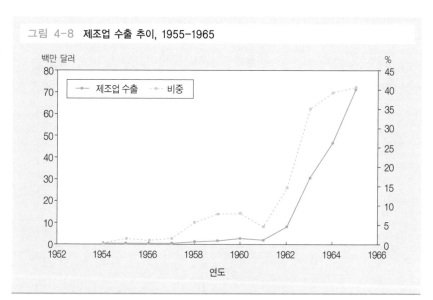

그림 4-8 제조업 수출 추이, 1955-1965

자료: 한국은행, 『경제통계연보』, 각 연도.

품이 차지하는 비중이 40%에 달하게 된다.

제조업 부문의 생산과 수출이 1950년대와 1960년대 전반에 이처럼 대조적인 양상으로 이루어졌다는 사실을 많은 학자들은 경제 주체들의 능력이나 지향이 달랐기 때문이라고 설명해 왔다. 1950년대에는 기업이나 정부가 수출할 능력이 부족하였거나 의지가 박약했던 데 반해, 1960년대에 와서는 이들이 변화하였다는 것이다. 혹은 1950년대에는 수입대체를 지향하였던 데 반해 1960년대에 와서는 수출주도적 성장을 지향하였으며, 이 점이 경제 성장과 산업화의 성공 여부를 갈라놓았다고 파악한다.

문제는 수출에 대한 기업과 정부의 입장이 실제로 1960년대 전반을 기점으로 극명하게 바뀌었는가 여부이다. 전통설이 시사하는 것처럼 1950년대 우리나라의 기업과 정부는 정말로 수출을 할 능력이나 의향이 없었을까? 이 문제에 대한 답을 구하는 것은 기본적으로 실증적인 작업이다. 정부 측에 대해서는 다음 절에서 살펴보기로 하고, 이하에서는 면방직 공업에 대한 사례 분석을 중심으로 기업 측면을 다루어 보기로 한다. 면방직 산업은 1950-1960년대에 우리나라 제조업 가운데 가장 규모가 큰 산업이었으며, 1960년대의 수출을 주도한 분야이기도 하다. 이런 이유에서 면방직 산업에 대한 검토는 단순히 한 산업을 살펴보는 것을 넘어 이 시기 우리나라의 산업화와 수출의 상황 그리고 이들 간의 관계에 대해 중요한 시사점을 제공해 줄 수 있다.

사례 분석: 면방직 산업

우리나라에서 근대적인 면방직 산업은 식민지기부터 발전하기 시작하였다.[18] 식민지기에 성장한 근대적 산업들이 북한 지역에 상대적으로 많이 위치했던 반면 면방직 공업은 남한 지역에도 많이 분포하였기 때문에 해방 이후 남북의 분단에도 불구하고 지속될 수 있는 여건이 어느 정도는 갖추어져 있었다. 하지만 해방으로 인한 일본인 기술자들의 귀국, 생산 중단과 전쟁 등으로 인한 설비 노후화 및 파괴로 인해 1953년 시점에서는 전쟁 이전과 비교하면 생산 능력이 현저하게 떨어져 있었다.[19]

면방직 산업의 생산설비 현황을 보여 주는 〈그림 4-9〉는 이러한 상황을 극명하게 보여 준다. 방적 부문의 경우 정방기는 1949년 30만 추 수준이던 것이

---

18 권태억(1989), Eckert(1991), 주익종(2008), 정안기(2001; 2002; 2010), 서문석(1999; 2003a; 2003b; 2003c; 2011).
19 인력에 대해서는 서문석(2010), p. 386, 설비 상황과 관련해서는 서문석(1998), pp. 238-246.

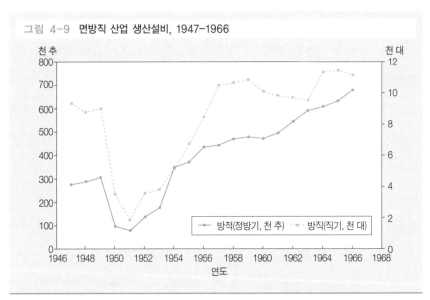

그림 4-9 면방직 산업 생산설비, 1947-1966

자료: 대한방직협회(1987), p. 774.

1951년에는 8만 추 수준으로 1/4 수준으로 하락하였으며, 방직 부문에 있어서도 직기가 9,000대에서 1,800대로 1/5 수준으로 감소하였다.[20] 정방기는 1954년이 되면 전전 수준으로 회복을 하지만 직기는 1957년에 가서야 전전 수준에 도달한다.

원조는 전쟁으로부터의 복구 그리고 이후의 성장을 가능하게 한 핵심 요인이었다. 먼저 원조는 생산설비의 신속한 복구에 크게 기여하였다.[21] 아울러

---

20 대한방직협회(1987, p. 92) 역시 "보유 시설의 70%가 파괴되었다"고 서술하고 있다.
21 당시 해외로부터 면방직 관련 설비를 구입하는 데 사용된 달러 자금은 정부 보유 달러와 원조 자금이었다. 재정 수지나 무역수지가 극심한 적자였던 당시 상황을 고려한다면 정부 보유 달러도 근본적으로는 증여(grant)나 비 양허성 차관(concessional loan) 등에서 온 셈이기 때문에, 설비 구매 자금은 공적 원조(ODA)였다고 보는 것에는 큰 무리가 없다. 자금 출처와 관련해서는 서문석·박승준(2015), 특히 pp. 130-131 참조.

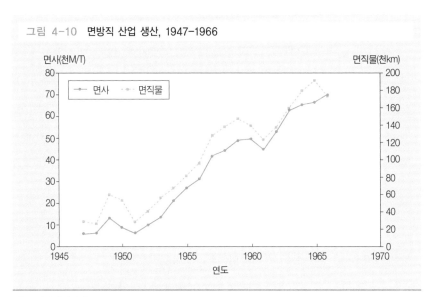

그림 4-10 면방직 산업 생산, 1947-1966

자료: 대한방직협회(1987), pp. 774-775.

미국은 면제품 생산에 필요한 원면을 무상으로 공급함으로써 생산을 촉진하였다. 여기에 더해서 정부는 외국산 면제품 수입을 제한함으로써, 국내 생산자들을 보호하였다.

이러한 여건에 힘입어 면방직 산업은 종전 직후의 상태로부터 빠르게 회복하였고 생산을 증대해 갔다(〈그림 4-10〉). 1954년에는 이미 전전 수준을 회복하였으며, 1958년에는 전전 수준의 두 배를 넘는 제품을 생산하였다. 이러한 빠른 생산 증가로 인해 1955년에 접어들면 이미 '과잉생산' 조짐이 나타나기 시작하였다.[22]

22 서문석(2009), p. 147; 한국은행, 『조사통계월보』, 1957년 12월, 1960년 11월.

면방직 생산자들은 이 문제를 다양한 방식으로 해결하고자 하였다. 첫째는 생산설비 증가를 제한하고 생산을 줄이고자 하였다.[23] 1961년 3월에는 방직협회 전체회의에서 "불황으로 허덕이는 면방업계의 침체를 타개"하고자 앞으로 30%의 조업 단축을 단행할 것을 결의하기도 하였다.[24] 〈그림 4-10〉에 따르면 1959년부터 1961년까지 생산이 감소하는데, 이는 기본적으로는 이 시기에 생산업체들이 담합을 통해 생산을 줄인 결과였다.

두 번째는 해외로부터의 수입 제한이었다. 예를 들어, 1955년 1월 수출입품 목사정위원회는 40번수 이하의 면사 수입을 금지하기로 결정하였다.[25]

마지막으로 해외 진출을 도모하였다. 면방직 생산자들은 수출을 늘리기 위해 여러 가지 노력을 기울였으며, 1957년 10월에는 "해외 수출이 현저하게 이루어지고 있음을 보고하고 있다.[26] 하지만 수출은 여러 가지 어려움을 겪었다. 가장 문제가 된 것은 미국이 수출에 동의하지 않았다는 사실이다. 미국은 원조를 통해 공급된 원면으로 생산한 제품을 수출하는 것을 매우 제한된 수준으로만 허용하였다.[27] 그 결과 수출은 원활하게 이루어질 수 없었다. 수출이 본격화된 것은 1960년에 접어들어 미국이 수출에 동의를 하면서부터였다.[28] 이후 면방직 제품의 수출은 큰 폭으로 늘어나기 시작하였다.

1950년대와 1960년대 면방직 산업의 생산과 수출의 변천과 관련해서 주목

---

23 서문석(2009), p. 144; 한국은행, 『조사통계월보』, 1957년 12월, 1960년 11월.
24 한국은행, 「면방직업계 조업단축 결정」, 『조사통계월보』, 1961년 4월, p. 46.
25 서문석(2009), p. 146.
26 한국은행, 「면제품의 해외진출 현저」, 『조사통계월보』, 1957년 10월.
27 서문석(2009), pp. 149-152.
28 서문석(2009), pp. 149-152.

그림 4-11 면방직 산업 수출 및 생산 대비 수출 비중, 1947-1966

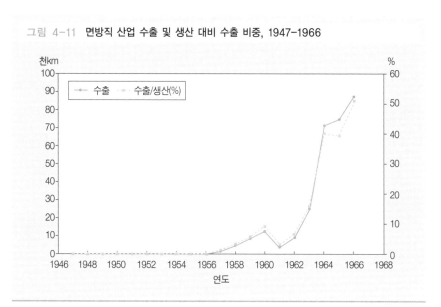

자료: 대한방직협회 (1987), p. 774.

해야 할 사실은 생산 대비 수출 비중이다(〈그림 4-11〉). 1964년의 경우, 면방직 제품 전체 생산량의 50%를 수출하였다. 이는 국내 수요가 대략 10만km 수준에서 충족이 될 수 있었음을 의미한다. 그런데 앞서 〈그림 4-10〉에 따르면, 이미 1956년의 생산이 10만km를 넘어서기 시작하였다. 수출 능력은 이미 1950년대 후반이면 갖추고 있었으나, 이것을 실현하지 못하고 있었음을 의미한다.

이상의 개괄이 보여 주는 1950년대 면방직 산업은 지금까지 한국 제조업에 대해 전통설이 그려온 모습과는 매우 다르다. 1950년대에 제조업 분야의 생산 능력은 전반적으로 빠르게 증진되고 있었으며, 이미 1950년대 말이 되면 면방직 산업 등 주요 경공업 부문들은 수출할 수 있는 능력을 갖추었거나 혹은 이러한 수준에 거의 근접하고 있었다. 기업들은 해외시장 진출을 위한 의지를 가지고 있었으며, 이를 위한 다양한 노력을 경주하고 있었다. 이러한 사실들은 1950년대 우리나라의 제조업 기업들이 수출할 능력이나 의지가 부족하였다는 전통설의 설명이 사실과 부합하지 않음을 의미한다. 아울러 1960년대 초 수출 품목을 생산하던 다른 산업들도 기본적으로는 1950년대 말 경에는 수출을 할 수 있는 생산 능력을 갖추고 있었다는 점에서 위의 양상은 면방직 산업에 국한되지 않는다.[29]

아울러 면방직 산업의 경우 국내시장에 대한 수요를 충족한 뒤 이 과정에서 축적한 생산 능력을 발판으로 수출로 나아갔다는 사실에 주목할 필요가 있다. 이러한 과정을 전통설은 흔히 "수입대체공업화의 한계 또는 실패"로 인해 해외로 전환한 것이라고 규정해 왔다. 그러나 사례 분석을 통해 제시한 사실들은 이러한 평가가 타당하지 않음을 보여 준다. 1950년대 동안 우리나라 제조업은 내수시장을 기초로 성장하면서 수출을 할 수 있는 생산 능력을 갖추었고, 여기에 기반해서 이미 1950년대부터 수출을 위해 많은 노력을 기울였으며, 대내외적 조건이 갖추어진 1960년대에 와서는 성공적인 수출 확대를 이룩하였다.[30] 그런 의미에서 수입대체와 수출지향은 서로 배치되는 정책이 아니라 기업 차원에서 생산 능력 증진에 따라 수입대체로부터 수출지향으로 나아가는 일종의 발전 단계에 가까웠다.

---

29 개별 산업들에 대한 상세한 서술은 이영훈(2012; 2015) 등을 참조.
30 수출을 통해 생산성을 높이는 것이 아니라 세계시장에서 살아남을 만큼 생산성이 높은 기업들이 수출을 하게 된다는 이와 같은 결과는 국제경제학의 실증 연구 결과들과도 일관된 것이다. 이와 관련해서는 Bernard and Jensen(1999), Clerides, Lach, and Tybout(1998), Aw, Chung, and Roberts(2000) 등을 참조.

휴전 직후 우리나라 제조업의 상황을 고려했을 때, 5-6년밖에 안 되는 짧은 기간에 이처럼 생산 능력을 급속히 갖출 수 있었던 이유는 무엇이었을까를 분석하는 것은 향후 심도 있는 분석이 수행되어야 하는 중요한 연구 과제이다. 하지만 면방직 공업의 사례를 통해서도 두 가지 핵심 요인을 확인할 수 있었다. 첫째는 미국으로부터의 원조이다. 원조를 통해 생산설비를 원활하게 도입할 수 있었고 원자재를 싼 값에 확보할 수 있었던 것은 생산 능력을 빠른 속도로 증진시키는 데 크게 기여하였다. 둘째는 산업 및 무역 정책을 통한 정부의 국내 산업 보호 정책이다. 후자와 관련해서는 다음 소절에서 보다 상세히 살펴보기로 한다.

4) 수출지향 정책

전통설은 박정희 정부가 산업화를 추진함에 있어 수출지향적으로 정책을 수립하고 추진하였기 때문에 1960년대에 수출 증가와 산업화 그리고 경제 성장을 달성하였다고 파악한다. 그 이전 정부가 수입대체공업화를 추진한 것과 달리 박정희 정부는 수출을 촉진하기 위한 다양한 정부 정책을 도입하였으며 이것을 성공적으로 집행하였다는 것이다. 이러한 주장 속에는 수출에 대한 의향이나 능력이 부족했던 민간 부문을 정부가 일깨워서 이끌어 갔다는 함의도 담겨 있다. 박정희 정부가 언제부터 그리고 어떻게 이러한 사고를 하고 정책을 도입·집행하였는가에 대해서는 다양한 견해가 제시되어 왔는데, 이 문제는 최근 들어 가장 많은 연구가 진행되어 온 주제이기도 하다.[31]

불행히도 전통설의 주장은 여러 가지 측면에서 간과할 수 없는 결함이 있다. 첫째는 사실과의 괴리이다. 먼저 많은 학자들은 1960년대에 박정희 정부가 수출을 촉진하기 위하여 수출에 대한 국가 수준의 체계적인 계획을 수립하고 수출보조금이나 조세 및 세금상의 혜택처럼 수출을 장려하는 정책들을 실시하였다고 서술한다. 1960년대에 이러한 정책들이 집행되었던 것은 사실이다. 하지만 이 시기에 들어와서 처음 도입된 것은 아니었다.

이미 앞에서 살펴본 바와 같이 1950년대에 우리나라는 극심한 무역 적자에 시달리고 있었다. 상황을 극복하기 위해 이승만 정부는 수입을 줄이는 노력뿐 아니라 수출을 늘리기 위한 다양한 방안을 실시하였다. 1956년에 수출 촉진을 위하여 수출5개년 계획을 마련하였고 1957년에 무역법 등 무역 관련 기본 법령을 정비하였다(⟨표 4-5⟩). 아울러 박정희 정부가 도입하거나 실시하였다고 언급되는 주요 수출 촉진 정책 가운데 상당수를 이미 1950년대부터 실시하였다. 1955년에 수출보상금을 도입하고 1956년에 수출장려보조금을 마련하였다. 일정 수준 이상의 수출을 한 사람에게 수입 권한을 주는 수출입연동제 혹은 수출실적 링크제는 이미 1954년부터 실시되고 있었다. 수출을 늘리기 위한 보세가공무역 지구는 1960년대에 본격적으로 설립되었지만 이것을 설립하는 방안에 대해서는 1950년대 말부터 논의가 이루어졌다. 1960년대를 다룬 연구들 가운데 적지 않은 작업들은 이러한 기본적인 사실들을 무시하거나 누락한 채 1960년대에 시행된 정책을 마치 그때 처음 도입된 것처럼 서술하고 있는데, 이것은 단

31 관련 연구에 대해서는 본 장 제2절 참조.

표 4-5 1950년대의 무역 관련 주요 정책과 도입 시기

목록	도입 혹은 논의 시점	비고
무역 관련 기본법		
무역법	1957. 12. 13	법률 제460호
무역위원회 규정	1958. 3. 18	대통령령 제1352호
관세법	1949. 11. 23	법률 제67호
수출진흥법	1962. 3. 20	법률 제1033호
수출보조금		
수출보상금제	1955. 1. 20	상공부고시 201호
수출장려보조금	1956. 12. 17	대통령령 1199호
수출입연동제		
수출실적 링크제	1954	상공부, 「무역계획」 등
보세가공무역	1959. 9	수출무역진흥책(1959. 9. 30)
금융		
무역금융	1950. 6	
수출진흥기금 융자	1959. 11	
세금 혜택		
물품세 감면	1950. 4	

자료: 최상오(2010) 등.

순 오류라고 보기 어려운 심각한 문제들이다.

　　물론 이런 정책들이 1950년대에 이미 도입되었지만 실효성이 없었고 실제 정책이 효력을 발휘한 것은 1960년대에 와서였다는 반론이 있을 수 있다. 이러한 반론은 충분히 가능하다. 하지만 그렇다면 기존 연구들은 1960년대에 실시된 정책들을 열거하는 것에 그쳐서는 안 되고, 왜 이 정책들이 그 이전에 도입

되었음에도 불구하고 1960년대에 가서야 수출 증진을 이룩하였는지 구명했어야 했다. 이러한 설명이 없이 수출 증진과 정부 정책이 1960년대에 함께 존재했다는 사실만으로 이들 간에 인과 관계를 주장하는 것은 타당하다고 보기 어렵다.[32]

둘째, 전통설은 정책 수립 과정에서 기업 혹은 민간을 정부 정책의 대상 혹은 정책에 의해 인도되는 수동적인 존재로 파악한다. 그 결과 1960년대에 정부가 수출 주도 정책을 추진하게 된 이유로 정권 교체, 정부 내 관료들의 사고 변화 혹은 새로운 사고를 하는 관료들의 등장, 혹은 미국 정부가 우리나라 정부에 미친 영향이나 압력과 같은 요인들을 제시한다.[33]

이러한 연구 경향은 근본적으로는 후진적이고 정체된 민간 부문을 일깨우고 이끌어 나간 것이 정부 부문이라는 군사정변 주도 세력과 박정희 정부 구성원들의 생각을 그대로 수용하고 있다. 하지만 최근의 연구들 그리고 여러 가지 자료들은 전통설이 가지는 많은 문제를 보여 주고 있다. 이미 살펴본 바와 같이 면방직 기업들의 경우, 1950년대부터 수출을 하려는 동기와 의지가 있었고, 수출의 필요성에 대해 다양한 통로를 통해 정부 당국자들을 설득하였다.

1960년대에도 이러한 현상은 크게 다르지 않다. 많은 학자들은 박정희 정부가 초기에는 이전 정부들처럼 수입대체공업화 정책을 추진하였다고 파악한

---

32 정책 도입 시점과 아울러 박정희 정부에서 주요 역할을 담당한 정책 당국자들이 1950년대에 형성되었다는 점도 주목할 필요가 있다. 이와 관련해서는 이상철(2015) 참조.

33 정권의 변화가 정부는 물론 국민 전체의 생각과 행동에 변화를 가져왔다는 것은 박정희 대통령을 비롯한 군사정변 주도자들의 기본적인 생각이었다. 새로운 사고를 하는 관료들의 등장이 정책의 변화를 가져왔다는 입장과 관련해서는 오원철(1995) 등이 있다. 한편, 이완범(2006), 박태균(2007), 기미야 다다시(2008) 등은 미국 정부 당국자 혹은 월터 로스토우 같은 정책자문들의 영향 등을 제시한다.

다.[34] 하지만 〈그림 4-7〉, 〈그림 4-8〉 등이 보여 주는 바와 같이 이 기간 동안 이미 제조업 부문 수출은 큰 폭으로 증가를 하고 있었다. 즉, 정부가 민간을 일방적으로 끌고 가거나 지도한 것이 아니라, 민간 부문의 흐름을 뒷받침하거나 혹은 수출을 더욱 확대하려는 민간 부문의 요구를 수용하는 과정을 통해 정책을 형성해 갔다고 보는 것이 당시의 현황과 부합한다고 판단된다.

5) 소결

전통설은 1960년대 군사정변을 통해 집권한 세력이 제시한 역사관이었다. 이러한 역사관의 기원을 고려해 볼 때, 전통설은 기본적으로 1960년 이전의 경제 상황이나 성과를 낮추고 혁명 이후를 높이는 편향이 있을 수 있다. 불행히도 우리나라의 경제 발전을 연구한 학자들은 전통설이 내포한 문제를 파악하거나 실증적으로 검증하려는 시도를 충분히 수행하지 않았다. 이런 경향이 오랫동안 유지된 데에는 전통설이 갖고 있는 설득력이 크게 작용하였다고 할 수 있다. 이와 아울러 1950년대 통계에 대한 연구자들의 불신도 이러한 경향을 강화한 측면이 있다.

본 절에서는 여러 가지 이유로 그동안 방치되어 온 문제, 즉 한국의 근대 경제 성장에 대한 전통설을 검증하는 작업을 수행하였다. 그 결과 1960년대에 우리나라의 수출지향 경제 발전이 시작되었으며, 이것이 박정희 정부의 수출지

---

34 이완범(2006), 박태균(2007), 기미야 다다시(2008) 등.

향 경제 발전 정책에서 비롯되었다는 전통설은 기본적인 통계들이나 사실들과 부합하지 않음을 확인하였다. 박정희 정부의 공식 문서나 당시 관료들의 회고가 아닌 실제 경제변수들의 움직임은 이미 1950년대부터 우리 경제가 본격적인 성장 궤도에 오르고 있었음을 보여 준다. 그리고 민간과 정부는 이미 1950년대부터 수출을 촉진하기 위해 다양한 노력을 경주하고 있었다.

4. 새로운 해석

지금까지 우리나라 경제 발전 초기 단계에 대한 전통적 설명을 개괄하고 문제점을 지적하였다. 이러한 논의 과정에서 '새로운 해석'이라고 부를 수 있는 대안적인 설명이 자연스럽게 제시되었다. 새로운 해석의 많은 부분들은 그동안 여러 연구들 속에서 단편적으로 혹은 부분적으로 제시되어 왔다. 본 연구의 기여는 파편화되어 있거나 암묵적으로만 존재하는, 혹은 전공자들 간에만 공유되어 오던 내용들을 종합하고 체계화하여 드러낸 것이다. 아울러 경제 성장에 대한 일반적인 논의의 틀에 비추어 구성함으로써 한국 경제의 역사적 경험을 보다 보편적인 논의가 가능한 형태로 재구성한 것이다. 새로운 해석은 다음과 같은 명제들로 정리해 볼 수 있다.

첫째, 해방 이후 오늘날까지 지속된 근대 경제 성장은 한국전쟁 직후, 즉 1950년대 중후반부터 시작되었다. GDP, 전력 생산 등 1950년대 중후반의 경제 성장 추세를 보여 주는 여러 가지 주요 지표들은 모두가 이 시기에 높은 수준의 경제 성장이 진행되고 있었음을 보여 준다. 1960년대는 1950년대의 침체로부터 탈피하고 근대 경제 성장이 시작되는 시기가 아니라, 1950년대에 시작되고 오늘날까지 이어지고 있는 근대 경제 성장의 여러 국면 중 한 시기로 보는 것이 적절하다.

둘째, 근대 경제 성장의 핵심인 산업화 역시 1950년대부터 진행되었다. 산업생산지수, 기업 및 공장 근로자 수 등 산업 생산 수준을 보여 주는 일련의 지표들은 1950년대 동안 상당히 높은 증가율을 보였고, 그 수준은 1960년대 전반과 거의 동일하였다. 아울러 동시대 다른 나라들과 비교해 보더라도 1950년대 한국 제조업의 성장 속도는 매우 높은 수준이었다.

셋째, 1950년대에 산업화와 근대 경제 성장이 시작될 수 있었던 중요한 계기는 원조 그리고 정부가 실시한 산업 및 무역 정책이었다. 이러한 요인들에 힘입어 기업들은 내수 시장을 바탕으로 빠르게 성장할 수 있었으며, 1950년대 말이 되면 해외 시장으로 진출하기 위한 노력을 기울이게 되었다. 그리고 1960년대 초에 해외 수출이 대규모로 실현되면서 기업의 성장과 산업화 그리고 경제 발전이 가속화되었다. 휴전 직후 한국의 경제 상황을 고려해 볼 때, 대규모 원조와 산업 및 무역 정책이 1950년대에 이루어지지 않았다면 한국 경제가 근대 경제 성장으로 접어들기 시작하는 시기는 훨씬 뒤늦은 시기가 되거나 아니면 진입하지 못하였을 가능성이 높다.

넷째, 한국 경제는 1950년대에 극심한 무역 적자에 시달리고 있었으며, 정부는 이 문제를 해소하기 위해 일찍부터 수입대체와 수출 촉진을 동시에 추진하였다. 이 과정에서 마련된 정책들과 제도적 장치들은 1960년대와 1970년대에 실시된 수출 관련 정책과 제도의 주요 부분이 되었다.

이상의 명제들은 다음과 같이 요약해 볼 수 있다. 1950년대에 한국에 공여된 원조 그리고 정부의 산업 및 무역 정책에 힘입어 1950년대에 비교적 높은 수준의 산업화와 경제 성장이 이루어졌으며, 이것이 1960년대부터 시작되는 고도성장 그리고 오늘날까지 이어지고 있는 근대 경제 성장의 출발점이었다. 휴전 직후 우리나라의 소득 수준과 경제 상황을 고려할 때, 원조와 산업 및 무역 정책이 없었더라면 이러한 경로를 밟기 어려웠다는 의미에서 1950년대의 원조와 산업 및 무역 정책은 수출지향 경제 발전으로 특징지을 수 있는 한국의 근대 경제 성장을 촉발한 기원이라고 이야기할 수 있다.

새로운 해석의 체계화는 학술적·정책적 측면에서 여러 가지 함의를 가지고 있다. 첫째, 1950년대를 포함해서 한국 경제의 근대 경제 성장을 조망한다는 것은 단순히 근대 경제 성장의 시발점을 몇 년 더 앞당긴다거나 기간을 몇 년 더 늘리는 것 이상의 의미를 담고 있다. 우리나라의 경제 발전은 짧은 기간 동안 주력 산업이 농·광업에서 경공업, 그리고 중공업, 첨단 산업으로 변화하는 과정이었고, 이러한 산업들의 성장과 대체 과정은 많은 경우 연속적이고 중첩적이었다. 즉, 농·광업이 주종이었던 1950년대 동안 면방직 산업이 성장하여 1960년대에는 주력 산업으로 등장하였고, 경공업이 주력이던 1960, 1970년대에 중화학공업에 대한 투자와 생산 노력이 이루어졌기 때문에 1980년대가 되면 산업 구조가 고도화될 수 있었다. 자동차·조선 산업이 자리를 잡아가던 시점에서 반도체 산업에 대한 투자가 이루어지고, 1990년대 이후 중화학공업 분야와 함께 한국 경제를 주도하게 되었다. 새로운 해석은 새로운 산업이 등장하고 산업 구조가 변화해 온 이러한 과정을 단절이 아니라 연속과 중첩 그리고 상호 작용으로 이해한다. 그리고 1950년대뿐 아니라 지난 70년의 기간을 이러한 시각에서 재조명할 때 역사적 실체에 보다 근접할 수 있음을 함축한다.

둘째, 새로운 해석은 우리나라의 경제 발전에서 산업화와 수출 간의 관계를 새롭게 조명해야 함을 시사한다. 근대 경제 성장을 가능하게 하는 핵심 요소는 산업화인데, 개별 산업의 발전 과정을 들여다보면 내수 시장을 기반으로 성장한 뒤 수출 산업으로 나아가는 방식으로 진화하는 경우가 적지 않다. 본 장에서 살펴본 면방직 산업뿐 아니라 1980년대의 철강 산업과 자동차 산업, 1990년대의 전자 산업 등 우리나라의 많은 주요 산업들이 이러한 경로를 거쳤다.[35] 이같은 산업의 진화 과정을 도외시한 채 수출 여부 혹은 수출 비중을 기준으로 산업의 성패를 고려하는 것은 실상을 제대로 평가하지 못할 뿐 아니라 잘못된 정책적 개입을 야기할 수 있다.

보다 큰 틀에서 보자면, 우리나라의 산업들은 다양한 경로를 밟아 성장하였고 성장 단계에서 수출이 차지하는 역할 역시 상이하였다. 조선 산업처럼 초기 단계부터 국내 수요와는 큰 관련 없이 해외 시장을 대상으로 해서 시작된 산업도 있었으며, 면방직, 자동차 등과 같이 내수로부터 수출로 발전한 경우도 있었다. 수출산업단지 등에 기반하여 국내 산업과는 연관성 없이 발전한 분야가 있는 반면, 농산물 관련 산업들처럼 수출로 확장하기보다는 내수 시장을 지향한 산업들도 있었다. 우리나라 경제의 역동성을 이해하기 위해서는 이와 같은

---

35 중화학공업에 대해서는 박영구(2008), 박기주 외(2014)를 참조. 한국 반도체 산업의 전신인 교환기 산업의 발전 과정에 대해서는 이상철(2011; 2013) 참조.

산업 발전의 다양한 양상을 보다 포괄적으로 이해할 필요가 있음을 제기한 점
도 새로운 해석의 중요한 함의임을 언급하고자 한다.

셋째, 새로운 해석은 한국의 근대 경제 성장에서 1960년대 박정희 정부의
기여가 무엇이었는가에 대해서도 새로운 평가를 제시한다. 박정희 정부는 우
리나라 경제 발전을 촉발하였다기보다는 1950년대로부터 시작된 근대 경제 성
장의 움직임을 지속시키고 확대해 나갔다는 것이다. 이러한 평가는 경제 발전
에서 박정희 정부의 역할을 낮추는 것이 결코 아니다. 아무리 경제 성장의 단초
가 생겨났더라도 그것이 지속되지 못하고 실패할 수도 있다는 점에서, 경제 발
전을 지속하는 데 필요한 제도적 틀을 마련하고 운영한 박정희 정부의 역할은
아무리 강조해도 지나치지 않다.[36] 새로운 해석이 강조하는 것은 1960 · 1970년
대의 눈부신 성과를 부각시키기 위해 굳이 1950년대를 폄훼할 필요가 없다는
것, 그리고 1950년대와의 관련성 속에서 볼 때 박정희 정부의 기여가 과장이나
왜곡 없이 제대로 파악될 수 있다는 것이다.

마지막으로, 새로운 해석은 우리나라의 근대 경제 성장을 정치와 정부 중
심으로 이해하는 접근을 넘어선다는 점에서 중요하다. 한국 경제의 발전 과정
을 다룬 많은 저작들은 집권 세력 혹은 대통령의 교체에 기초해서 시대를 구분
하고, 각 정부가 펼친 정책들의 소개를 경제 발전의 역사로 제시한다. 이러한
역사 서술은 집권 세력의 홍보물 혹은 정부 부처의 보고서로서는 적합할 수 있
겠지만, 경제 성장의 역사를 궁구하는 학문적 작업과는 맞지 않는다. 주요 경제

---

36 예를 들어, 수출진흥확대회의는 수출 중심의 경제 성장 전략을 체계적으로 추진하기 위한 관리 체제의 정점이었
다. 이와 관련해서는 제6장의 논의를 참조.

변수들의 장기적 변화를 파악하여 시대를 구분하고, 이론적 분석에 근거해서 이러한 변수들의 결정 요인과 상호 관계를 이해한 뒤, 특정 시기, 특정 정책들이 이러한 방향에 어떤 영향을 미쳤는지를 분석할 때 경제 변화와 정책 간의 관계를 제대로 밝혀낼 수 있다. 새로운 해석은 1950년대와 1960년대를 이러한 방식으로 파악하여 도출한 결과이며, 향후 연구를 위한 기반을 마련하였다는 점에서 중요한 의미가 있다.

5. 결론

역사적 사건의 기원을 추적하는 작업은 역사 연구의 핵심 영역이다. 하지만 '기원'이란 개념에 대한 동의가 이루어지기 어렵다 보니 기원에 대한 논의는 많은 혼란을 수반하는 경향이 있다. 본 연구는 근대 경제 성장에 대한 고전적 연구들의 전통에 기초하여 경제성장률의 추세, 산업화의 진행 정도 등과 같은 통계적 자료를 활용해서 우리나라 경제 성장이 언제 시작되었는지, 그리고 우리나라 경제 성장의 특징이라고 할 수 있는 수출지향성이 언제부터 비롯되었는지를 분석하였다. 그리고 이 시기에 발생한 여러 가지 외생적 요인들 가운데 산업화와 경제 성장에 중요한 영향을 미친 것으로 추정되는 요인들을 수출지향 경제 성장을 촉발한 '기원'으로 파악하였다.

이러한 접근을 통해 도출한 결과는 다음과 같다. 우리나라는 휴전 직후인 1950년대 중후반부터 높은 수준의 산업화와 경제 성장이 이루어졌으며, 이것이 오늘날까지 이어지고 있는 근대 경제 성장의 출발점이었다. 휴전 직후 우리나라의 소득 수준과 경제 상황을 고려할 때, 원조와 산업 및 무역 정책이 없었더라면 이러한 경로를 밟기 어려웠다는 의미에서 이 시기의 원조와 산업 및 무역 정책을 수출지향 경제 성장의 기원이라고 이야기할 수 있다.

본 연구는 이상과 같은 결과를 '새로운 해석'이라고 이름하였다. 이러한 명명은 새로운 해석이 전통설, 즉 지금까지 우리나라 경제 성장의 기원을 설명하는 데 널리 받아들여지던 지배적 설명과 구분되기 때문이다. 전통설은 한국의 근대 경제 성장이 1960년대 전반부터 박정희 정부가 추진한 수출지향 경제 정책에서 비롯되었다는 명제로 요약할 수 있다. 이러한 역사 해석은 1961년 군사 정변을 통해 등장한 집권 세력의 역사관으로부터 비롯된 이후, 별다른 도전에 직면하지 않고 오늘날까지 이어져 왔다. 본 연구는 전통설이 논리적으로나 실증적으로 많은 문제가 있음을 제시하였다. 그리고 경제 성장에 대한 경제학의 전통적 접근에 입각해서 역사적 사실들을 재구성해 볼 때 도출하게 되는 역사상이 새로운 해석임을 논구하였다.

본 연구는 한국 경제 발전의 초기 단계를 설명하는 새로운 해석을 제시하였지만, 이것이 새로운 해석의 최종 형태는 결코 아니다. "좋은 연구가 제대로 된 큰 그림을 가능하게 하는 반면, 훌륭한 연구는 큰 그림, 즉 우리나라 역사가 어떻게 진화해 왔는지에 대한 일반적 양상을 염두에 두고 있을 때 많이 배출될 수 있다."[37] 본 연구는 기존 연구를 종합함으로써 추후의 연구가 보다 생산적인

---

37 김두얼(2014), p. 179.

방향으로 이루어질 수 있도록 하기 위한 기초를 마련한 것이다. 여기에 근거해서 많은 연구가 이루어짐으로써 한국 경제의 발전에 대해 보다 심도 있는 연구가 이루어지고, 이를 통해 경제 발전의 본질에 대해 깊은 통찰을 얻을 수 있기를 기원한다.

해방 이전과 이후 경제 성장의 연속성 문제

본 연구는 서두에서 한국 경제가 오늘날까지 이어지는 근대 경제 성장의 길로 접어들게 된 기원 혹은 시발점을 해방 이후, 즉 1945년부터 1965년 사이의 기간에 있는 것으로 설정하고 논의를 전개하였다. 1965년을 상한으로 놓는 것에 대해서는 별다른 이의가 없을 듯하지만 1945년을 하한으로 놓는 것에 대해서는 여러 가지 반론이 제기될 수 있다. 본 절에서는 이 문제에 대한 설명을 제시하기로 한다.

본서의 제1, 2장, 김낙년 편(2012), Cha and Kim(2012) 등 한국 경제의 장기 발전을 다룬 최근의 연구들은 한국 경제가 식민지기에 높은 경제성장률을 보였고 산업화가 상당한 수준으로 진척되고 있었음을 보였다. 이러한 연구들을 근거로 해서 해방 이후의 근대 경제 성장을 식민지기 경제 성장과 연속된 혹은 이것이 지속된 결과라고 파악하는 것도 가능할 수 있다. 즉, 한국의 근대 경제 성장은 해방 이후가 아니라 식민지기부터 시작되었다는 주장도 제기될 수 있다는 것이다.

식민지 조선 경제가 높은 경제 성장을 이룩한 것은 사실이다. 그러나 해방 이전의 경제 성장과 해방 이후의 경제 성장을 연속적 현상으로 보는 것은 많은 무리가 따른다. 우선 식민지기 공업화는 북한 지역에서 상대적으로 활발하게 진행되었기 때문에, 분단 이후 남한 지역의 경제 성장은 식민지 이전 공업화와 단절된 측면이 강하다. 아울러 김대래·배석만(2002a; 2002b), 서문석(1998)의 연구들이 보여 주는 바와 같이 해방 이후의 혼란, 일본 기술자들의 귀국, 한국전쟁 등으로 인해 식민지기에 축적된 남한 지역의 물적 자본들은 상당히 훼손되었다.

물론 해방 이전에 형성된 여러 가지 제도나 인적 자본이 해방 이후의 경제 성장에 큰 영향을 미쳤을 가능성은 배제할 수 없다. 특히, 본서의 제2장, Eckert(1991), 이상철(2012) 등의 연구는 식민지기에 형성된 인적 자본이 해방 이후의 경제 성장에 중요한 역할을 하였을 가능성을 시사한다. 하지만 이러한 요인들은 해방 이후 경제 성장을 가능하게 한 '조건'에 가까울 뿐, 실제 경제 성장을 촉발한 '기원'이라고 보기는 어렵다. 즉, 이러한 제도적 기반과 인적 자원이 갖추어져 있었다고 하더라도, 휴전 이후의 상황에서 외생적 요인의 작용 없이 근대 경제 성장으로 나아갈 수 있었을 가능성은 그다지 높아 보이지 않는다.

또 다른 이유는 한국전쟁이 끝난 시점에서 한국 경제의 상황 때문이다. 경제성장론의 기초가 되는 솔로우 모형에 따르면, 한 나라의 경제는 자본 축적과 소득 증가가 상호 증폭 과정을 통해 정상상태(steady state)로 수렴하여 근대 경제 성장을 이룩하게 된다. 하지만 소득 수준이 지나치게 낮은 수준에서는 자본 축적이 소득 수준과 상호 증폭을 일으키지 못하여 저소득을 벗어나지 못할 수도 있다. 이러한 상황을 경제성장론 혹은 개발경제학에서는 가난의 덫(poverty trap)이라고 부른다.[38]

어느 정도의 자본 축적 혹은 소득 수준일 때 가난의 덫에 빠져 있다고 할 수 있는지, 혹은 자본 축적이 어느 수준에 도달할 때 가난의 덫을 벗어나 근대

---

38 Solow(1955), Banejee and Duflo(2011).

경제 성장으로의 수렴이 진행되는지를 구분하는 이론적 · 실증적 기준은 없다. 그러나 경제학자들은 대개 최빈국들이 가난의 덫에 빠져 있으며, 원조는 이러한 국가들을 가난의 덫으로부터 벗어날 수 있게 해주는 큰 밀어주기(big push)의 역할을 하기 때문에 원조가 필요하다고 생각한다.[39]

이런 맥락에서 볼 때 휴전 직후 한국의 상황은 오늘날 개발경제학에서 이야기하는 '가난의 덫' 상황과 유사하였고 외부로부터의 지원 없이 자생적으로 경제 성장을 이룩하기는 어려운 상황이었다고 판단하는 데 큰 무리가 없다. 우리나라는 이 시기 일인당 국민소득이 2010년 실질액 기준으로 500달러 수준이었는데, 이는 전 세계에서 가장 소득이 낮은 수준이었기 때문이며 오늘날 기준에서도 최빈국 수준을 크게 벗어나지 않는다. 해방 이전에 어느 정도 경제 성장을 달성하고 있었다고 하더라도 1940년대 전시기, 해방 이후의 혼란, 그리고 전쟁으로 인한 파괴 때문에 소득 수준이 이처럼 크게 하락한 상황에서 외부로부터의 도움이 없이 경제가 자생적으로 회복의 길로 빠르게 접어들 수 있으리라고 기대하기는 어렵기 때문이다.

달리 표현하자면, 해방 이전과 해방 이후를 연속선상에서 본다는 것은 휴전 이후 한국 경제가 외부의 도움 없이도 자생적으로 전쟁으로부터 회복하고 근대 경제 성장을 달성할 수 있었음을, 즉 해방 이전 수준까지 경제가 회복될 뿐 아니라 지속적인 성장을 할 수 있었으리라는 주장을 함축한다. 반면 해방 이전과 이후의 경제 성장을 불연속적으로 보고 휴전 이후에 근대 경제 성장이 시

---

39 가난의 덫과 원조 간의 관계에 대해서는 제5장 제2절을 참조.

작된 것으로 한정한 까닭은 이러한 낙관론이 신빙성이 높지 않다고 판단함을 의미한다.[40]

---

40 단, 해방 이전과 해방 이후의 경제 성장을 불연속적으로 본다는 것은 해방 이전에 형성된 제도나 인적 자원 등이 해방 이후의 경제 성장에 어떤 기여를 하였는가 하는 질문과는 구분된다. 즉, 해방 이전에 경제 성장을 위한 요인들이 형성되었다고 하더라도 본 연구가 지적하는 계기들이 없었다면, 그러한 요인들의 기여는 실현되지 않았을 수 있다라는 것이 본 연구가 둘 간의 관계를 해석하는 방식이라고 할 수 있다.

공제욱·조석곤 공편,『1950-1960년대 한국형 발전모델의 원형과 그 변용과정: 내부동원형 성장모델의 후퇴와 외부의존형 성장모델의 형성』, 한울아카데미, 2005.

권태억,『한국근대면업사연구』, 일조각, 1989.

기미야 다다시,『박정희 정부의 선택』, 후마니타스, 2008.

기획조정실 평가교수단,『제1차경제개발5개년계획 평가보고서』, 1967.

김광석,『우리나라의 산업, 무역정책 전개과정』, 세계경제연구원, 2001.

김낙년 편,『한국의 장기통계: 국민계정 1911-2010』, 서울대학교출판문화원, 2012.

김대래·배석만,「귀속사업체의 연속과 단절(1945-1960): 부산지역을 중심으로」,『경제사학』, 33, 2002a, pp. 63-92.

_____,「귀속사업체의 탈루 및 유실(1945-1949): 광주와 목포 지역의 사례를 중심으로」,『경제연구』, 11(2), 2002b, pp. 31-60.

김대환,「1950년대 한국경제의 연구」, 진덕규 외,『1950년대의 인식』, 한길사, 1981, pp. 157-255.

_____,「해방 이후 한국의 공업화와 민주화」, 김종현·오두환 공편,『공업화의 제유형: 한국의 역사적 경험』, 경문사, 1996, 제10장.

김두얼,「서평: 기아와 기적의 기원: 한국경제사, 1700-2010」,『경제사학』, 2014,

pp. 179-183.

김정렴,『최빈국에서 선진국 문턱까지: 한국 경제정책 30년사』, 랜덤하우스, 2006.

대한방직협회,『방협사십년사』, 1987.

박기주 · 류상윤,「1940, 50년대 광공업 생산통계의 추계와 분석」,『경제학연구』, 58(3), 2010, pp. 37-74.

박기주 · 이상철 · 김성남 · 박이택 · 배석만 · 정진성 · 김세중,『한국 중화학공업화와 사회의 변화』, 대한민국역사박물관, 2014.

박동철,「5.16정권과 1960년대 자본축적과정」, 양우진 · 홍장표 외,『한국자본주의 분석』, 일빛, 1991, 제1장.

_____,「한국경제의 흐름」, 한국사회경제학회 편,『한국경제론강의』, 한울아카데미, 1994, 제2장.

박영구,『한국 중화학공업화연구 총설』, 해남, 2008.

박정희,『우리 민족의 나갈 길: 사회재건의 이념』, 동아출판사, 1962.

_____,『국가와 혁명과 나』, 향문사, 1963.

박충훈,『이당회고록』, 현대문화사, 1988.

박태균,『원형과 변용: 한국 경제개발계획의 기원』, 서울대학교, 2007.

서문석,「해방 이후 귀속재산의 변동에 관한 연구: 면방직 공업부문을 중심으로」,『경영사학』, 17, 1998, pp. 237-265.

_____,「귀속재산의 소멸에 관한 연구: 1961년 이후의 면방직 설비를 중심으로」,『경영사학』, 20, 1999, pp. 125-145.

＿＿＿, 「일제하 대규모 면방직공장의 고급기술자 연구」, 『경영사학』, 30, 2003a, pp. 147-177.

＿＿＿, 「일제하 대규모 면방직 공장의 조선인 고급기술자 연구」, 『경영사학』, 32, 2003b, pp. 5-36.

＿＿＿, 「일제하 고급섬유기술자들의 양성과 사회진출에 관한 연구: 경성고등 공업학교 방직학과 졸업생을 중심으로」, 『경제사학』, 34, 2003c, pp. 83-116.

＿＿＿, 「해방 이후 한국 면방직산업의 수출체제 형성」, 『경영사학』, 24(2), 2009.

＿＿＿, 「1950년대 대규모 면방직공장의 기술인력 연구」, 『경영사학』, 25(4), 2010, pp. 385-407.

＿＿＿, 「근대적면방직공장의 등장과 기술인력양성제도의 형성」, 『동양학』, 50, 2011, pp. 119-140.

서문석·박승준, 「한일국교정상화 이전 생산 설비의 도입」, 『경영사학』, 30(2), 2015, pp. 119-140.

양우진, 『다시 읽는 한국현대사』, 생각의힘, 2016.

오원철, 『한국형 경제건설』, 제 1-7권, 한국형경제정책연구소, 1995.

유종일 엮음, 『박정희의 맨얼굴』, 시사인북, 2011.

이병천, 「박정희 정권과 발전국가 모형의 형성: 1960년대 초중엽의 정책 전환을 중심으로」, 『경제발전연구』, 5(2), 1999, pp. 141-187.

이상철, 「수출주도공업화전략으로의 전환과 성과」, 이대근 외, 『새로운 한국경

제발전사: 조선후기에서 20세기 고도성장까지』, 나남, 2005, 제12장.

_____,「한국 교환기산업과 산업정책(1961-1972년)」,『경제사학』, 50, 2011, pp.
39-68.

_____,「한국 경제관료의 일제 식민지 기원설 검토(1950년대-1960년대 전반)」,
『민주사회와 정책연구』, 21, 2012, pp. 202-247.

_____,「기술도입을 통한 전자교환기 생산과 투자조정, 1972-80년」,『경영사
학』, 68, 2013, pp. 233-256.

_____,「수출지원정책의 형성과 경공업 제품수출」, 박경로 외,『한국의 무역
성장과 경제, 사회 변화』, 대한민국역사박물관, 2015, 제2장.

이영훈,「1960년대 전반 개발 전략의 전환과 그것의 경제사적 배경」,『경제논
집』, 51(1), 2012, pp. 107-123.

_____,『대한민국역사』, 기파랑, 2013.

_____,『한국경제사』, 미간행원고, 2015.

이완범,『박정희와 한강의 기적: 1차 5개년 계획과 무역입국』, 선인, 2006.

이헌창,『한국경제통사』, 제5판, 해남, 2012.

장하성,『한국자본주의』, 헤이북스, 2014.

장하원,「1960년대 한국의 개발전략과 산업정책의 형성」, 김낙년 · 장하원 · 박
동철 · 김삼수,『한국현대사의 재인식 8』, 백산서당, 1999, 제2장.

전국경제인연합회 편,『한국경제정책40년사』, 전국경제인연합회, 1986.

전철환,「수출, 외자주도개발의 발전론적 평가: 수출주도형개발과 외국자본」,
김병태 외,『한국경제의 전개과정: 해방이후에서 70년대까지』, 돌베개,

1981, pp. 165-198.

정안기,「전간기 조선방직의 사업경영과 금융구조– '자금운용표' 작성에 의한 수지구조분석을 중심으로」,『경제사학』, 30, 2001, pp. 115-161.

_____,「조선방직의 전시경영과 자본축적의 전개」,『경제사학』, 32, 2002, pp. 129-159.

_____,「1920-1930년대 일제(日帝)의 면업정책과 목표 조면업: 카르텔(Cartel) 활동을 중심으로」,『경제사학』, 49, 2010, pp. 73-113.

주익종,『대군의 척후: 일제하의 경성방직과 김성수, 김연수』, 푸른역사, 2008.

차동세 · 김광석 편,『한국경제 반세기: 역사적 평가와 21세기 비전』, 한국개발연구원, 1995.

최상오,「외국원조와 수입대체공업화」, 이대근 외,『새로운 한국경제발전사: 조선후기에서 20세기 고도성장까지』, 나남, 2005, 제11장.

_____,『한국에서 수출지향공업화정책의 형성과정– 1960년대 초 이후 급속한 수출성장원인에 관한 일 고찰」,『경영사학』, 55, 2010, pp. 197-224.

태완선,『한국의 경제: 과거, 현재, 미래』, 광명출판사, 1972.

통계청, kosis.kr

한국경제60년사편찬위원회,『한국경제60년사』, 제1-5권, 2010.

한국군사혁명사편찬위원회,『한국군사혁명사』, 동아서적, 1963.

한국은행,『경제통계연보』, 각 연도.

_____,『조사통계월보』, 각 월호.

홍은주 · 이은형 · 양재찬,『코리안 미러클』, 나남, 2013.

황병태, 『박정희 패러다임: 경제기획원 과장이 본 박정희 대통령』, 조선뉴스프레스, 2011.

Amsden, Alice, *Asia's Next Giant: South Korea and Late Industrialization*, Oxford University Press, 1989.

Aw, Bee Yan, Sukkyun Chung, and Mark Roberts, "Productivity and the Turnover in the Export Market: Micro-level Evidence from the Republic of Korea and Taiwan," *World Bank Economic Review*, 14(1), 2000, pp. 65-90.

Bernard, Andrew and Bradford Jensen, "Exceptional Exporter Performance: Cause, Effect, or Both," *Journal of International Economics*, 47(1), 1999, pp. 1-25.

Cha, Myung Soo and Nak Nyeon Kim, "Korea's First Industrial Revolution, 1911-1940," *Explorations in Economic History*, 49(1), 2012, pp. 60-74.

Clerides, Sofronis, Saul Lach, and James Tybout, "Is 'Learning-by-Exporting' Important? Micro-Dynamic Evidence from Colombia, Mexico and Morocco," *Quarterly Journal of Economics*, 113(4), 1998, pp. 903-947.

Cummings, Bruce, *Korea's Place in the Sun: A Modern History*, 1997(김동노 · 이교선 · 이진준 · 한기욱 옮김, 『브루스 커밍스의 한국현대사』, 창작과비평사, 2001).

Eckert, Carter, *Offspring of Empire: The Koch'ang Kims and the Colonial Origins of Korean Capitalism, 1876-1945*, University of Washington Press, 1991.

Kuznets, Simon, *Modern Economic Growth: Rate, Structure, and Spread*, Yale University Press, 1966.

Lucas, Robert, Jr., "On the Mechanics of Economic Development," *Journal of Monetary Economics*, 2(1), 1988, pp. 3-42.

Maddison, Angus, *The World Economy: Historical Statistics*, OECD, 2003.

Rostow, Walt, *The Stages of Economic Growth: A Non-Communist Manifesto*, Cambridge, 1960.

United Nations, *Patterns of Industrial Growth, 1938-1958*, New York: U.N. Department of Economic and Social Affairs, 1960.

Weil, David, *Economic Growth*, 2nd ed., Pearson, 2005.

Woo, Jung-En, *Race to the Swift: State and Finance in Korean Industrialization*, Columbia University Press, 1991.

한국에 제공된 공적개발원조:
규모 추정 및 국제 비교

한국에 제공된 공적개발원조:
규모 추정 및 국제 비교

1. 서론

원조는 수원국(受援國)의 경제 성장에 기여하는가, 만일 그렇다면 원조는 얼마만큼 어떤 방식으로 이루어져야 효과적인가? 이 질문은 경제 개발 업무 관련 실무가들이나 학계가 씨름하는 가장 근본적인 문제이다. 여러 가지 이유로 이 문제에 대해 명쾌한 답을 제시하기는 매우 어렵다. 하지만 이 가운데서도 제2차 세계대전 이후 선진국의 원조가 성공했던 사례, 즉 수원국 가운데 지속적 경제 성장(sustainable economic growth)의 길로 접어들었던 나라가 매우 드물다는 사실은 치명적이다. 아무리 심오한 이론이나 훌륭한 정책이라도 성공적 경제 성장이라는 실증적 뒷받침을 얻지 못한다면 설득력을 얻기 어렵기 때문이다.

이런 측면에서 볼 때 대한민국의 성공 사례는 매우 중요한 연구거리를 제공한다. 제2차 세계대전 이후 독립국이 된 뒤, 선진국들과 국제기구로부터 많은 원조를 받던 최빈국 중 하나가 성공적인 경제 발전을 이룩함은 물론 공여국으로 탈바꿈한 매우 드문 사례이기 때문이다. 따라서 우리나라에 공여된 원조가 경제 성장에 어떤 경로를 통해 얼마만큼 기여하였는지를 체계적으로 분석하는 것은 우리의 역사를 올바로 이해한다는 차원을 넘어 세계경제 발전에 대해서도 중요한 시사점을 제공할 수 있다.

이러한 노력의 일환으로 본 연구는 우리나라가 받은 원조에 대한 연구를 수행함에 있어 가장 먼저 이루어져야 할 다음 질문에 답하고자 한다. 1945년부터 1999년까지 한국이 원조를 받던 기간 동안, 외국으로부터 받은 공적개발원조(Official Development Aid: ODA)의 총액은 얼마인가?[1] 매우 단순해 보이는 질문임에도 불구하고 여기에 대해 체계적인 답을 제시한 문헌은 놀라우리만치 찾기 어렵다.[2] 이것은 기본적으로 두 가지 이유 때문이라고 생각된다.

첫째, 경제협력개발기구(OECD)의 개발협력위원회(Development Cooperation Directorate: DAC)는 OECD 회원국들이 본격적으로 ODA를 제공하기 시작한 1960년부터 관련 통계를 집계·제공하고 있다. 그런데 한국이 거액의 원조를 받았던 시대는 그에 앞선 1950년대였다. 때문에 학자들이나 정책입안자들이 손쉽게 확보할 수 있는 통계 속에 한국이 받은 원조는 누락되어 있다.

둘째, 이러한 공백은 당연히 국내 연구자들에 의해 메워졌어야 했다. 물론 1960년대부터 우리 학계에서는 우리가 받은 원조에 대해 다양한 연구가 이루어져 왔다. 하지만 이 연구들은 거의 대부분 국제적으로 통용되는 ODA라는 개념에 근거하지 않고 원조, 외자, 차관 등과 같은 통상적 범주를 다루었다.[3] 그 결과 현재 우리나라 정부의 공식 자료들에서조차도 우리나라가 받은 ODA 총

---

1 우리나라는 1999년을 마지막으로 OECD/DAC의 수원국 명단에서 제외되었다. 본 연구는 우리나라가 원조를 받은 기간을 정함에 있어 이 연도를 기준으로 삼기로 한다.
2 현재까지 확인한 바에 따르면 이경구(2004)가 이러한 시도로서는 유일하다. 그러나 이 연구 역시 체계적인 답을 제시하였다고 보기는 어려운데, 이 점에 대해서는 제2절 제4항에서 논의하기로 한다.
3 기존 연구에 대한 개괄은 제2절 제4항을 참조.

액이 얼마인지에 대해 국제 기준에 부합하며 신뢰할 만한 수치를 제공하지 못하고 있는 상황이 초래되었다.[4]

세계 각국이 보편적으로 활용하는 개념에 기초하지 않고 우리만의 기준으로 우리가 받은 원조를 논하는 것은 그동안 적지 않은 여러 가지 문제와 혼란을 초래하였다. 이 가운데서도 학술적으로는 물론 실무적으로 볼 때도 가장 큰 문제는, 마치 한국전쟁이 '잊혀진 전쟁'(Forgotten War)으로 불리우듯, 한국이 받은 ODA를 세계 원조의 역사에서 '잊혀진 원조'(Forgotten Aid)가 되도록 만들었다는 점이다. 우리나라의 원조 관련 경험이 보편적 지식으로 승화되고 확산되기 위해서는 보편적 기준과 개념들에 근거해서 논의되어야 했을텐데 그러지 못했기 때문이다. 그런 의미에서 볼 때 본 연구는 더 늦기 전에 이루어져야 할 종류의 작업이라고 할 수 있다.

이상의 취지에서 본 연구는 1945년 이래로 한국에 제공된 공적개발원조의 규모가 얼마인지를 체계적으로 추정하고, 국제 비교를 통해 규모가 얼마나 되었는지를 평가해 보기로 한다. 이를 위해 우선 국제 사회에서 보편적으로 받아들여지고 있는 공적개발원조의 기준을 살펴본 뒤(제2절), 우리나라에 주어진 원조에 대한 각종 통계에 대한 비교·검토를 통해 이 기준에 맞는 원조액을 계산해 보기로 한다(제3절). 이후 이 수치가 얼마나 되는 규모인지를 다른 나라들과 다양한 방식으로 비교해 봄으로써 시사점을 도출해 보기로 한다(제4절).

---

4 예를 들어, 국무총리실의 ODA KOREA 홈페이지, 한국국제협력단(KOICA)의 홈페이지 등에는 OECD/DAC의 통계를 국내 통계로 보완한 수치가 제시되어 있다. ODA KOREA 홈페이지는 통계의 출처를 DAC와 재무부·한국산업은행(1993)으로, 그리고 KOICA 홈페이지는 이경구(2004)로 밝히고 있다. 하지만 이 값들이 어떻게 산정되었는지 불분명하고 매년의 수치가 아닌 몇 개년의 합계치라서 활용하기가 용이하지 않다.

2. 개념 정의 및 선행 연구 검토

1) 공적개발원조의 정의

그동안 우리 정부와 학계는 우리나라가 받은 원조를 다룸에 있어 원조(援助), 외자(外資), 외원(外援)이라는 용어를 주로 사용하였다. 그런데 대외 원조를 측정하는 데 있어 오늘날 국제적으로 통용되는 가장 보편적인 개념은 공적개발원조(ODA)이며, 좀 더 정확하게는 순ODA(net ODA)이다.[5]

ODA는 1970년대에 국제협력개발기구(OECD)의 개발협력위원회(DAC)가 규정한 개념이다. DAC는 ODA를 공적 기구(중앙·지방 정부 또는 그 실무 기구)가 개발도상국의 경제 개발과 복지의 증진을 위해 DAC의 수원국 명단에 있는 국가 또는 영토, 그리고 다자간 개발 기구에 제공한 증여(grant)와 양허성 차관(concessional loan)이라고 정의한다.[6] 이후 논의의 편의를 위해 위 정의를 수식으로 정리하자면, 먼저 ODA는

---

5 OECD(2008); Chang, Fernandez-Arias, and Serven(1999), p. 2.
6 OECD(2008); Chang, Fernandez-Arias, and Serven(1999), p. 2. 참고로 OECD가 제시한 정의를 그대로 옮겨 보면 아래와 같다(OECD, 2008, p. 1 참조).
   Official development assistance is defined as those flows to countries and territories on the DAC List of ODA Recipients (available at www.oecd.org/dac/stats/daclist) and to multilateral development institutions which are:
   i. provided by official agencies, including state and local governments, or by their executive agencies; and
   ii. each transaction of which:
   a) is administered with the promotion of the economic development and welfare of developing countries as its main objective; and
   b) is concessional in character and conveys a grant element of at least 25 per cent (calculated at a rate of discount of 10 per cent).

$$ODA_{jt} = G_{jt} + CL_{jt} \tag{1}$$

ODA_{jt}: j국이 t년도에 받은 공적개발원조 총액
G_{jt}: j국이 t년도에 받은 증여 총액
CL_{jt}: j국이 t년도에 받은 양허성 차관 총액

라고 할 수 있다.

이 정의에 따르면 ODA는 무상으로 이루어지는 증여, 그리고 상환 조건이 관대하여 증여적 성격이 강한 공공차관으로 구성된다.[7] 차관의 양허성 여부를 평가하는 기준은 통상 증여율이 25% 이상인지 여부이다. 즉, 차관 제공액을 L, 이자 및 원금 상환액의 현재가치를 E라고 할 때 증여율(r)은

$$r = \frac{L-E}{L} \tag{2}$$

이며, $r \geq 25\%$일 때 양허성 공공차관으로 간주된다. 단, 이자 및 원금 상환액의 현재가치를 계산할 때는 할인율 10%를 일괄 적용한다.[8]

아울러 순ODA는 증여와 양허성 차관의 합에서 상환(loan repayment)을 제한 것, 즉 ODA 순수령액을 지칭한다.

$$\begin{aligned} NODA_{jt} &= ODA_{jt} - RP_{jt} \\ &= G_{jt} + NCL_{jt}. \end{aligned} \tag{3}$$

---

7 이를 각각 ODA 증여(ODA grants), ODA 차관(ODA loans)이라고 부르기도 한다.
8 주 6 참조.

$NODA_{jt}$: j국이 t년도에 받은 순ODA 총액

RP_{jt}: j국이 t년도에 지불한 총상환액

NCL_{jt}: j국이 t년도에 받은 양허성 차관 순수령액($=CL_{jt} - RP_{jt}$)

한 가지 언급할 사항은 ODA에는 군사원조(military aid)가 포함되지 않는다는 점이다.[9] 이 점은 우리나라가 1950년대에 받은 원조를 과연 ODA에 포함시키는 것이 적절한가라는 의문을 불러일으킬 수 있다. 실제로 우리나라는 이 시기에 막대한 양의 군사원조를 제공받았으며, 경제원조로 분류된 것들도 군사적 성격을 가진 것으로 해석될 수 있는 측면이 있었다. 이런 이유로 홍성유(1965), 이대근(1984; 1987) 등은 1950년대에 우리나라가 받은 원조를 군사적 또는 준군사적 성격의 것이라고 규정하였다. 하지만 여러 가지 기준에서 볼 때 당시 원조 당국과 한국 정부가 군사원조와 구분해서 경제원조라고 분류한 것들은 ODA로 보는 것이 적절하다. 따라서 제3절에서는 당시 집계된 경제원조를 ODA로서 취급하여 추계 작업을 수행할 것임을 밝혀 둔다.

2) 공적개발원조, 원조, 외자 간의 관계

이상의 정의가 우리나라에서 널리 사용되던 기존 용어들과 어떤 관계에 있는지를 잠시 살펴보기로 한다. 먼저 우리나라에서 원조는 증여와 매우 유사한 개념으로 사용되었다.[10] 단, 양자 간의 중요한 차이는 우리나라가 1960-1970

---

9 OECD(2008), p. 2.

년대에 일본으로부터 받은 대일청구권 자금(Property and Claims: PAC)의 포함 여부이다. 국제적 기준에 따르면 대일청구권 자금은 ODA로 보는 것이 타당하다.[11] 하지만 원조에 대한 우리나라의 기존 통계나 학계의 관련 연구는 대개 원조를 미국과 UN 등으로부터 받은 무상원조에 국한하고, 대일청구권 자금은 원조에 포함시키지 않는 것이 일반적이었다.

외자(foreign capital)는 해외를 원천으로 하는 모든 자본을 가리킨다.[12] 국제수지표로 설명하면 경상수지상의 경상이전수입과 자본수지상의 자본 유입 전체를 합한 개념이다(〈그림 5-1〉 참조). 이에 비해 ODA는 경상이전수입 중 정부에 대한 증여, 그리고 자본수지 중 양허성 공공차관만을 의미한다. 이처럼 외자는 ODA보다는 훨씬 큰 개념이기 때문에, 이 개념은 ODA가 전체적인 국제 자금 흐름에서 차지하는 위치를 이해하는 데는 도움이 되지만 ODA 자체를 파악하는 개념으로는 적합하다고 볼 수 없다.

여느 나라와 마찬가지로 한국 정부는 자본수지표를 구성하는 모든 주요 항목들을 집계해서 발표해 왔다. 그러나 자본수지표 자체만으로 ODA를 바로 파악할 수는 없는데, 그것은 양허성 공공차관의 판별 문제 때문이다. 국제수지표에는 공공차관을 양허성 기준에 따라 ODA냐 아니냐로 나누고 그 도입액을 체계적으로 제시하고 있지 않으며, 한국 정부 통계를 활용한 기존 연구들 역시 차관 일반을 다룰 뿐 ODA라는 기준에서 공공차관을 양허성 기준으로 분할한

---

10 외원은 외국으로부터 받은 원조, 즉 'foreign aid'를 번역한 용어이기 때문에 원조와 동일한 용어라고 할 수 있다. 따라서 별도로 검토하지는 않는다.
11 즉, 대일청구권 자금 중 무상지급분은 증여, 유상지급분은 양허성 차관에 해당한다.
12 김찬진(1976), p. 1.

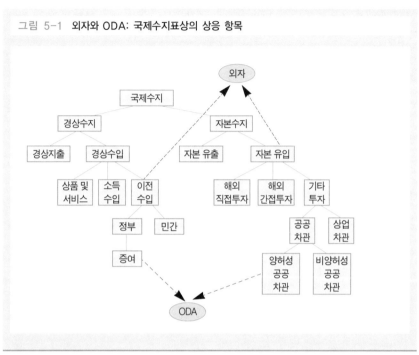

그림 5-1 **외자와 ODA: 국제수지표상의 상응 항목**

자료: 한국은행(1998).

경우는 찾아보기 어렵다.[13] 따라서 양허성 공공차관을 분리·집계하는 것은 기본적으로 OECD 통계를 활용하고 국내 통계를 이용해서 점검하는 방식을 취하게 되는데, 여기에 대해서는 다음 절에서 상세히 다루기로 한다.

---

13 이경구(2004, pp. 286-341)는 기획재정부(당시 재정경제부)가 관리하는 DB를 이용하여 공공차관 사업을 양허성과 비양허성으로 분류하여 제시하였다. 하지만 매년의 도입액을 분리집계하지는 않았다.

3) 원조 규모 및 효과성에 대한 기존 연구

ODA를 통해 개발도상국의 경제 발전을 도모한다는 사상의 경제이론적 기초는 근대적 경제성장론의 원조인 로버트 솔로우(Robert Solow)의 1956년 논문에서 가장 체계적으로 제시된다고 할 수 있다.[14] 흔히 솔로우 모형이라고 불리는 그의 고전적인 경제 성장 모형에 따르면, 경제 성장, 즉 일인당 소득 수준을 결정하는 가장 중요한 요소는 일인당 자본 규모이다. 만일 저개발국에서 충분한 자본투자가 이루어진다면, 이것은 소득과 투자의 상승작용을 불러일으킴으로써 궁극적으로 해당 경제를 정상상태(steady state)까지 자동적으로 끌어올리게 된다. 이 언명은 저개발국과 선진국 간에 소득 수준의 수렴(convergence)이 나타날 것이라는 유명한 명제를 함축한다.

이러한 이론에 근거해서 선진국들과 국제기구들은 제2차 세계대전 이후 개발도상국들에 대해 엄청난 규모의 ODA를 제공하였고, 이것이 저개발국의 일인당 자본량을 증가시킴으로써 경제 발전을 촉진시킬 것이라고 기대하였다. 하지만 지난 50년 간 개발도상국들에 공여된 막대한 원조에도 불구하고 실제로 경제 발전에 성공을 보인 나라는 한국과 같은 소수의 예외를 제외하면 극히 드물다.[15]

이러한 이유 때문에 솔로우 모형 자체, 그리고 여기에 기초해서 이루어지

---

14 Solow(1956).
15 원조가 저개발국의 경제 성장에 실질적인 도움을 주지 못해 왔다는 문제를 지적하는 최근의 연구로는 Collier(2007), Easterly(2006), Moyo(2009) 등이 대표적이다.

는 경제 발전 정책들은 그동안 수많은 비판을 받았으며, 다양한 측면에서 새로운 대안의 모색이 이루어졌다. 이 과정을 모두 개괄하는 것은 지난 수십 년 동안 이루어진 경제성장론 또는 경제발전론 연구 모두를 살펴보는 것과 같기 때문에, 이하에서는 원조 총량과 관련된 분야에 한정해서 두 가지 중요한 논점을 제시하고, 이것이 본 연구에 대해 갖는 시사점만을 언급하기로 한다.

첫째, 제프리 삭스(Jeffrey Sachs) 등은 솔로우 모형이 제시한 것보다는 좀 더 포괄적인 맥락에서 원조 총량이 여전히 중요함을 지적한다. 삭스는 저개발국들이 성공적인 경제 발전을 이룩하는 데 실패한 이유는 충분한 수준의 투입이 이루어지지 않았기 때문이라고 주장한다. 즉, 솔로우 모형에서 제시되고 있는 가난의 덫(poverty trap)을 넘어설 만큼 '큰 밀어주기'(big push)가 이루어지지 않았기 때문에 수렴이 나타나지 않고 있다는 것이다. 따라서 새천년 프로젝트의 실현을 위해서는 더 많은 ODA가 이루어져야 함을 주장한다.[16]

둘째, 최근의 많은 연구들은 원조의 총량보다는 원조의 효과적 사용이라는 측면에 주목한다. Burnside and Dollar(2000)는 이러한 접근의 기초를 제공한 선구적 연구 중 하나라고 할 수 있다. 그들은 국가별 자료를 이용한 회귀분석에 근거해서 원조효과성은 원조수혜국 정부의 책무성(accountability)에 따라 달라짐을 주장하였다. 이러한 입장이 강조하는 것은 원조의 성공 여부는 원조가 실제로 경제 성장을 위해 필요한 방식으로 제대로 활용되는가 여부가 중요하다는 점이다.[17] 최근의 많은 연구들이 원조효과성을 높이기 위한 다양한 노력을 기

---

16 Sachs(2005). 큰 밀어주기 개념에 대한 상세한 논의로는 Rosenstein-Rodan(1943), Murphy, Schleifer, and Vishny(1989) 참조. 한편, Sachs(2005)의 주장에 대한 직접적인 비판으로는 Easterly(2006) 참조.

울이는 것 역시 이러한 맥락에서 이해될 수 있다.[18]

삭스의 주장은 이론적으로는 타당할 수 있지만, 원조 규모를 늘리는 것이 필요하다는 그의 주장을 뒷받침할 실증적 근거가 무엇인가라는 문제는 여전히 남는다. 다른 한편 원조의 효과적 활용이 중요하다는 사실은 아무리 강조해도 지나치지 않다. 하지만 원조를 아무리 효과적으로 활용하더라도 그 양이 충분하지 않다면, 전체적인 경제 발전에는 크게 기여하지 않을 수 있다는 면에서 여전히 총량은 중요하다.

경제발전론 분야에서 이루어지고 있는 이상과 같은 논의를 한국의 경험에 투영한다면 다음과 같은 질문을 던져 볼 수 있다. 과연 한국은 다른 개발도상국들과 비교해 볼 때 내용은 유사하지만 보다 많은 양의 원조를 받았기 때문에, 즉 큰 밀어주기의 도움으로 가난의 덫을 빠져나올 수 있었을까? 아니면 다른 나라들과 비교해서 원조를 많이 받은 것은 아니지만, 원조를 효과적으로 사용함으로써 더 큰 성과를 얻을 수 있었던 것일까? 어쩌면 원조가 우리나라의 경제 발전에 끼친 영향은 사람들이 생각해 온 것과는 달리 실제로는 미미했던 것이 아니었을까? 제3절과 제4절에서 이루어질 추계 및 비교 작업은 이 질문들에 대한 답을 얻기 위한 기초를 확보하는 작업이다.

---

17 개발도상국 정부의 책무성(accountability)을 강조한 Burnside and Dollar(2000)의 주장은 Easterly, Levine, and Roodman(2004)에 의해 실증적으로 비판을 받았다. Burnside and Dollar(2004)의 반론도 참조.
18 Banerjee and Duflo(2011)는 이러한 흐름을 포괄적으로 소개하는 대표적인 저작이다. 물론 기존 원조의 문제점을 비판하는 연구들 역시 큰 틀에서 보면 원조효과성 증진을 주장하는 연구들로 이해할 수 있다.

4) 한국에 대한 공적개발원조 연구 검토

해방 이후 우리 경제의 발전에 있어서 공적개발원조는 매우 중요한 영향을 미쳤기 때문에 이 문제를 다룬 연구는 적지 않은데, 크게 두 가지 흐름으로 대별해 볼 수 있다. 먼저 원조가 경제 발전에 긍정적 효과를 미친 측면에 주목하는 연구들이다. 서남원(1963)은 증여가 단기적인 생활 수준 제고와 경제 안정화에 기여하였음을 지적한다. 여기서 더 나아가 Krueger(1977), Suh(1977), 서석태·강정모(1978), 콜(1981)은 원조가 자본 및 기술 부족, 투자 재원 부족 등과 같은 애로를 해결해 줌으로써 장기적인 경제 성장에 기여하였음을 주장하였다. 한편, 강석인(1994)은 회귀분석 등을 통해 외자 도입이 1980년대 이전에는 경제 성장에 크게 기여하였던 데 비해 이후에는 기여도가 감소하고 있음을 제시하였다.

이에 반해 홍성유(1962; 1965), 박현채(1978), 박찬일(1981), 김대환(1981), 정일용(1984; 1989), 이재희(1984), 김양화(1985), 장상환(1985), 이대근(1987), 배인철(1988), 노중기(1989)는 1945년부터 1960년까지 우리나라에 제공된 증여가 공여국, 즉 미국의 이익에 부합하는 방식으로 이루어진 결과, 우리 경제의 자립적 성장을 저해하였고 불평등을 확대하는 등 구조를 왜곡시켰으며, 궁극적으로 한국 경제를 공여국 경제에 종속시켰다고 주장한다. 1960년대 이후의 차관을 분석한 이대근(1984; 1986)은 차관 역시 증여와 유사한 부작용을 낳았음을 지적하였다.

이와 같은 논쟁은 1990년대 들어 한국 경제의 성장이 부정할 수 없는 수준에 다다르고 외국으로부터의 원조나 차관이 더 이상 문제가 되지 않게 되면서 변화를 맞게 된다. 2000년대 들어 원조에 대한 연구의 상당수는 현실적·정책적 문제라기보다는 역사적 맥락에서 새롭게 다루어지기 시작하였다. 이철순(2002), 정진아(2007), 박태균(2006), 이현진(2009) 등은 원조 도입과 관련된 한미 당국 간 논쟁 등을 살핌으로써 원조가 단순히 미국의 의도대로 정해진 것은 아니었음을 보여 주었다. 하지만 이러한 연구들은 대개 원조의 도입 과정에 초점을 맞추었기 때문에 원조의 실태나 경제적 영향 등을 살펴본 것은 아니었다.

한편, 원조가 한국 경제의 장기적 성장에 어떻게 기여했는가를 새롭게 조명해 보려는 다양한 시도들도 최근 들어 조금씩 등장하고 있다. 이대근(2002)은 1980년대 이전에 본인이 주장했던 내용들을 기각하고 원조가 우리 경제를 파행으로 가져가기보다는 성장에 기여하였음을 주장한다. 최상오(2003; 2005)는 1950년대의 경제 부흥 노력과 수입대체공업화 및 환율 관련 정책에 있어서 원조가 어떤 기여를 하였는지 조망하였다. 김준경·김광성(2012)은 원조가 제공된 주요 사례에 대한 검토를 통해 ODA가 경제 발전에 있어서 중요한 역할을 하였음을 강조한다. 그러나 이 연구들에서도 원조의 규모를 명확히 하는 작업을 수반해서 논지를 전개하지는 않았기 때문에, 원조에 대한 총체적이고 체계적인 평가는 여전히 연구사에서 공백으로 남겨져 있다.

ODA 개념에 근거해서 우리나라가 받은 공적개발원조 규모를 파악한 가장 체계적인 선행 연구로는 이경구(2004)가 있다. 이 보고서는 우리나라에 제공된 해외로부터의 지원을 ODA라는 개념에 기초해서 다양하게 살펴본 매우 포괄적인 작업이다. 아울러 이 보고서는 사실상 최초로 ODA 수령액을 제시하고 있는데, 여기에서는 1945년부터 1999년까지 우리나라에 제공된 ODA를 127.8억 달러로 보고하고 있다.[19] 그러나 보고서는 이 수치를 어떻게 산출하였는지 명확하게 제시하고 있지 않으며 조(gross)수령액과 순(net)수령액, 명목액과 실질액을 구별하지 않았다.[20]

한국이 제공받은 ODA 규모의 파악이 가지는 학술적·정책적 중요성을 고려해 볼 때, 집계 방식을 명확히 제시한 통계를 작성하고 국제 비교를 통해 규모를 평가해 보는 본 연구의 작업은 우리나라가 받은 원조에 대한 연구를 역사 연구의 한 분야로 정립하는 데 필요한 기초를 제공한다는 측면에서뿐 아니라, 역사적 경험을 정책 연구의 기반으로 발전시키는 데 필요한 기반을 구축한다는 점에서 중요한 의미가 있다.

3. 한국에 제공된 공적개발원조의 규모

본 절에서는 우리나라가 받은 공적개발원조 총액을 추계·제시하기로 한다. 1945년은 우리나라가 처음으로 원조를 받기 시작한 해이다. 1999년은 우리나라가 DAC의 수원국 명단에 기록된 마지막 해로, 2000년부터 한국은 이 명단에서 제외된다.[21] 따라서 우리나라가 받은 ODA 총액은 1945년부터 1999년까지 기간 동안 받은 액수의 합으로 정의된다.

---

19 이경구(2004), pp. 72-74.
20 이 추정치는 제3절 제3항과 비교해 볼 때 조ODA 명목액을 제시한 것으로 보인다.
21 이후 2010년에 우리나라는 DAC의 24번째 회원국이 됨으로써, 공식적으로 공여국 지위를 획득한다.

이하에서는 식 (1)과 (3)에 제시한 바와 같이 우리나라가 받은 ODA를 증여와 양허성 공공차관으로 나누어 상세한 자료 검토를 통해 각각의 규모를 파악한 뒤, 최종적으로 양자를 합하여 ODA 총액을 제시하기로 한다. 〈부표 5-1〉에는 추계 결과를 연도별·항목별로 제시하였는데, 이하의 논의는 이 표가 어떻게 작성되었고 어떤 내용을 담고 있는지 상세히 설명한 것이다.

1) 증여

(1) 자료

한국이 외국으로부터 받은 증여의 규모를 알 수 있는 대표적인 자료로는 ① OECD/DAC의 ODA 통계, ② 한국은행의 외국원조수입총괄표, ③ 한국은행의 국제수지표(이전거래), 그리고 ④ 미국원조청(USAID)의 미국 해외 차관 및 증여 통계가 있다(〈표 5-1〉 참조).

가. OECD/DAC의 ODA 통계

OECD/DAC의 ODA 통계는 전 세계에서 이루어지고 있는 ODA에 대한 가장 포괄적인 통계이다. 그런데 이 자료는 OECD 회원국들이 본격적으로 ODA를 제공하기 시작한 1960년 이후 통계만을 담고 있다.[22] 우리나라가 1960년 이후에 받은 증여는 기본적으로 이 자료를 통해 파악하고 다른 통계와의 상호 비교를

---

[22] 본 연구에서 사용하는 OECD/DAC의 ODA 통계는 2012년 9월경 다운로드한 것으로 미국 달러 단위로 당년가격(current price)과 2010년 불변가격(constant price)의 값이 기록되어 있다.

표 5-1 증여 통계 수록 1차 자료

통계명	집계 기관	수록 발간물	기간	비고
Aid(ODA) disbursements to countries and regions(DAC2a)	OECD/ DAC	http://stats.oecd.org	1960-현재	
외국원조수입총괄표	한국은행	경제통계연보	1945-1983	미국 또는 관련 기구의 원조만을 포함
국제수지표 (이전거래-정부)	한국은행	한국의 국제수지, 국제수지통계	1950-1982	정부의 경상이전수입이 증여에 해당하나 1974년부터는 조세 이전 등도 섞여 있음
미국 해외 차관 및 증여 통계 (U.S. Overseas Loans & Grants)	USAID	http://gbk.eads. usaidallnet.gov	1946-현재	지출액이 아닌 계약액, Suh(1976)에도 관련 통계 있음

통해 점검하였다. 그 이전 시기에 대해서는 이하에서 살펴볼 여러 가지 국내외 통계들을 이용해서 확인하기로 한다.

나. 외국원조수입총괄표

외국원조수입총괄표는 한국은행이 발간하는『경제통계연보』에 수록되어 있는 통계이다. 이 자료는 미국 대외원조기관의 주한 사무소가 발행하던 월별 상황 보고서(monthly status reports)를 기초로 작성되었다.[23] 따라서 기본적으로 미

23 미국 대외원조기구의 변천 과정에 대해서는 홍성유(1965) 등을 참조.

국이 우리나라에 제공한 증여에 관한 통계라 할 수 있다. 이런 특성에도 불구하고 UNKRA와 같은 UN 기구가 제공한 증여가 여기에 포함되어 있는데, 이것은 이 원조 역시 사실상 미국의 관리 하에 있었기 때문이다. 반면, 한일협약 이후의 청구권 자금(무상분)이나 IBRD 등의 기술 원조가 여기에서 제외되어 있는 것은 미국 중심의 자료라는 특성과 깊은 관련이 있다. USAID의 신규 프로그램은 1979 미 회계연도(1978년 10월-1979년 9월)를 마지막으로 종료되었고 주한 사무소도 1980년 9월 활동을 마쳤다. 이에 따라 외국원조수입총괄표도 1983년까지만 작성되었다.

다. 국제수지표

한국은행은 매년 『국제수지통계』를 발간한다. 이중 국제수지표의 경상계정 중 '이전수입-정부'는 〈그림 5-1〉의 경상이전수입 하의 '정부' 항목에 해당하는 것으로, 여기에는 미국뿐 아니라 우리나라가 다른 나라 또는 국제기구로부터 받은 모든 증여가 집계되어 있다. 1987년에 발간된 『국제수지통계』에는 1960-1986년 기간 동안 이루어진 이전거래에 대한 상세한 통계가 제시되어 있는데, 이 자료와 이후의 연도별 자료를 취합하면, 시계열 자료를 확보할 수 있다.

'이전수입-정부' 항목은 AID, PAC(청구권 자금), 기술 원조, PL480,[24] 기타로 이루어져 있고, '이전지급-정부'는 협정제비, 기타로 이루어져 있다.[25] 외국원

---

24 PL480이란 미공법(Public Law) 480호에 근거한 잉여농산물 도입분을 가리킨다.
25 1973년까지 '이전수입-정부' 중 기타는 '이전지급-정부' 중 협정제비와 일치한다. 이것은 원조기구 운영비를 가리킨다.

조수입총괄표와 비교해 보면, AID, PL480은 두 자료 모두가 포함하고 있는 반면 청구권 자금과 기술 원조는 '이전수입-정부' 항목에만 들어 있다.[26] 단, 청구권 자금과 IBRD 등의 기술 원조가 도입되기 시작한 것은 1960년대 들어서이므로, 두 자료에 수록된 1950년대 통계는 사실상 차이가 없다.

ODA 추계와 관련해서 '이전수입-정부' 자료를 사용하는데, 주의해야 할 문제는 정부 간 이전거래가 증여에만 한정되지 않는다는 사실이다. '이전수입-정부'의 구성 항목들을 자세히 살펴보면, '기타' 항목이 1974년부터 크게 증가하는데, 이것은 정부 간 조세 이전 등이 새롭게 포함된 탓이다.[27] 따라서 1974년 이후에 대해서는 이 자료를 ODA 증여 통계로서 활용하기 어렵다. 참고로 기타를 제외할 경우, '이전수입-정부' 항목은 1983년부터 값이 0이 된다.

라. 미국원조청 통계

미국원조청(USAID) 홈페이지에는 미국 해외 차관 및 증여(U.S. Overseas Loans & Grants) 통계가 수록되어 있는데, 여기에는 수원국 및 프로그램별로 1946년부터 현재까지의 원조 통계가 제공되고 있다. 이 통계는 미국 회계연도(fiscal year) 기준이고 실제 지출이 아닌 지출원인행위(obligation) 개념에 기초하여 집계된 것이어서, DAC의 지출액(disbursement)과는 차이가 있다.[28] 다만 계약액과 지출액의

---

26 약간의 차이가 있는데 원조수입총괄표는 그해 도입된 잉여농산물의 양을, 국제수지표는 판매 수입 중 그해 한국 정부로 양도된 금액을 집계한다. 『경제연감』의 각주에도 "미공법 480호에 의거한 도입 잉여농산물 판매대전의 일부는 미측에 사용되므로 이는 원조로 간주할 수 없으나 본 표에서는 편의상 도입 총액을 게재하였음"이라고 되어 있다.
27 1976년에 갑자기 이전거래-정부의 수입이 늘어나는 것은 이것으로 설명할 수 있다.
28 "지출원인행위는 부처가 계약·구매·고용 등의 행위를 하는 것이며, 지출은 수표의 발행·전신환·혹은 현금 지불 등을 통하여 채무가 변제될 때 발생하는 것"이다(국회사무처, 1997, p. 18 참조). 미국 회계연도는 FY1976

추이, 사업이 완료된 후의 총지출액 정도는 ODA 추계에 참고할 수 있다.

(2) 검토 결과

이상의 자료들을 검토한 결과, 우리나라가 받은 원조의 연도별 금액은 1945년부터 1960년 이전까지는 「외국원조수입총괄표」의 값을, 그리고 1960년부터 1999년까지는 OECD/DAC의 값을 사용할 경우 일관 시계열을 확보할 수 있다. 〈부표 5-1〉의 증여 항목은 이렇게 집계한 결과이다.

이상의 자료를 통해 파악한 1945년부터 1999년까지 우리나라가 받은 증여 총액은 68.9억 달러이다. 2010년 불변액 기준으로는 347.2억 달러에 해당한다. 〈그림 5-2〉는 연도별 증여액의 추이이다. 증여는 1957년에 3.8억 달러로 최고치를 보인 이래 1970년대 말까지 계속 감소하는 추세를 보여 준다. 이러한 증여의 감소 추이 가운데 1960년대의 변동은 ODA의 감소가 아니라 공공차관으로의 대체로 인한 것인데, 이 부분에 대해서는 다음 소절에서 상세히 살펴보기로 한다.

아울러 한 가지 언급할 점은 1980년 이후 명목 증여액의 추이이다. 1980년부터 1999년까지 우리나라는 계속 증여를 받고 있으며 그 규모 역시 상승하는 양상을 보이고 있다. 그러나 이 시기 우리나라 경제 규모를 고려해 볼 때 증여액의 규모는 사실 매우 미미한 수준이다. 예를 들어, 1990년에 받은 증여는 1.0억 달러였는데, 이것은 당해 연도 GDP의 0.03%에 불과하다. 아울러 실질액 추이를 보더라도 1990년대의 명목 증여액 상승은 물가 상승을 반영한 것에 불과

까지는 전년 7월 1일부터 당년 6월 30일까지, FY1977부터는 전년 10월 1일부터 당년 9월 30일까지를 가리킨다.

그림 5-2 한국에 제공된 ODA 증여, 1945-1999: 명목 및 실질액(2010년 기준)

자료: 〈부표 2-1〉.

하다고 할 수 있다. 또 1985년부터 우리나라는 비록 규모는 작지만 다른 개발도
상국들에 증여를 하기 시작하였다는 사실도 이러한 추세를 이해함에 있어 고
려할 필요가 있다. 결국 우리나라가 받는 증여는 1945년부터 1960년대 중반 정
도까지 약 20년 정도의 기간 동안 실질적으로 중요한 의미를 가졌고, 그 이후로
는 빠른 속도로 중요성이 감소해 갔다고 할 수 있다.

2) 양허성 차관

(1) 자료

1959년 1월 우리 정부는 동양시멘트(주)의 시설 확장을 위해 미국의 개발차

표 5-2 ODA 차관 관련 통계 수록 1차 자료

	집계기관	수록발간물	기간	비고
Aid(ODA) disbursements to countries and regions(DAC2a)	OECD/ DAC	http://stats.oecd.org	1960-현재	
공공차관 인출액, 상환액	재무부	공공차관 현황	1959-1988	비양허성도 포함
국제수지표 (공공차관)	한국은행	국제수지통계, IMF 신기준에 의한 개편 국제수지통계 해설	1960-현재	비양허성도 포함

관기금(Development Loan Fund: DLF)과 214만 달러의 재정차관협정을 체결하였다. 이것이 우리나라가 최초로 도입한 양허성 차관, 즉 ODA 차관이었다.[29] 이후 우리나라에 제공된 ODA 가운데 증여의 비중은 점차 감소한 대신 양허성 차관이 주류를 이루게 되었다.

우리나라가 받은 양허성 차관이 얼마나 되는지에 대한 가장 기초적인 통계는 OECD/DAC가 제공하는 ODA 차관 통계이다(〈표 5-2〉 참조). 이것은 기본적으로 공여국이 작성해서 DAC에 보고한 것을 취합한 자료이다. 본 연구에서는 이 자료를 이용해서 양허성 차관의 규모를 파악하였다(〈부표 5-1〉 참조).

수원국이었던 한국 정부가 ODA 개념에 기초한 차관 통계를 집계한 적은 없다. 단, 우리나라에 들여온 공공차관 총액이 얼마인지는 정부에서 집계한 자

29 재무부 경제협력국(1987), p. 20; 김찬진(1976), p. 57.

료가 있기 때문에, 이것을 ODA 차관 통계와 비교함으로써 전체 차관 도입 가운데 양허성 차관의 비중이 얼마나 되었는지를 점검하는 것은 가능하다.

공공차관 통계는 외자 도입을 담당한 부처였던 기획재정부와 재무부, 그리고 외환의 유출입을 관장하는 한국은행에서 집계 · 관리하였다. 이중 외자 도입 담당 부처의 통계는 1980년대 후반부터 1990년대 초반까지 간행된 일련의 발간물에 제시되었고 한국은행 통계는 현재까지 발표되고 있는데, 자료별로 수록하고 있는 기간이 다르고 수치가 다소 차이가 나기 때문에 세심한 검토가 필요하다.[30] 검토 결과, 공공차관 도입 총액은 시계열이 긴 한국은행 자료를 통해 1960년부터 1996년까지를 파악하고, 상환액을 차감한 순차관은 1979년까지는 재무부(1989), 이후는 한국은행 자료로 파악하기로 한다.[31]

(2) 검토 결과

최초의 공공차관이 도입된 1960년부터 1999년까지 우리나라 정부가 도입한 양허성 공공차관은 57.3억 달러였다(〈부표 5-1〉 참조). 이것은 같은 기간 동안 정부가 도입한 전체 공공차관의 약 20% 가량인 것으로 추정된다.[32] 〈그림 5-3〉은 공공차관과 양허성 공공차관의 연도별 추이를 보여 준다. 먼저 조공공차관 (gross public loan), 즉 도입 총액 추이를 보여 주는 (A)에 따르면, 공공차관 총액은 1982년까지 빠른 속도로 증가하다가, 이후로는 상승 속도만큼이나 빠르게 감

---

30 재무부 경제협력국(1987), 재무부(1989), 재무부 · 한국산업은행(1993) 등이 있다.
31 1997년 이후 공공차관 도입 총액이 얼마인지를 집계한 통계는 확인되지 않는다.
32 〈부표 5-1〉에서 공공차관 중 조차관(명목)의 총합계액은 216.7억 달러이다. 단, 이 수치는 1996년까지만 포함하므로, 1999년까지의 수치는 이보다 다소 크리라고 보고 양허성 차관을 평가해야 할 것이다.

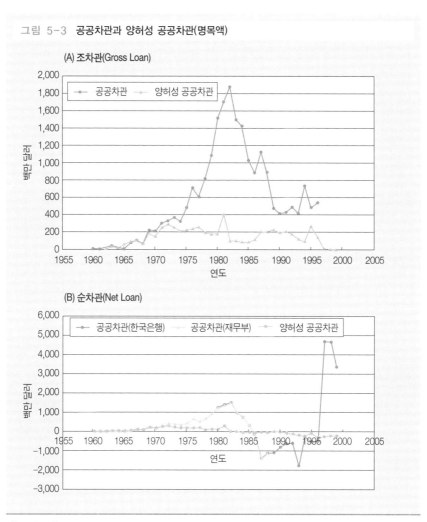

그림 5-3 공공차관과 양허성 공공차관(명목액)

(A) 조차관(Gross Loan)

(B) 순차관(Net Loan)

자료: 본문 참조.

소하였다. 1970년대 초까지는 공공차관과 양허성 공공차관의 움직임이 거의 유사한데, 이는 이 시기까지 도입된 공공차관 대부분이 양허적 성격의 것임을 의미한다. 하지만 이 이후에는 양허성 차관은 2억 달러 수준에서 크게 벗어나지 않은 반면, 비양허성 차관은 빠른 속도로 증가하여 양자 간에 격차가 벌어져 갔다. 결국 1970년대 중반 이후 우리 경제의 발전에서 중요한 역할을 한 것은 양허적 성격의 지원금이 아니라 원금과 이자를 갚은 외국 자본들이었다고 할 수 있다.

순공공차관(net public loan), 즉 상환액을 뺀 순차관 도입액의 추이를 보여 주는 (B) 역시 기본적으로는 (A)와 유사한 양상을 보이고 있다. 한 가지 언급할 점은 1982년을 정점으로 공공차관 도입액이 감소하면서 1986년이 되면 사실상 상환액이 도입액을 초과하게 된다는 것이다. 1997년 외환위기로 인한 급격한 차관 증가를 제외하고 본다면, 경제 발전에 실제로 기여하는 공공차관 도입은 1980년대 중반에 사실상 종료되었다고 할 수 있다.

공공차관 전체의 변동 추이를 배경으로 해서 양허성 공공차관의 내용을 살펴보면 다음과 같다. 1960년부터 1999년 기간 동안 상환액을 제외한 순도입액, 즉 순양허성 공공차관은 8.5억 달러였다. 이 값은 조양허성 공공차관 도입액 57.2억 달러의 15%에 해당한다. 〈그림 5-4〉는 조차관 및 순차관의 연도별 추이를 비교한 것이다. 1980년대 초까지는 차관의 도입만 이루어지고 상환은 거의 없었기 때문에 두 곡선은 큰 차이를 보이지 않는다. 하지만 1982년 이후로는 차관에 대한 상환이 본격화되면서, 양허성 차관 순도입액은 음의 값을 갖게 된다. 즉, 양허성 공공차관의 도입 역시 전체 공공차관과 마찬가지로 1980년대 초를 기점으로 해서 더 이상 실질적인 의미를 갖는 도입은 없어졌다고 보는 것이 적절할 것이다.

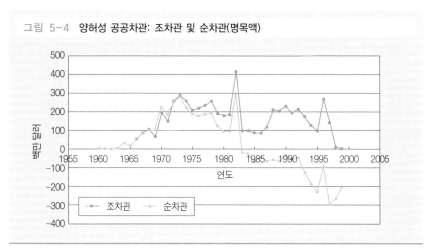

그림 5-4 양허성 공공차관: 조차관 및 순차관(명목액)

자료: 본문 참조.

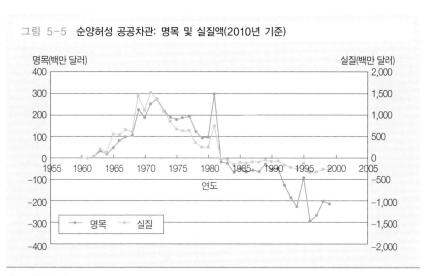

그림 5-5 순양허성 공공차관: 명목 및 실질액(2010년 기준)

자료: 〈부표 2-1〉.

해당 기간 동안 순양허성 공공차관 도입액을 2010년 실질액으로 환산해 보면 108.4억 달러이다. 〈그림 5-5〉는 순양허성 공공차관의 명목액과 실질액 추이를 보여 준다. 한 가지 언급할 점은 명목 상환액 규모가 1990년대 중반 이후 크게 증가하는 것으로 나타나는 점이다. 하지만 실질액을 계산해 보면 사실상 상환액이 도입액을 약간 상회하는 수준을 유지하고 있다는 점으로 볼 때, 상환에 따른 실질적 부담은 그 이전과 크게 다를 바 없이 유지되었다고 할 수 있다.

3) 종합

지금까지 살펴본 연도별 증여 및 양허성 공공차관을 합하면 1945년부터 1999년 기간 동안 우리나라가 받은 ODA 규모를 구할 수 있다. 〈표 5-3〉은 그 내용을 정리한 것이다. 1945년부터 1999년까지 한국에 제공된 순ODA 총액(total net ODA: TNODA)은 연도별 경상액을 합하면 약 77억 달러, 2010년 가격으로 환산하면 약 456억 달러이다. 휴전이 이루어진 1953년부터 1999년까지를 대상으로 계산해 보면, 명목 순ODA 수령액은 69억 달러, 2010년 기준 실질액은 391억 달러가 된다.

ODA 수령액은 연도별로 큰 편차를 보이고 있다(〈부표 5-1〉, 〈그림 5-6〉 참조). 앞에서 살펴본 것처럼, 기준에 따라 다소 상이하기는 하지만, 우리나라 소득 수준이나 경제 규모 등을 고려할 때 ODA가 우리 경제에서 차지하는 비중이 컸던 것은 1970년대 중반 이전이며, 1980년대에 들어서면 이미 실질적 의미는 없어지게 되었다. 즉, DAC의 수원국 명단에서 제외되기 이미 20년 전에, ODA는 우

표 5-3 **1945-1999년 기간 동안 한국에 제공된 ODA 총액**

(단위: 십억 달러)

연도	명목액					실질액(2010년)				
	증여	차관		ODA		증여	차관		ODA	
		조차관	순차관	조ODA	순ODA		조차관	순차관	조ODA	순ODA
	A	B1	B2	A+B1	A+B2	C	D1	D2	C+D1	C+D2
1945-1970	4.6	0.7	0.8	5.3	5.4	29.9	5.0	5.3	34.9	35.2
(1953-1970)	3.7	0.7	0.8	4.5	4.6	23.4	5.0	5.3	28.4	28.7
1971-1999	2.3	5.0	0.0	7.3	2.3	4.8	13.5	5.6	18.4	10.4
1945-1999	6.9	5.7	0.9	12.6	7.7	34.7	18.6	10.8	53.3	45.6
(1953-1999)	6.0	5.7	0.9	11.8	6.9	28.2	18.6	10.8	46.8	39.1

주: 연도별 액수는 〈부표 5-1〉 참조.
자료: 〈부표 5-1〉.

그림 5-6 **우리나라가 받은 공적개발원조(순ODA), 1945-1999: 명목 및 실질액(2010년 기준)**

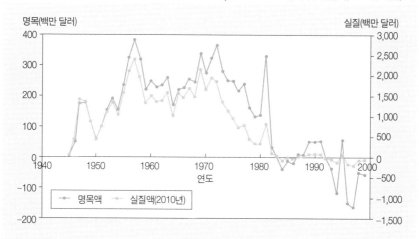

자료: 〈부표 5-1〉.

그림 5-7 순ODA 중 증여의 비율, 1945-1980

자료: 〈부표 2-1〉을 이용해서 계산.

리 경제 발전에 실질적인 의미를 논하기에는 이미 규모가 크게 축소되어 있는 상태였다고 할 수 있다.

1980년 이전 기간 동안 증여와 차관 간의 비중에도 큰 변화가 있었다(〈그림 5-7〉 참조). 순ODA에서 증여가 차지하는 비중의 추이를 보면, 1960년대 초반까지는 증여가 압도적인 비중을 차지한 반면, 그 이후로는 증여의 비중이 급격히 하락하고 공공차관이 주요한 역할을 담당하는 방향으로 변화하였다. 이러한 비중의 변화는 미국 정부의 대외 원조 정책의 방향 전환, 그리고 한국 경제가 고도성장을 하는 데 따라 공여국이 지원 조건을 변동한 결과라고 추정된다.

그렇다면 ODA가 우리나라 경제 상황에 비추어 볼 때 얼마나 되는 규모였

그림 5-8 **국민 일인당 순ODA, 1945-1999(2010년 불변액)**

자료: 본문 참조.

을까? 이 질문에 답하기 위해 두 가지 지표를 계산해 보기로 한다. 첫째는 인구
일인당 순ODA로

$$PNODA_{jt} = \frac{NODA_{jt}}{Population_{jt}} \tag{4}$$

와 같이 계산한 것인데, 이것은 우리 국민 일인당 평균적으로 얼마만큼의 ODA
를 받았는지를 보여 주는 지표이다.

김낙년 편(2012, pp. 519-520)의 인구 통계를 이용하여 1946년 이후의 일인당
ODA 수령액을 계산하면, 2010년 가격 기준으로 볼 때 1957년 106달러로 정점을
찍고 1960년대에는 50-60달러이다가 1970년대 중반 이후 급감하였다(〈그림 5-8〉

참조). 이와 같은 내용을 일반화해 본다면, 우리나라가 실질적 의미를 갖는 ODA 를 받는 기간이라 할 수 있는 1945년부터 1970년대 초까지 약 30년 기간 동안 우리 국민은 (2010년 가격 기준으로) 일인당 연평균 50-60달러 정도의 ODA를 받은 셈이다.

둘째로 경제 규모 대비 ODA 규모, 또는 국민 일인당 소득 대비 ODA 규모를 파악하기 위해 GDP 대비 순ODA를

$$GNODA_{jt} = \frac{NODA_{jt}}{GDP_{jt}} \times 100 \tag{5}$$

과 같이 계산해 보기로 한다. GDP는 국제 비교를 위해 PPP를 사용해서 작성된 Penn World Table 8.0을 이용하였다.[33] 계산 결과에 따르면 GDP 대비 순ODA는 시기별로 큰 변동을 보이는데, 1957년에 8.5%로 가장 높았다(〈그림 5-9〉 참조).[34] ODA 총액이나 인구 일인당 순ODA와 마찬가지로, 이 지표 역시 1950년대 후반의 경제 규모에 비추어 볼 때 우리나라가 가장 많은 ODA를 받던 기간이었음을 보여 준다. 이후 이 비율은 매우 빠른 속도로 감소해서 1970년대 중엽이 되면 1% 미만으로 떨어지게 된다. 〈그림 5-6〉과 결합해서 보면, 1960년대에 GDP 대비 ODA 규모가 감소한 것은 대부분 GDP 성장으로 설명이 된다. 이후의 급속한

---

[33] 보다 구체적으로는 Penn World Table 8.0의 cgdpo(output-side real GDP at current PPPs in million 2005US$) 변수를 2010년 기준으로 환산하여 사용하였다. 이하 국제 비교에서 각국의 GDP도 같은 방법으로 구한 것이다.

[34] 한 가지 언급할 점은 어떤 PPP 추계를 사용하는가에 따라 GDP 대비 순ODA 규모는 큰 차이가 나타난다는 점이다. 예를 들어, 사공일 외(2010), 제1권, p. 24 〈그림 5〉와 SaKong and Koh(2010), p. 30 〈그림 2-8〉은 한국은행(1968)을 이용해서 이 비율을 계산하였는데, 1957년 GDP 대비 순ODA가 23%인 것으로 나타난다. 본 연구에서는 기본적으로 국제 비교가 가능한 Penn World Table을 기준으로 논의를 전개하기로 한다.

그림 5-9 GDP 대비 순ODA, 1953-1999

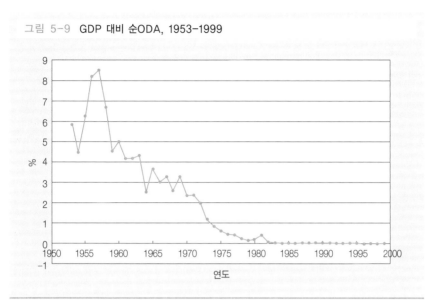

자료: 본문 참조.

감소는 GDP 증가와 ODA 감소 양자가 작동한 결과이며, 1980년대에 접어들어서는 ODA가 경제 규모를 고려할 때 별다른 의미를 갖지 못하는 수준으로 감소하게 된다.

4. 국제 비교

이 절에서는 전 세계 ODA의 역사를 되돌아볼 때 한국이 받은 ODA의 규모가 어느 정도인지를 앞서의 추정 결과 그리고 OECD/DAC의 ODA 통계를 이용해서 평가해 보기로 한다. 한 가지 유의할 점은 한국의 ODA는 1960년 이전 부분을 포함하는 데 비해, DAC 통계는 1960년 이후만을 담고 있다는 사실이다. 이러한 불일치 하에서의 분석은 ODA 총액 등을 비교함에 있어서 기본적으로 우리나라가 받은 ODA의 규모를 과대평가할 가능성을 제기한다. 현재 세계 각국에서 1960년 이전에 이루어진 원조가 얼마나 되는지 보여 주는 포괄적인 자료는 없기 때문에, 이 문제를 근본적으로 바로잡는 것은 매우 어렵다. 그러나 편의의 방향이 명확하기 때문에, 비교 결과를 해석하는 과정에서 이 문제를 충분히 고려한 유의미한 결론을 도출하는 것은 가능하다고 판단된다.

표 5-4 **ODA 총액 국제 비교**

(단위: 2010년 기준 실질액, 백만 달러)

명칭	정의	수원국				한국		비고
		평균	중위수	최고값	최저값	액수	순위	
TNODA	순ODA 총액	16,811 (16,775)	6,730	196,534	26	45,554 (39,058)	18 (23)	181개국
		20,159 (20,110)	9,321				18 (22)	134개국[2]
HNODA	순ODA 5년 평균의 최대값	867.3	339.9	11,949	3.0	1,881.7	23	180개국[1]
HPNODA	1인당 순ODA 5년 평균(달러/인)의 최대값	165.9	94.9	1,315.7	3.3	83.0	74	134개국[2]
HGNODA	GDP 대비 순ODA 5년 평균 (%)의 최대값	10.5%	4.7%	201.6%	0.0%	7.0%	49	134개국[2]

주: ( ) 안은 한국전쟁을 고려하여 1953년 이후만 합산했을 때의 값이다.
　　1) 181개국 가운데, 5년 연속 ODA를 받은 적이 없는 코소보를 제외하였다.
　　2) OAD 수원국 181개국 가운데 PWT와 연결되는 나라들의 수를 의미한다.
자료: 본문 참조.

ODA 규모의 비교에 있어 총량과 함께 고려해야 할 중요한 사항은 시기별 분포이다. 국가별로 ODA를 받은 기간이 차이가 있을 수 있으며, 어떤 나라는 일정 수준의 ODA를 비교적 긴 시간 동안 받는 반면, 다른 나라는 짧은 기간 동안 집중적으로 원조를 받았을 수도 있다. 이처럼 다양한 측면을 고려해야 할 경우에는 여러 가지 지표를 계산하여 비교를 해본 뒤, 이 내용들을 종합하여 판단하는 것이 적절하다. 이를 위해 ODA 총액, ODA 최고액, 일인당 ODA, GDP 대비 ODA 값들을 차례대로 계산해서 비교, 평가하기로 한다. 〈표 5-4〉는 계산 결과를 종합한 것이고, 이하에서는 각각의 계산 방식, 분석 결과를 상세히 소개하기로 한다.

1) 순ODA 총액

먼저 각국이 받은 순ODA 총액을 계산하여 비교해 보기로 한다. 즉, j국이 1960년부터 2010년까지 받은 순ODA 총액 $TNODA_j$는

$$TNODA_j = \sum_{t=1960}^{2010} NODA_{jt} \tag{6}$$

가 될 것이고, 이 값들과 우리나라의 수원액을 비교해 보는 것이다.[35] 여기서 $NODA_{jt}$는 2010년 불변 달러 단위로 환산한 j국의 t년도 순ODA 수원액을 사용하

---

35 앞서 설명한 바와 같이 한국은 1945년부터 1999년까지를 합한 값이다.

였다.

OECD DB에 수록된 181개국(영토 포함)에 대해 이 지표를 계산해 본 결과, 가장 적게 받은 곳은 2,600만 달러를 받은 버뮤다이고, 가장 많이 받은 국가는 1,965억 달러를 받은 인도로 나타났다. 전체 수원국이 받은 수령액의 평균은 168억 달러였다. 〈부표 5-2〉는 $TNODA_j$ 상위 25개국을 제시하였는데, 인도 외에 최상위에 속한 국가는 이집트, 파키스탄, 인도네시아, 방글라데시, 베트남, 이라크, 중국, 탄자니아, 이스라엘 등이었다.

한국은 한국전쟁의 파괴를 고려하여 1945년 이후와 1953년 이후라는 두 가지 방법으로 합산하여 비교하였는데, 전자는 18위, 후자는 23위에 해당하였다. 이 결과는 우리나라가 원조 총량이라는 측면에서 볼 때 비교적 상위권에 속하는 수준의 지원을 받았음을 보여 준다. 1950년대에 우리나라가 상대적으로 원조를 많이 받은 나라였다는 점을 고려한다면, 앞서 언급한 자료상의 문제에도 불구하고 이 결론 자체는 기각하기 어렵다고 판단된다.

2) 순ODA 최고액

ODA 규모와 관련해서는 총액뿐만 아니라 단기간에 집중된 제공액이 얼마나 되는지도 비교해 볼 필요가 있다. 단기간의 집중원조가 같은 액수를 장기간에 조금씩 제공하는 것보다 이른바 큰 밀어주기의 효과를 발휘할 수도 있을 것이기 때문이다.

이를 위해 j국의 순ODA 최고액($HNODA$)을 다음과 같이 측정해 보기로 하자.

$$HNODA_j = \max \left[\frac{1}{5} \sum_{t=k-2}^{k+2} NODA_{jt} \right]. \tag{7}$$

이것은 k년을 중심으로 하는 5개년 평균을 구한 뒤, 그 가운데 가장 큰 값이 나타나는 기간을 찾아냄을 의미한다.[36]

〈부표 5-2〉에는 상위 25개 국가들에 대해 각 국가들의 최고액 중심 연도(즉, k년)와 HNODA값을 제시하였다. 우리나라는 ODA를 가장 많이 받은 5년간이 1955-1959년간이고 이 기간의 HNODA는 18.8억 달러로 나타났다.[37] 이것은 비교 가능한 180개 국가 중 23위에 해당한다.[38] 총량에서와 마찬가지로 HNODA 측면에서도 우리나라는 비교적 상위권에 드는 수준의 원조를 받았다고 할 수 있다.

3) 일인당 순ODA

원조의 효과성이라는 관점에서 국가별로 얼마만큼의 원조를 받았는가를 비교할 경우, 실질적으로 중요한 것은 수원국이 받은 원조액 절대 규모라기보다는 수원국 경제 규모에 비추어 볼 때 얼마만큼의 원조를 받았는가라는 것이다. 이런 측면에서 인구 및 GDP 대비 원조 규모를 살펴보기로 한다.

---

36 HNODA를 계산함에 있어, 3년 · 7년 · 9년 평균 등도 계산해 보았으나, 결과는 대동소이하게 나타났기 때문에 이하에서는 따로 소개하지 않는다.
37 다음으로 높은 시기는 1968-1972년 기간으로, 이 시기 HPNODA는 18.2억 달러이다.
38 5년 연속 ODA를 받은 적이 없는 코소보(Kosovo)가 제외되었다.

먼저 순ODA 최고액(HNODA$_j$)을 해당 시기 인구로 나눈 인구 일인당 순ODA 최고수령액(HPNODA)을 다음과 같이 계산하여 비교하였다.

$$HPNODA_j = \frac{HNODA_j}{Population_{jt}} .$$ (8)

각국의 인구 정보는 Penn World Table(PWT) 8.0을 이용하였다. 이 DB에는 167개국이 포괄되어 있는데, 그중 일부는 개발도상국이 아닌 선진국이다. DAC DB와 PWT DB에 동시에 포함되어 있는 나라는 모두 134개국으로 DAC DB(181개국)에서 47개국이 제외된다. 제외되는 국가 중에는 ODA 총액 상위 25위 안에 들어가는 아프가니스탄(19위)과 알제리(24위)도 있다. 하지만 〈표 5-4〉에서 평균값, 중위수를 비교해 보면 대개는 ODA 총액이 낮은 국가들이 빠지게 되는 것으로 보인다.

각국의 HPNODA를 계산해서 비교해 본 결과, 한국은 1955-1959년에 평균 83.0달러로 비교 가능한 134개국 중 74위에 해당한다. ODA 전체 규모와는 달리 인구 일인당 받은 ODA의 순위가 크게 떨어지는 것은, 인구 대비로 보았을 때는 우리나라가 받은 규모가 결코 큰 규모라고 볼 수는 없음을 보여 준다.

4) GDP 대비 순ODA

마지막으로 ODA 수령액을 GDP에 대비하여 살펴보기로 한다. 순ODA 최고액(HNODA$_j$)을 해당 시기 GDP로 나눈 GDP 대비 순ODA 최고수령액(HGNODA)을

다음과 같이 계산하여 비교하였다.[39]

$$HGNODA_j = \frac{HNODA_j}{GDP_{jt}}.$$ (9)

한국의 경우 GDP 대비 순ODA는 1954-1958년에 최고점을 보였는데, 이 시기에 우리나라가 받은 순ODA는 GDP의 7.0%였다. 이것은 비교 가능한 134개국 중 49위에 해당한다. 인구와 마찬가지로 GDP로 나누었을 때 순위가 상대적으로 낮아지는 것은 한국에 제공된 ODA가 국민 일인당 소득 수준으로 보았을 때에는 중위권 수준이었음을 보여 준다.

5) 종합 및 평가

국제 비교를 통한 우리나라 ODA 수령 규모의 평가 결과는 다음과 같이 요약해 볼 수 있다. 우리나라가 받은 ODA의 규모는 절대 규모 차원에서 보면 전세계 ODA 수원국들 가운데 약 20위 정도의 수준에 속한다. 제2차 세계대전 이후 전 세계적으로 ODA를 위해 사용된 총자원 중 적지 않은 양이 우리나라에 주어진 셈이다. 그러나 인구 규모나 경제 규모를 고려할 때 우리나라가 받은 ODA 수령 수준은 중위권 정도를 차지한다.

이 결과는 기본적으로 우리나라의 경제 성장이 원조를 통한 '큰 밀어주기'

---

39 달러 표시 GDP 중 어떤 값을 쓰는가에 따라 결과가 달라질 가능성에 대해서는 주 34 참조. 여기에서는 국제 비교상의 일관성을 위해 Penn World Table을 이용하였다.

에 기인하였다는 명제를 강하게 지지한다고 보기 어렵다. 우리나라보다 훨씬 더 많은 규모의 원조를 받은 많은 나라들에서 유의미한 지속적 경제 성장이 이루어지지 못한 상황을 쉽게 설명할 수 없기 때문이다.

원조 수령 규모가 월등히 큰 것은 아님에도 불구하고 원조가 우리나라의 장기적 경제 성장에 의미 있는 영향을 미쳤다고 한다면, 이와 관련해서는 기본적으로 (서로 반드시 배치되지는 않는) 두 가지 가능성을 고려해 볼 수 있다. 하나는 원조의 효과적 활용이다. 많은 개발도상국들과는 달리 우리나라는 원조를 비교적 적재적소에 활용하거나 부정부패로 인한 누출(leakage)을 비교적 잘 통제했기 때문에 원조가 경제 발전에 기여하였을 수 있다. 이것은 원조의 효과성이 수원국 정부의 책무성에 의해 크게 영향을 받는다는 Burnside and Dollar(2000)의 주장과 일관된 것이다.

둘째는 원조가 자본 축적 등을 통해 경제 성장에 직접적으로 활용되었다기보다 경제안정화 등 간접적 경로를 통해 경제 성장에 기여했을 가능성이다. 1950년대에 우리나라에 제공된 원조에 대해서는 이것이 자본재보다는 소비재에 집중되었기 때문에 경제 발전에 도움을 주지 못했다는 비판이 많이 제기되었다. 하지만 소비재 원조가 물가 안정 또는 사회·정치적 안정에 어느 정도 기여하고 이것이 자생적 투자를 유발하였다면, 원조는 경제 성장에 중요한 기여를 하였다고 평가해 볼 수 있다.

과연 이 두 가지 가능성 중 어느 쪽이 더 중요하게 작용하였을까? 혹은 원조는 위의 두 경로가 아닌 제3의 경로를 통해 작동한 것은 아니었을까? 그것도 아니라 실제로 우리나라에서 원조와 경제 발전은 상관관계만이 존재할 뿐 많

은 개발도상국에서처럼 별다른 기여를 하지 못한 것은 아니었을까? 본 연구의
몫은 원조 수령 총액의 규명을 통해 이러한 질문들을 의미 있는 형태로 제기하
는 것까지이다. 추후 연구를 통해 미처 답하지 못한 질문들을 탐구해 나아가기
로 한다.

5. 결론

해방 이후 1980년대 초까지 우리나라는 여러 선진국들과 국제기구로부터
적지 않은 규모의 대외원조를 받았다. 이와 관련해서 많은 학자들은 원조가 우
리나라의 경제 발전을 가능하게 하였다는 긍정적 평가를 주장한다. 반면 최근
들어서는 많이 줄어들었지만 1950년대로부터 1990년대 초까지만 하더라도 적
지 않은 학자들은 원조가 우리나라의 경제 성장을 도운 것이 아니라 경제 구조
를 왜곡시키고 경제 성장을 저해한다고 비판하였다. 이 두 가지 주장들은 아쉽
게도 별다른 심도 있는 근거를 수반하지 않은 채 오랫동안 제기되어 왔다. 1990
년대 들어서면서 우리 경제가 중진국 수준을 넘어서서 선진국으로 나아간다는
사실이 원조에 대한 비판적 입장의 기반을 크게 허물어뜨림으로써 이 논쟁은
소멸의 길을 걸었다. 하지만 그렇다고 해서 원조가 우리나라 경제 성장에 큰 기
여를 하였다는 주장이 입증된 것은 아니다. 나아가 원조가 구체적으로 어떤 경
로를 통해 경제 발전에 작용하였는가라는 질문으로 들어가면, 우리가 기존 연
구들로부터 얻을 수 있는 답은 매우 제한되어 있다.

본 연구는 이러한 현실을 극복하기 위한 첫걸음으로, 과연 우리나라가 얼마만큼의 원조를 받았는가를 규명하고 이것이 제시하는 시사점을 궁구하였다. 분석 결과, 1945년부터 1999년까지 우리나라가 받은 순ODA 총액(total net ODA)은 연도별 경상액 기준으로 약 77억 달러, 2010년 불변액 기준으로는 약 456억 달러였다. 휴전이 이루어진 1953년부터 1999년까지를 대상으로 하면, 명목 ODA 수령액은 69억 달러, 2010년 기준 실질액은 391억 달러가 된다. 이 원조 가운데 대부분은 1980년 이전에 이루어졌는데, 1945년부터 1960년경까지는 주로 증여의 형태로, 그 이후부터 1980년경까지는 양허성 공공차관의 형태로 제공되었다.

1960년대 이후 전 세계 개발도상국들이 받은 원조 규모와 비교해 볼 때, 우리나라가 받은 ODA의 총액은 약 20위 정도 수준이다. 원조 제공 국가들은 원조 가능한 자원 중 적지 않은 양을 우리나라에 할애해 준 셈이다. 그러나 인구 일인당 ODA 수령액이나 GDP 대비 ODA 수령액은 전 세계 ODA 수령국 중 중간 정도 수준이기 때문에, 우리나라가 받은 원조가 실질적인 의미에서 높은 수준이었다고 보기는 어렵다.

이러한 결과는 우리나라가 받은 ODA가 경제 성장에 어떤 기여를 하였는가라는 질문에 대해 몇 가지 중요한 시사점들을 제공한다. 첫째, '큰 밀어주기'에 근거한 가설, 즉 우리나라가 다른 나라들보다 경제 발전에 성공적이었던 이유가 상대적으로 더 많은 원조를 받았기 때문이라는 추론은 사실과 부합하지 않는다. 둘째, 만일 원조가 우리나라의 장기적 경제 발전에 기여하였다면, 이것은 우리나라가 원조를 활용함에 있어 다른 나라들보다 더 효과적으로 사용하거나 아니면 경제안정화처럼 다른 경로를 통해 작동하였음을 시사한다. 이 가능성들을 탐색하고 답을 제시하는 것은 우리나라의 원조에 대한 이해를 심화시킴은 물론, 전 세계 경제 발전과 관련해서도 중요한 시사점을 제공한다고 할 수 있다. 후속 연구를 통해 이러한 문제들을 밝혀 나가기로 한다.

(단위: 백만 달러)

연도	명목액					실질액(2010년)				
	증여	양허성 공공차관		공적개발원조		증여	양허성 공공차관		공적개발원조	
		조차관	순차관	조ODA	순ODA		조차관	순차관	조ODA	순ODA
	A	B1	B2	A+B1	A+B2	C	D1	D2	C+D1	C+D2
1945	4.9			4.9	4.9	49.4			49.4	49.4
1946	49.5			49.5	49.5	443.1			443.1	443.1
1947	175.4			175.4	175.4	1,416.5			1,416.5	1,416.5
1948	179.6			179.6	179.6	1,373.6			1,373.6	1,373.6
1949	116.5			116.5	116.5	892.8			892.8	892.8
1950	58.7			58.7	58.7	445.0			445.0	445.0
1951	106.5			106.5	106.5	753.4			753.4	753.4
1952	161.3			161.3	161.3	1,121.5			1,121.5	1,121.5
1953	194.1			194.1	194.1	1,333.8			1,333.8	1,333.8
1954	153.9			153.9	153.9	1,047.7			1,047.7	1,047.7
1955	236.7			236.7	236.7	1,584.1			1,584.1	1,584.1
1956	326.7			326.7	326.7	2,114.0			2,114.0	2,114.0
1957	382.9			382.9	382.9	2,397.8			2,397.8	2,397.8
1958	321.3			321.3	321.3	1,967.8			1,967.8	1,967.8
1959	222.2			222.2	222.2	1,345.0			1,345.0	1,345.0
1960	249.7	–	1.0	249.7	250.7	1,500.7	–	6.0	1,500.7	1,506.7
1961	229.8	–	-0.6	229.8	229.2	1,365.9	–	-4.6	1,365.9	1,361.3
1962	229.4	7.0	6.8	236.4	236.2	1,346.1	40.8	39.3	1,386.9	1,385.4
1963	230.2	32.0	32.0	262.2	262.2	1,376.6	212.5	212.5	1,589.1	1,589.1
1964	155.7	16.3	16.0	172.0	171.7	892.5	132.9	130.4	1,025.4	1,022.9
1965	172.0	53.6	48.5	225.6	220.5	1,002.9	610.5	550.8	1,613.3	1,553.7
1966	145.7	89.5	81.9	235.2	227.6	931.6	614.1	541.9	1,545.6	1,473.4
1967	156.9	107.3	99.2	264.2	256.1	1,027.8	725.1	650.8	1,752.9	1,678.6
1968	139.9	65.0	106.5	204.9	246.4	884.9	418.6	599.9	1,303.5	1,484.8
1969	110.2	194.0	228.1	304.2	338.3	710.1	1,308.6	1,446.6	2,018.7	2,156.7
1970	87.7	150.2	187.0	237.9	274.7	553.1	964.1	1,108.5	1,517.2	1,661.6
1971	69.3	256.2	255.2	325.5	324.5	408.9	1,560.6	1,533.7	1,969.4	1,942.6
1972	87.0	289.5	278.5	376.5	365.4	511.1	1,413.0	1,351.6	1,924.1	1,862.7
1973	61.2	256.3	220.8	317.5	282.0	296.3	1,217.4	1,067.4	1,513.7	1,363.7
1974	62.8	207.8	189.3	270.6	252.1	283.3	934.2	853.3	1,217.5	1,136.6

(단위: 백만 달러)

연도	명목액					실질액(2010년)				
	증여	양허성 공공차관		공적개발원조		증여	양허성 공공차관		공적개발원조	
		조차관	순차관	조ODA	순ODA		조차관	순차관	조ODA	순ODA
	A	B1	B2	A+B1	A+B2	C	D1	D2	C+D1	C+D2
1975	68.8	217.8	179.4	286.5	248.1	285.6	804.8	664.7	1,090.5	950.3
1976	29.9	233.7	188.0	263.6	217.9	108.9	786.5	623.6	895.4	732.5
1977	43.5	255.4	195.1	298.9	238.5	142.1	832.0	639.4	974.1	781.6
1978	41.2	188.8	122.8	230.0	164.0	111.0	514.3	336.1	625.3	447.1
1979	39.4	178.3	94.3	217.7	133.7	96.1	466.9	247.1	563.0	343.2
1980	41.2	182.7	97.4	223.9	138.6	93.8	465.6	251.4	559.5	345.3
1981	32.9	411.3	297.5	444.2	330.4	81.0	1,024.8	748.1	1,105.8	829.1
1982	50.3	96.5	−16.4	146.8	33.9	129.1	258.4	−36.4	387.5	92.7
1983	30.1	97.2	−22.4	127.3	7.7	79.4	251.2	−50.0	330.6	29.4
1984	31.7	85.2	−68.5	116.9	−36.8	86.8	221.5	−162.8	308.4	−76.0
1985	35.6	82.6	−44.5	118.2	−8.9	97.3	210.3	−100.1	307.6	−2.8
1986	46.5	115.3	−64.1	161.8	−17.6	92.0	210.0	−116.1	302.0	−24.1
1987	67.6	207.2	−56.9	274.8	10.8	112.0	325.0	−92.7	437.0	19.3
1988	73.6	203.8	−64.2	277.4	9.4	111.1	281.4	−99.3	392.5	11.9
1989	78.0	226.2	−26.7	304.2	51.4	122.4	332.4	−43.0	454.7	79.4
1990	104.9	196.3	−52.9	301.2	52.0	152.9	290.5	−79.4	443.5	73.5
1991	100.4	208.1	−46.3	308.6	54.1	141.4	279.1	−67.3	420.5	74.1
1992	121.5	174.1	−124.6	295.6	−3.1	154.3	216.5	−165.3	370.8	−11.0
1993	152.1	125.8	−187.3	277.9	−35.1	175.6	137.1	−222.0	312.7	−46.3
1994	115.5	95.0	−229.7	210.5	−114.2	129.4	94.6	−253.1	224.0	−123.6
1995	148.6	266.2	−91.6	414.8	57.0	150.1	245.2	−107.8	395.3	42.4
1996	146.6	141.1	−295.5	287.7	−148.9	163.1	151.2	−332.4	314.3	−169.3
1997	106.7	9.6	−266.3	116.3	−159.7	133.8	11.6	−324.2	145.3	−190.4
1998	151.0	2.4	−201.3	153.4	−50.4	198.3	3.1	−259.8	201.4	−61.5
1999	158.8	1.5	−213.9	160.2	−55.1	193.8	1.9	−251.7	195.7	−57.9
Total	6,894.3	5,726.5	851.3	12,620.8	7,745.6	34,718.6	18,568.0	10,835.1	53,286.5	45,553.7

자료: 본문 참조.

부표 5-2 ODA 규모의 국가별 순위

순위	ODA 총액(TNODA)		ODA 최고액(HNODA)		
	국가	ODA 총액	국가	최고연도	ODA 총액
1	India	196,534	Iraq	2004-2008	11,949
2	Egypt	147,880	Egypt	1974-1978	7,910
3	Pakistan	105,889	India	1963-1967	7,821
4	Indonesia	98,152	Afghanistan	2006-2010	5,199
5	Bangladesh	87,319	Nigeria	2005-2009	4,846
6	Vietnam	74,322	Syria	1977-1981	4,013
7	Iraq	73,943	China	1992-1996	3,858
8	China	73,335	Congo, Dem. Rep.	2002-2006	3,092
9	Tanzania	66,346	Ethiopia	2006-2008	3,085
10	Israel	59,441	Pakistan	1963-1967	3,053
11	Ethiopia	55,775	Indonesia	1970-1974	3,050
12	Congo, Dem. Rep.	55,093	Bangladesh	1986-1990	3,033
13	Jordan	52,911	Algeria	1960-1964	2,980
14	Morocco	51,775	Jordan	1979-1983	2,964
15	Syria	50,654	Vietnam	2006-2010	2,844
16	Sudan	49,606	Israel	1983-1987	2,838
17	Mozambique	46,119	Tanzania	2006-2010	2,659
18	Korea	45,554	Sudan	2006-2010	2,279
19*	Afghanistan	45,310	West Bank & Gaza Strip	2006-2010	2,207
20	Philippines	43,370	Serbia	2000-2004	2,019
21	Kenya	42,702	Morocco	1978-1982	1,980
22	Turkey	41,718	Mozambique	2002-2006	1,918
23	Nigeria	39,936	Korea	1955-1959	1,882
24	Algeria*	36,959	Philippines	1989-1993	1,786
25	Zambia	36,128	Uganda	2006-2010	1,718

주: 계산 방법에 대해서는 본문 참조.
자료: 본문 참조.

 참고문헌

강석인,『외자도입과 한국의 경제발전』, 장원출판사, 1994.

국회사무처,『미국의 연방예산과정』, 예산정책자료 제97-01호, 국회사무처, 1997.

김낙년 편,『한국의 장기통계: 국민계정 1911-2010』, 서울대학교출판문화원, 2012.

김대환,「1950년대 한국 경제의 연구」, 진덕규 외,『1950년대의 인식』, 한길사, 1981, pp. 157-255.

김양화,「미국의 대한원조와 한국의 경제구조」, 송건호 · 박현채 외,『해방40년의 재인식 I』, 돌베개, 1985, pp. 227-274.

김준경 · 김광석,『한국의 원조 수혜 경험 및 활용』, 기획재정부, KDI 국제정책대학원, 2012.

김찬진,『외자도입론』, 일조각, 1976.

노중기,「1950년대 한국사회에 미친 원조의 영향에 관한 고찰」, 한국사회사연구회,『현대한국의 자본축적과 민중생활』, 문학과지성사, 1989, 제1장.

데이비드 콜,「외국원조와 한국개발」, 메이슨 · 김만제 · 퍼킨스 · 김광석 · 콜,『한국 경제 · 사회의 근대화』, 한국개발연구원, 1981, 제6장.

박찬일,「미국의 경제원조의 성격과 그 경제적 귀결」, 김병태 외,『한국 경제의 전개과정』, 돌베개, 1981, pp. 67-95.

박태균,『우방과 제국, 한미관계의 두 신화』, 창작과비평사, 2006.

박현채,『민족경제론』, 한길사, 1978.

배인철,「1950년대 원조와 한국자본주의의 전개과정에 관한 일연구」, 고려대
　　　경제학과 석사학위논문, 1988.

사공일 외,『한국경제60년사』, 제1-5권, 한국경제60년사 편찬위원회 2010.

서남원,『외국원조의 이론과 실제: 한국 자본 형성에 있어서 외원의 기여』, 한
　　　국연구원, 1963.

서석태·강정모,『외자도입의 국민경제적 효과분석』, 한국개발연구원, 단기
　　　78-03, 1978.

이경구,『한국에 대한 개발원조와 협력』, 연구2004-1-25, 한국국제협력단, 2004.

이대근,「차관경제의 전개」, 이대근·정운영 편,『한국자본주의론』, 까치, 1984,
　　　제2부 제4장.

_____,『성장의 허상, 외채의 실상: 한국 경제의 위상』, 지식산업사, 1986.

_____,『한국 경제의 구조와 전개』, 창작사, 1987.

_____,『한국전쟁과 1950년대의 자본축적』, 까치, 1987.

_____,『해방후－1950년대의 경제: 공업화의 사적 배경 연구』, 삼성경제연구
　　　소, 2002.

이재희,「자본축적과 국가의 역할」, 이대근·정운영 편,『한국자본주의론』, 까
　　　치, 1984, 제3부 제1장.

이철순,「이승만정권기 미국의 대한정책연구(1948-1960)」, 서울대 정치학과 박
　　　사학위논문, 2002.

이현진,『미국의 대한경제원조정책 1948-1960』, 혜안, 2009.

장상환,「해방후 대미의존적 경제구조의 성립과정」, 송건호 · 박현채 외,『해방 40년의 재인식 I』, 돌베개, 1985, pp. 83-110.

재무부,『공공차관현황: 1988.12.31. 현재』, 재무부, 1989.

재무부 경제협력국,『공공차관통계: 협약체결기준』, 공공차관 87-3, 재무부, 1987.

재무부 · 한국산업은행,『한국외자도입30년사』, 재무부 · 한국산업은행, 1993.

정일용,「원조경제의 전개」, 이대근 · 정운영 편,『한국자본주의론』, 까치, 1984, 제2부 제3장.

_____,「외자도입」, 변형윤 편,『한국경제론』, 개정판, 예풍출판사, 1989, 제11장.

정진아,「제1공화국기(1948~1960) 이승만정권의 경제정책론 연구」, 연세대학교 대학원 사학과 박사학위논문, 2007.

최상오,「이승만 정부의 경제정책과 공업화 전략」,『경제사학』, 35, 2003, pp. 135-166.

_____,「외국원조와 수입대체공업화」, 이대근 외,『새로운 한국경제 발전사』, 나남, 2005, 제11장.

한국은행,『경제통계연보』, 각 연도.

_____,『국민소득연보 1953-67』, 1968.

_____,『한국의 국제수지』, 1970.

_____,『국제수지통계』, 1987.

_____,『IMF 신기준에 의한 개편 국제수지통계 해설』, 1998.

홍성유,『한국 경제와 미국원조』, 박영사, 1962.

_____,『한국 경제의 자본축적과정』, 고려대 아시아문제연구소, 1965.

Banerjee, Abhijit and Esther Duflo, *Poor Economics: A Radical Rethinking of the Way to Fight Global Poverty*, PublicAffairs, 2011(이순희 옮김,『가난한 사람이 더 합리적이다』, 생각연구소, 2013).

Burnside, Craig and David Dollar, "Aid, Policies, and Growth," *American Economic Review*, 90(4), 2000, pp. 847-868.

_____, "Aid, Policies, and Growth: Reply," *American Economic Review*, 94(3), 2004, pp. 781-784.

Chang, Charles C., Eduardo Fernandez-Arias, and Luis Serven, "Measuring Aid Flows: A New Approach," Policy Research Working Paper 2050, The World Bank, 1999.

Collier, Paul, *The Bottom Billion: Why the Poorest Countries are Failing and What Can Be Done About It*, Oxford University Press, 2007.

Easterly, William, "The Big Push Déjà Vu: A Review of Jeffrey Sachs's "The End of Poverty: Economic Possibilities for Our Time"," *Journal of Economic Literature*, 44(1), 2006, pp. 96-105.

_____, *The White Man's Burden*, Penguin Books, 2006(황규득 옮김,『세계의 절반 구하기』, 미지북스, 2011).

Easterly, William, Ross Levine, and David Roodman, "Aid, Policies, and Growth: Comment," *American Economic Review*, 94(3), 2004, pp. 774-780.

Krueger, Anne, *The Role of the Foreign Sector and Aid in Korea's Development*, Korea Modernization Study Series 5, 1977(전영학 역, 『무역, 외원과 경제개발』, 한국개발연구원, 1977).

Moyo, Dambisa, *Dead Aid: Why Aid is not Working and How There is a Better Way for Africa*, Farrar, Straus and Giroux, 2009(김진경 옮김, 『죽은 원조』, 알마, 2012).

Murphy, Kevin, Andrei Schleifer, and Robert Vishny, "Industrialization and the Big Push," *Journal of Political Economy*, 97(5), 1989, pp. 1003-1026.

OECD, "Is it ODA?," Factsheet-November 2008, OECD [www.oecd.org/dac/stats/34086975.pdf].

Rosenstein-Rodan, Paul, "Problems of Industrialization of Eastern and Southeastern Europe," *Economic Journal*, 53, 1943, pp. 202-211.

Sachs, Jeffrey, *The End of Poverty: Economic Possibilities for Our Time*, Penguin Books, 2005(김현구 옮김, 『빈곤의 종말』, 21세기북스, 2006).

SaKong, Il and Youngsun Koh, eds., *The Korean Economy: Six Decades of Growth and Development*, Committee for the Sixty-Year History of the Korean Economy, 2010.

Solow, Robert, "A Contribution to the Theory of Economic Growth," *Quarterly Journal of Economics*, 70(1), 1956, pp. 65-94.

Suh, Suk Tai, "Statistical Report on Foreign Assistance and Loans to Korea (1945-75)," Monograph 7602, Korea Development Institute, 1976.

_____, *Foreign Aid, Foreign Capital Inflows and Industrialization in Korea, 1945-75,* Korea Modernization Study Series 8, 1977.

수출진흥확대회의:
기능과 진화 과정

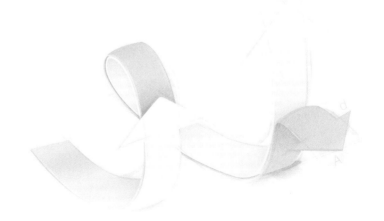

수출진흥확대회의:
기능과 진화 과정

1. 서론

수출은 1960년대부터 1990년대까지 진행된 한국 경제의 고도성장을 추동한 원동력으로 일컬어진다. 많은 연구자들은 '수출제일주의', 즉 경제 정책의 최우선 목표를 수출 확대에 두고 경제를 운영한 정부의 정책 운영이 수출의 급속한 증가에 큰 기여를 한 것으로 평가한다. 과연 정부가 수출 증진을 위해 어떤 정책 기구들을 만들고 활용하였는지, 이 기구들은 어떤 과정을 통해 탄생하고 진화해 나갔는지, 나아가 이 기구들이 수출 증대에 실제로 기여하였는지, 그렇다면 구체적인 경로는 어떤 것이었는지를 파악하는 것은 우리나라의 경제 성장 과정을 온전히 이해하는 것뿐 아니라 경제 발전 일반에 있어서도 중요한 시사점을 제공해 줄 수 있다.

이런 맥락에서 1962년부터 1986년까지 개최된 수출진흥확대회의를 이해하고 평가하는 작업은 매우 중요하다.[1] 수출진흥확대회의(이하, '확대회의')는 상공

---

1 수출진흥확대회의의 정식 명칭은 수출진흥위원회 청와대 확대회의로 볼 수 있다. 이 회의의 명칭은 여러 차례 바뀌어 왔다. 이 회의의 전신이라고 할 수 있는 '수출진흥위원회'가 있고, 이후 청와대에서 개최되면서 '수출진흥위원회 청와대 확대회의'로 이름이 바뀌었다가, 1977년부터는 수입도 동시에 고려한다는 의미에서 '무역진흥확대

부와 외교부 주관 하에 해당 기간 동안 매달 개최된 회의로, 수출 현황 및 관련 주요 정책의 계획과 진행 상황을 보고하고 점검하였다. 처음 만들어졌을 당시에는 참석자가 수출 관련 부처 장관과 수출 관련 주요 민간 기구 대표를 포함해서 약 20명 내외였지만, 1965년 대통령이 참석하여 회의를 직접 주관한 이후 관련 정부 부처는 물론 민간 부문 참석자도 범위가 크게 확대되어 1970년대에는 100명 이상이 참석하는 대규모 회의로 발전하였다.

'확대회의'가 고도성장기 수출 증대에 큰 기여를 하였다는 주장은 다양한 연구를 통해 제시되어 왔으며, 권오탑(1968), Rhee, Ross-Larson, and Pursell(2010), 상공부(1988a), 장선해(2006), 강광하 · 이영훈 · 최상오(2008), 최상오(2010b) 등은 본격적으로 '확대회의'가 어떻게 이러한 역할을 수행하였는지를 분석하였다. 그런데 회의가 어떻게 운영되었으며 궁극적으로 어떤 기능을 하였는지에 대해서는 매우 상이한, 심지어는 모순된 서술이 병존해 왔다. Rhee, Ross-Larson, and Pursell(2010, p. 49)은 회의 참석자들이 다양한 건의와 의견 개진을 하였고, 대통령이 즉각적인 의사결정을 내림으로써 효율적인 정책 결정이 이루어졌으며, 이것이 관료제의 경직성을 넘어서는 역할을 함으로써 수출 증진에 크게 기여한 것으로 묘사하였다. 이에 반해 최상오(2010b)는 '확대회의'가 기본적으로 수출 현황 및 관련 정책 추진 상황을 대통령 그리고 참석자들에게 보고(briefing)하는 '보고회의'라는 명제를 제시함으로써 전자와는 상당히 다른, 심지어는 상반된 성격 규정을 제시하였다.

회의'로 명칭이 바뀌었고, 1981년에는 '무역진흥월례회의'로 개칭되었다(상공부, 1988a, p. 238). 이하에서는 특별히 구분을 해야 할 필요가 없는 경우에는 확대회의로 줄여 부르기로 한다. 아울러 명칭의 유래 및 변천 과정과 관련해서는 이영훈(2013), p. 18 참조.

이처럼 회의에 대한 전혀 다른 견해가 병존한 것은 기본적으로는 자료의 한계로 인해 기본적인 사실이 확정되지 못한 데 기인하였다. 과거의 연구들은 당시 회의 참석자들의 설문, 인터뷰, 회고록 등 간접 자료에 기초해서 진행되었기 때문에 실제 회의 내용을 체계적으로 파악했다고 보기는 어렵다. 이에 비해 최상오 박사의 연구는 국가기록원에 보관되어 있는 '확대회의'의 녹음 자료를 직접 활용한 선구적 작업이었지만, 회의 녹음 자료의 방대한 분량 때문에 1972년분만을 분석했다는 점에서 한계가 있다. 결국 문제 해결의 열쇠는 녹음 자료에 대한 포괄적인 검토로 남겨진 셈이다.

이런 가운데 2013년 한국개발연구원(KDI)이 국가기록원을 중심으로 소재가 확인된 '확대회의' 녹음 자료를 모두 취합하여『수출진흥확대회의 녹취록』(이하,『녹취록』)을 발간한 것은 '확대회의' 연구에 획기적 전기를 마련하였다.[2] 이 자료를 통해 1971년부터 1980년까지의 기간 동안 '확대회의'에서 누가 발언을 했고 어떤 이야기들이 오갔는지 등을 구체적이고 총체적으로 이해할 수 있게 되었기 때문이다. 비록 1970년 이전 녹음 자료나 회의록은 현재까지 발견되지 않았기 때문에 초기의 모습을 파악하는 데에는 여전히 제약이 있고,『녹취록』에 수록된 기록 가운데서도 음질과 자료 누락 문제 등으로 인해 불완전한 부분이 있다는 아쉬움이 있지만,『녹취록』이 '확대회의'를 이해하는 데 가지는 의미는 아무리 강조해도 지나치지 않다. 나아가 이 자료는 현재 존재하는 여러 가지 단편적인 자료들의 의미를 보다 명확하게 이해할 수 있도록 함으로써 초

---

2 이영훈 외(2013). 녹음 자료 및『녹취록』의 서지적 정보에 대해서는 이영훈(2013), pp. 29-52 참조.

기의 역사를 포함해서 '확대회의'의 여러 측면에 대해 심층적인 이해를 가능하도록 하였다.

이 글은 『녹취록』을 기초로 하고 다양한 관련 자료를 종합 검토해서 '확대회의'의 내용과 역할이 무엇이었는지 그리고 1960년대 초부터 1980년대까지 회의가 어떻게 변모해 갔는지를 종합적으로 파악함으로써, 궁극적으로 '확대회의'가 수출 진흥에 어떤 메커니즘을 통해 얼마나 기여했는가를 가늠해 보려는 시도이다. 이를 위해 제2절에서는 먼저 '확대회의'의 전신인 수출진흥위원회가 만들어지고 '확대회의'로 진화되어 간 과정을 검토한다. 제3절과 제4절에서는 이후 '확대회의'가 어떻게 구성되고 운영되었는지, 그리고 회의에서 어떤 내용들이 다루어졌는지를 살펴보기로 한다. 제5절에서는 제2절부터 제4절까지의 내용을 종합하여 '확대회의'의 기능에 대한 전체적인 파악 및 평가를 제시해 보기로 한다. 제6절에서는 결론을 제시한다.

2. 수출진흥위원회의 탄생과 수출진흥확대회의로의 진화

우리나라 정부가 언제, 어떤 계기를 통해 수출지향적 경제 개발 정책을 채택하게 되었는지에 대해서는 다양한 견해가 존재한다.[3] 하지만 1964-1965년에 이르러서는 수출주도적 경제 발전 전략이 경제 정책의 기본 방향으로 상당히

---

3 이와 관련해서는 제4장 제2절 참조.

부상하여 자리를 잡고 있었다는 점에 대해서는 이론이 없어 보인다.[4] 이러한 과정에서 중요한 점은 정부가 단순히 수출지향적인 정책들을 채택하는 수준을 넘어 수출을 정점으로 해서 모든 경제 정책을 재편하는, 이른바 '수출제일주의' 정책을 추진하였다는 사실이다. 거시경제적 측면에서 보자면 실업, 물가, 이자율, 환율, 국제수지 등 거시경제의 주요 변수들 가운데 수출 증대를 통한 국제수지 개선을 가장 중시하고 나머지 요소들을 여기에 맞추어 관리하는 방식으로 경제 정책을 수립·집행한 것이라고 할 수 있으며, 미시경제적 측면에서 보자면 수출을 증진하는 것을 일차 목표로 하여 자원을 재배분하고 가격 체계를 결정하는 정책을 추진한 것이라고 정의할 수 있다.

이러한 정책 추진을 위해서는 수출과 관련된 업무를 수행하는 모든 부처들의 의견을 결집하고 조율해서 종합적인 방안을 수립하고 집행해 나가는 정책 체계가 필요했을 것이다. 결과적으로 볼 때 '확대회의'는 이러한 필요에 부응한 결과였다. 하지만 '확대회의'가 처음 창설되고 운영되는 모습을 보면 '확대회의'를 원래부터 이러한 목적, 즉 수출 정책의 최고기구를 염두에 두고 만든 것은 아니었다. 바꾸어 말하자면, 수출 정책의 최고기구에 대한 필요성 속에서 이 기능을 담당할 수 있는 여러 후보들이 있었지만 이 가운데 '확대회의'가 궁극적으로 이 역할을 수행하도록 진화한 것이었다고 할 수 있다.

이 점을 정확히 이해하기 위해서는 1960년대 초반 수출 관련 정부 기구의 상황이 어떠했는지, '확대회의'의 전신인 수출진흥위원회는 왜 만들어졌는지,

---

4 주 3 외에도 상공부(1988a), 안충영(2006) 등을 참조.

그리고 이것이 어떤 경로를 통해 '확대회의'로 변천해 갔는지를 생각해 볼 필요가 있다. 단, 이 문제와 관련해서 직접적인 자료를 확보하기는 매우 힘들다. 이하에서는 신문, 정부 자료 등에 나와 있는 정보를 근거로 이러한 변화가 발생한 원인과 과정을 논리적으로 추론하여 재구성하는 '분석적 서술'(analytic narrative)을 시도해 보기로 한다.[5]

1) 수출진흥위원회의 탄생

1962년 시행된 제1차 경제개발 5개년계획은 자립경제 구축을 통한 경제 발전을 지향하였다.[6] 그러나 정부는 수출을 중요시하고 수출을 늘리려는 정책을 이미 1962년부터 적극적으로 추진하고 있었다. 예를 들어, 그해 3월 수출진흥법(법률 제1033호), 4월 대한무역진흥공사법(법률 제1059호) 등이 발효되었으며, 여러 가지 관련 법령과 정부 기구 재편이 추진되었다.[7] 이런 흐름 속에서 박정희 최고회의 의장은 1962년 8월 12일 경제기획원 장관으로부터 외환 수급 계획을 보고 받는 자리에서 "수출제일주의의 대국민 운동을 전개하도록" 지시하였다.[8] 수출에 역점을 두는 이러한 움직임은 기본적으로는 원조의 축소와 밀접한 관련이 있다. 1950년대 말부터 원조가 감축되는 상황 하에서 현재 필요한 수입을 계속 유지하려면 외화 수입을 늘려야 했기 때문이다.[9] 이처럼 1962년부터 2-

---

5 Bates et al.(1998).
6 이완범(2006), 박태균(2007), 기미야 다다시(2008) 등.
7 수출 촉진을 위한 정책들은 이미 1950년대부터 도입되고 있었는데, 이와 관련해서는 제4장을 참조.
8 동아일보, 1962. 8. 10 조간.

3년 동안의 기간은 수출 증대의 필요성으로 인해 노력을 기울이는 과정이었고, 이 과정에서 수출이 경제 성장의 원동력이 될 수 있다는 믿음과 전망이 박정희 정부 내에 형성되는 시기였다고 할 수 있다.

당시 수출 관련 정책을 총괄 담당한 것은 상공부였다. 상공부 내에서도 상역국(商易局)이 수출과 관련된 업무를 담당하였다. 그런데 상역국은 상공부 내의 일개 부서에 불과했기 때문에, 다른 부처의 실무자들을 모아 협의를 주도할수는 있었겠지만, 정부 정책 가운데 우선순위가 가장 높다고 할 수 있는 분야를 총괄해서 전체적인 방향을 기획하고 여러 부처의 업무를 조율하여 주도해 나가는 역할을 수행하기에는 적절하지 않았을 수 있다. 상공부 산하에는 무역위원회가 있었는데, 이 위원회는 전체적인 정책 조율보다는 실무적인 업무에 대한 협의를 담당하는 기구였기 때문에, 이러한 역할을 수행하는 위원회로 발전하기에는 많은 한계가 있었던 듯하다.[10] 결국 수출의 획기적 증진을 목표로 삼아 국가 역량을 결집하기 위해서는 부처 내의 하위 부서를 넘어서 수출 관련 업무를 총괄하는 상위 기구를 확보하는 것이 필요했을 것으로 보인다.

부처 내의 하위 부서가 아니라 부처들을 총괄하는 조직 가운데서 수출과 관련된 업무를 취급하고 있던 기구로는 월간경제동향회의가 있었다.[11] 경제기획원이 관장한 이 회의에서는 기본적으로 월별 거시경제 지표 등을 점검하고

---

9 원조 감축에 따른 수출 증진 노력은 이미 1950년대 말부터 진행되었는데, 여기에 대해서는 제4장 및 강광하 · 이영훈 · 최상오(2008), pp. 150-156 참조. 한편, 원조를 포함 우리나라가 받은 공적개발원조의 장기 추이에 대해서는 제5장 참조.

10 무역위원회와 관련해서는 이영훈(2013), p. 21 참조.

11 월간경제동향회의가 언제 시작했는지는 명확하지는 않은데, 이와 관련된 검토로는 강광하 · 이영훈 · 최상오(2008), pp. 102-109 참조. 단, 경제기획원이 생긴 1962년에는 이 회의가 운영되고 있었던 것으로 판단된다.

각 부처들이 경제 관련 주요 활동을 보고하였다. 이 회의에서 수출은 당연히 주요한 항목이었다. 그러나 수출을 국가경제 정책의 제일 목표로 하는 틀 속에서 볼 때, 수출을 하나의 부분으로만 다루는 이 회의가 수출 정책의 최고기구로 기능하는 것은 여러 가지로 미흡했을 것이며, 반대로 이 회의를 수출 중심으로 운영할 경우 국내 경제 전반을 점검하는 작업은 원활하게 이루어지지 못하였을 것으로 보인다. 한편, 경제기획원의 경우 부처의 성격상 직접 산업체들과 접촉하며 수출을 관장하고 때로는 독려하는 역할을 수행하는 것이 여러 가지로 쉽지 않았을 것이라고 판단된다. 이런 이유로 수출을 총괄·점검하는 업무는 월간경제동향회의와는 별도의 기구를 필요로 했다고 할 수 있다.

이처럼 1960년대 초에는 기존 정부 조직 내에 수출 정책을 총괄 조정하는 최고기구가 마땅히 존재하지는 않았던 것으로 보인다. 이런 문제를 염두에 두고 만들어진 기구가 수출진흥위원회였던 셈이다. 정부는 1962년 말에 '수출 진흥에 관한 종합적 계획과 관련 주요 정책을 심의'하기 위해 국무총리를 위원장으로 하는 '수출진흥위원회'를 설치하였고, 그해 11월 29일에 첫 회의를 개최하였다.[12] 수출진흥위원회는 이처럼 수출을 정부 정책의 최우선 과제로 추진하기 위해 수출 관련 부서 장관들과 주요 민간 인사들이 모여 정부 정책을 총괄하고 조율하고자 만들어진 기구였다.

---

12 수출진흥위원회 규정 제1조. 1964년 8월 7일 개정에서는 경제기획원 장관을 부위원장으로 지정하였다(제2조 제2항). 첫 회의 날짜는 상공부(1988a), p. 237.

2) 수출진흥위원회의 구성 및 기능

1962년에 처음 제정된 수출진흥위원회 규정에 따르면 수출진흥위원회는 원래 국무총리와 경제기획원 장관, 수출과 관련된 업무를 담당하는 장관들, 그리고 수출 관련 민간 단체장으로 구성된 기구였다(〈표 6-1〉 참조). 정부 측을 살펴보면 1960년대 초중반 정부 직제상 존재하는 13개 부 장관 중 국방부, 내무부, 문교부, 체신부, 법무부 등 무역과 직접 관계가 없는 5개 부를 제외한 모든 부의 장관이 위원회에 참석하도록 되어 있었다.[13] 아울러 이 회의는 정부 부처 간뿐 아니라 민간과의 정책 조정도 염두에 두고 만들어졌기 때문에, 대한무역진흥공사, 대한상공회의소, 한국무역협회회장도 참석자로 규정되었다. 이후 참석자의 범위는 정부는 물론 민간 측에서도 계속 확대되었는데, 1967년에 와서는 주요 국책은행장들뿐 아니라 농수산 협동조합중앙회 회장들, 관광공사 총재 등도 참석하도록 명시되었다.

수출과 관련된 주요 정부 부처장과 민간 단체장을 망라한 이 모임은 수출에 대한 정책을 총괄한다는 목적과 부합하였으리라고 판단된다. 즉, 실무적으로는 상공부, 그 가운데서도 상역국이 업무를 담당하고 회의를 준비하되, 국무총리가 수출과 관련된 부처 간 이견 등을 조율하고 큰 방향을 설정하는 일을 담당할 수 있는 틀을 갖추었기 때문이다.

단, 수출진흥위원회는 수출을 중시하되 수출 주도의 경제 발전 구상이 전

---

13 1960년대 초 정부 조직은 행정자치부(1998), 상권, p. 103 참조.

표 6-1 수출진흥위원회 구성

참가자		수출진흥위원회 규정 제 · 개정 일자				
		1962. 12. 29	1963. 6. 11	1964. 3. 2	1964. 8. 7	1967. 3. 22
최고책임자	대통령					○
	국무총리	○	○	○	○	○
주무 부처	상공부 장관	○	○	○	○	○
	외무부 장관	○	○	○	○	○
수출 업무 관련 부처	경제기획원 장(관)	○	○	○	○	○
	외무부 장관	○	○	○	○	○
	재무부 장관	○	○	○	○	○
	농림부 장관	○	○	○		○
	건설부 장관			○	○	○
	보건사회부 장관	○	○	○	○	○
	교통부 장관	○	○	○	○	○
	공보부 장관	○	○	○	○	○
	무임소국무위원(경제 담당)					○
	경제과학심의회 위원(경제 담당)					○
	기획조정실장					○
	수산청장					○
민간 부문	한국은행 총재	○	○	○	○	○
	한국산업은행 총재					○
	중소기업은행장					○
	한국외환은행장					○
	대한무역진흥공사 사장	○	○	○	○	○
	대한상공회의소 회장	○	○	○		○
	한국무역협회 회장	○	○	○		○
	한국경제인협회 회장				○	○
	한국경제인협회 수출산업촉진위원회 위원장		○	○		
	농업협동조합중앙회 회장				○	○
	수산업협동조합중앙회 회장				○	○
	중소기업협동조합중앙회 회장					○
	국제관광공사 총재					○
	대한해운공사 사장					○

주: 수출진흥위원회 규정 개정 중 1965년 9월 27일, 1970년 3월 10일 개정에서는 구성원 변동은 없었기 때문에 표에 반영하지 않았다. 이후 수출진흥위원회 규정은 1983년 12월 30일 폐지되는데, 1970년 3월 개정 이후 폐지될 때까지는 개정이 이루어지지 않았다.
자료: 수출진흥위원회 규정.

면화되었다고 보기에는 훨씬 이전에 만들어졌으며, 이 위원회를 처음 만들 때부터 1960년대 말 이후의 '확대회의'와 같은 지위와 역할을 염두에 두었다고 보기는 어렵다. 즉, 수출진흥위원회는 구상에 있어서나 실제 운영에 있어서 수출과 관련된 여러 가지 문제들을 논의하는 협의체에 가깝지만, 수출 정책을 전체적으로 총괄하는 최고기구와 같은 위치를 염두에 두었던 것 같지는 않다. 수출진흥위원회가 '확대회의'로 외형적인 확장이 이루어진 것과 아울러 수출을 관장하는 실질적 최고기구가 된 것은 처음부터 의도한 것이라기보다는 상황의 결과 또는 진화의 산물이라고 보는 것이 보다 현실에 가깝다.

수출 관련 실무를 담당한 상공부가 수출진흥위원회를 인식하는 방식이 변화해 가는 모습은 이러한 추론을 뒷받침한다. 초기에는 수출에 대한 총괄 기획을 맡은 상공부가 수출진흥위원회를 자신들의 정책을 추진해 나가는 데 있어 필요한 조율을 얻기 위한 통로 중 하나 정도로 인식하였던 것으로 보인다. 수출진흥종합시책(이하, 「시책」)은 이러한 점에 대해 흥미로운 모습을 보여 준다. 상공부는 1964년부터 매년의 수출 정책 기본 방향을 담은 「시책」을 공표하였는데, 처음 발표된 1964년 「시책」부터 1967년 「시책」까지에는 수출진흥위원회에 대한 내용이 담겨 있다(〈표 6-2〉). 먼저 1964년에는 첫 번째 항목으로 "관계 기관과의 협조 사항을 토의·추진하는 동시에 수출 무드를 조성"해야 한다는 내용을 제시하고, 그 구체적인 사항으로 수출진흥위원회를 개편할 것을 제시하고 있다.[14] 1965년부터 1967년 「시책」에서는 수출진흥위원회를 계속 활용하여 "관

---

14 상공부(1988b), pp. 22-23.

계 기관과의 협조 사항을 토의 · 추진"할 것을 「시책」의 첫 번째 항목으로 두고 있다.[15] 즉, 수출진흥위원회가 어떻게 운영되어야 하는가에 대한 구상이 수출 정책 기본 계획의 첫 주제로 계속 언급되고 있었다는 사실은 이 위원회가 아직 진화하고 있는 단계였음을 역설적으로 보여 주고 있다고 할 수 있다.

아울러 이 시기 「시책」에 나타난 수출진흥위원회에 대한 구상은 1970년대의 실제 구성이나 운영 방식과는 매우 달랐다. 예를 들어, 1964년 「시책」에 따르면, 수출진흥위원회 산하에 기획, 농산, 수산, 광산, 직물, 화공 등 여러 분과위원회들을 설치하는 것으로 되어 있다.[16] 그런데 이러한 체계는 1960년대 초중반은 몰라도 '확대회의'가 제자리를 잡고 본격적으로 운영된 1960년대 후반부터 1970년대 후반까지 기간 동안에는 적용되지 않은 듯하다. 『녹취록』 중에서 위에서 열거된 분과 또는 분과위원장이 언급된 경우는 없었고, 이러한 분과위원회의 존재 및 작동을 짐작할 만한 다른 자료 역시 확인할 수 없었기 때문이다. 아마도 이러한 내용들은 초기에 수출진흥위원회를 협의체 방식으로 기획하는 과정에서 나온 방안 중 하나였고, 이후 '확대회의'로의 발전 과정 속에서 사라진 것으로 짐작된다.

결국 이상의 내용은 위원회가 처음부터 최고정책기구로서 확고한 위상을 수립하였다기보다는, 이것을 구축하는 것 자체가 수출 관련 정책을 수립하고 집행하는 데 중요하다는 인식 하에 노력이 이루어지고 있음을 보여 주는 것으

---

15 인용은 상공부(1988b), p. 27.
16 1964년 수출진흥종합시책, 상공부(1988b), pp. 22-23, 수출진흥위원회 규정(1964년 8월 7일 개정, 대통령령 제 1903호), 8조.

표 6-2 「시책」의 수출진흥위원회 관련 언급, 1964-1967

연도	항목	내용	상세 내역
1964	15	수출진흥위원회의 개편	- 위원 추가(수출진흥위원회 규정 개정) 부문별 전문분과위원회 설치
1965	가	수출진흥위원회의 활용	- 수출진흥위원회를 적극 활용함으로써 관계 기관과의 협조 사항을 토의·추진하는 동시에 수출 무드를 조성 - 상공부 주관 하에 경제단체연합간담회를 매월 개최
1966	1. 가	월례 청와대 수출진흥확대회의의 계속 개최	- 월례 경제단체연합간담회의 계속 개최(무역협회 주관)
1967	1. 가	월례 청와대 수출진흥확대회의의 계속 개최	- 월례 경제단체연합간담회의 계속 개최(무역협회 주관)

자료: 상공부(1988b).

로 파악된다. 이러한 상태는 대통령이 회의에 참석하고 위원회가 '확대회의'로 개편된 이후에도 한동안은 유지된 듯하다. 특히, 1965년부터 1967년까지 마련된 「시책」에서 월례 경제단체연합간담회와 월례 청와대 수출진흥확대회의의 계속 실시를 주요 항목으로 제시하고 있는 점은 주목할 필요가 있다.[17] 이 구상에 따르면 수출 정책과 관련해서 민간과 상공부 간의 협의는 전자에서, 그리고 상공부의 실질적 주관 하에 정부와 민간 전체의 협의는 후자에서 이루어지는 것이 상공부의 구상이었음을 보여 주기 때문이다. 하지만 1968년 이후가 되면

17 상공부(1988b), pp. 47, 58.

「시책」에서 이러한 언급이 사라지는데, 이 시기가 되면 '확대회의'와 월례 경제단체연합간담회가 더 이상 동급으로 인식되지 않음을, 즉 '확대회의'는 수출 정책의 최고기구에 가까워진 것이라고 볼 수 있다. 나중에 상세히 기술한 바와 같이 1970년대에는 상공부가 매년 말 「시책」을 작성한 뒤 '확대회의'에서 보고 하고 매달 「시책」 목표의 달성 상황도 보고하고 있다. 다시 말하자면, 「시책」은 최고기구인 '확대회의'가 주관하게 될 업무계획이 되었고 상공부는 실무 부서로서 이 계획을 준비하고 진행 상황을 점검·보고하는 관계로 전환되었다.

물론 이러한 전환이 일어난 결정적인 계기는 무엇보다 1965년 이후 대통령이 이 회의에 정기적으로 참석하여 직접 주관한 것이라고 보여진다. 대통령이이렇게 한 이유가 무엇인지는 여전히 베일에 가려져 있다. 당시 상공부 장관이었던 박충훈은 1965년 대통령의 상공부 초도순시 때 앞으로 이 회의를 청와대에서 개최하도록 결정되었다고 회고하였다.[18] 박충훈 장관의 이 짤막한 언급은마치 본인이 당시 대통령에게 이러한 안을 마련해서 요청을 한 것으로도 읽히는데, 만일 그것이 사실이라면 박충훈은 왜 대통령에게 이러한 요청을 하였는지, 대통령은 왜 여기에 동의하였는지, 그리고 이후 박정희 대통령이 왜 이 회의에 거의 빠짐없이 참여하고 최고기구로서 운영해 나갔는지와 같은 많은 질문이 제기될 수 있다. 이 문제는 향후 보다 많은 사료의 발굴을 통해서 이 당시 회의의 운영과 수출 성과 간의 상호작용, 그리고 이 과정에서 박정희 대통령을 포함한 정책 담당자들의 사고 변화에 대한 보다 심도 있는 연구를 통해 구명되

---

18 박충훈(1988), p. 94. 아울러 신국환(2000), p. 22.

어야 할 문제로 보인다.

3) 소결

수출진흥위원회, 나아가 수출진흥확대회의를 기록한 공식적인 회의록은 아직까지 확인되지 않고 있다. 『녹취록』 작성을 위해 자료의 존재 여부를 면밀하게 조사한 결과 회의를 녹음한 녹취 자료는 1971년 이후의 것만 남아 있는 것으로 파악되었다.[19] '확대회의'를 보도한 신문기사, 무역협회지의 기사 등은 회의의 주요 내용만을 전달하는 경우가 대부분이기 때문에 회의의 주요 면모를 파악하기에는 매우 제한적이다. 이 때문에 수출진흥위원회와 '확대회의'의 초기 모습은 여전히 실체를 알기가 어려운 측면이 많다. 하지만 현존하는 자료들을 종합해서 살펴보면, 1962년 처음 만들어진 수출진흥위원회가 느슨한, 부처 간 및 정부-민간 간 의견 교환 및 조율의 장에 가깝던 것이 '확대회의'로 개편되는 1965년 이후로는 점차 수출 정책의 최정점에 위치하는 기구로 진화해 간 것으로 보인다. 그리고 1960년대 후반의 어느 시점부터는 1970년대 『녹취록』으로부터 볼 수 있는 전형적인 형태, 즉 수출 관련 정책의 최고기구로서의 모습이 등장했을 것으로 추론된다.

---

19 이영훈 외(2013).

3. 수출진흥확대회의의 운영과 구성

KDI가 발간한 『녹취록』은 1971년부터 1980년 기간 동안 있었던 95건의 회의 중 74건의 기록을 담고 있다.[20] 이 시기는 회의가 수출 관련 최고기구로서의 기능을 가장 잘 수행하던 1970년대 초중반 시기를 포함하고 있다는 면에서 '확대회의'의 성격을 이해하는 데 매우 중요한 의미를 갖는다. 이하에서는 『녹취록』을 중심으로 하고 기타 여러 가지 자료들을 참고하여 '확대회의'의 외적 측면, 즉 개최 횟수, 참가자의 구성 및 규모, 진행 순서, 회의의 길이와 항목별 분량 등을 살펴봄으로써 회의의 성격이 무엇인지를 구체화해 보기로 한다.

1) 개최 횟수

수출진흥위원회 회의는 처음 창설된 1962년 말에 한 번 개최된 이후, 1963년부터 거의 매달 개최되었다(〈그림 6-1〉 참조). 이러한 추세는 수출진흥확대회의로 전환되고, 장소를 청와대, 그리고 이후 중앙청으로 옮겨 개최하게 된 이후에도 계속 유지되어, 수출 100만 달러를 달성하는 1977년까지 연간 10회에서 12회가 개최되었다.[21] 매년 한두 달 정도를 제외하고는 거의 매달 개최된 셈이다. 회의는 대개 월말에 개최되었다. 이후 상세히 소개하게 되겠지만 회의의 첫 번

20　연도별 전체 회의 건수는 〈그림 6-1〉과 상공부(1988a) 참조. 『녹취록』의 기초가 된 회의 녹음 기록의 누락은 1971년과 1972년에 집중되어 있으며, 1973년부터 1980년까지의 녹음 기록은 모두 남아 있다.

21　강광하 · 이영훈 · 최상오(2008, pp. 201-206)가 조사한 바에 따르면, 회의가 중앙청에서 처음 열린 것은 1967년 2월 회의였으며, 이후 1972년 3월 회의부터는 계속해서 중앙청에서 개최되었다.

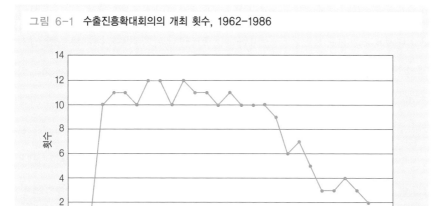

그림 6-1 **수출진흥확대회의의 개최 횟수, 1962-1986**

자료: 상공부(1988a), p. 238.

째 보고 사항은 전월의 무역 실적, 그리고 목표치 달성 여부의 점검이었기 때문에 이러한 월말의 정기적인 개최는 회의 내용과도 밀접한 관계가 있었다고 할 수 있다.[22]

한 가지 주목할 점은 수입대체를 통한 경제 발전으로부터 수출주도적 경제 발전으로의 전환이 아직 명확히 이루어졌다고 평가가 되지 않은, 그리고 대통령이 참석하기 이전인 1963년에 이미 회의를 연 10회나 개최하였다는 점이

---

22 〈그림 6-1〉은 상공부가 집계한 자료에 기초한 것인데, 이 내용은 신문보도 자료를 기초로 회의 개최를 집계한 강광하·이영훈·최상오(2008, p. 174), 이영훈(2013, p. 16)과는 다소 차이가 있다. 가장 큰 차이를 보이는 것은 1965년이다. 상공부 자료에 따르면 1965년에도 11회 회의가 열린 것으로 제시된 반면, 강광하·이영훈·최상오(2008, p. 174)는 이 해에 회의가 5번, 이영훈(2013, p. 16)은 6번밖에 개최되지 않았다고 제시하고 있으며, 이영훈(2013, p. 23)은 1965년 11월이 되어서야 회의가 월례화되었다고 주장한다. 이 글은 상공부 자료에 기초하였는데, 이 차이에 대해서는 '확대회의'가 처음 시작된 시기의 모습을 이해한다는 측면에서 향후 면밀한 검증이 이루어질 필요가 있다.

다. 수출 증대를 위해 관련 부처가 모여서 정기적인 협의를 하는 모습이 이미 1963년부터 나타나고 있음을 의미한다는 점에서, 이 수치는 수출 주도의 경제 성장 전략으로의 전환이 하루아침에 이루어진 것은 아님을, 즉 이러한 회의와 준비 과정 속에서 차근차근 성장해 나가고 있었음을 시사하는 중요한 의미를 갖는다.[23]

회의 개최 빈도라는 측면에서 볼 때 1977년은 중요한 기점을 이루고 있다. 〈그림 6-1〉에 제시된 것처럼 회의 개최 수가 1978년에는 9회로 줄어들었으며, 다음 해인 1979년에는 6회까지 감소하였다. 물론 1979년은 10월 26일 대통령의 유고가 있었던 해라는 점이 이러한 회의 개최 축소의 결정적 원인이라고 할 수 있다. 하지만 회의 개최 감소를 대통령의 유고만으로 설명할 수는 없다. 1979년의 경우 9월까지 9달 동안 6번밖에 회의가 개최하지 않았기 때문이다. 즉, 그해에 대통령의 유고가 없어서 10월부터 12월까지 매달 회의가 개최되더라도 개최 횟수는 9회에 그치게 된다. 나아가 1978년의 경우 11월과 12월에 회의가 열리지 않은 점을 고려한다면 1979년의 경우도 10월부터 12월까지의 기간 동안 매달 회의가 개최되지는 않았을 확률이 높다고 판단된다. 결국 회의가 감소되어 가는 추세는 이미 1978년부터 진행되고 있었다고 볼 수 있으며, 대통령의 유고와는 상관없이 '확대회의'는 점차 쇠퇴해 가는 국면에 접어들었다는 징후로 해석해 볼 수 있다.

---

23 상공부 자료와는 달리 이영훈(2013, pp. 19-20)은 언론 보도 횟수에 의거해서 1962년부터 1964년 기간 동안 수출진흥위원회가 거의 개최되지 않았다고 지적한다. 주 22에서 언급한 1965년 개최 횟수 문제처럼 이 역시 향후 면밀한 조사가 이루어져야 할 문제이다.

1977년 이후 이처럼 개최 횟수가 감소한 것은 100억 달러 수출 목표 달성과 관련지어 생각해 볼 수 있다.[24] 100억 달러 목표 달성은 수출 정책과 관련해서 매우 중요한 이정표였다. 그러나 대통령과 정부 당국자들은 이후 어떤 목표를 향해 어떤 정책을 마련해야 하는가라는 문제에 봉착하게 된다. 물론 대통령은 100억 달러 수출 목표가 달성된 이듬해 첫 회의에서 1980년대 말 정도까지 1,000억 달러 수출을, 그리고 여기에 가기 위한 중간 단계로 1981년까지 200억 달러 목표를 '초과' 달성하자는 목표를 언급하고, 이를 위해 쉴새 없이 계속 전진해야 한다고 참석자들을 독려한다.[25] 그 이후에도 수출 증대를 위한 중단 없는 전진이라는 대통령의 의지가 얼마나 강력했는지를 보여 주는 모습은 회의 곳곳에서 확인된다. 가장 대표적인 것이 1979년 4월 27일 회의이다. 같은 해 경제안정화시책을 발표한 지 얼마 지나지 않아 개최된 이 회의에서 대통령은 "…정부의 경제 정책 방향이 이제 근본적으로 전환을 하고 있는 것 아니냐는 이러한 얘기들이 많이 돌고 있다고 봅니다. 지금까지 저희가 추구해 오던 수출주도형 성장 정책이라든지 중화학공업화 정책이 후퇴를 하는 방향으로 전환을 하고 있다 하는 이런 소리도 하는 것 같은데, 이것은 사실하곤 전적으로 다르게 그릇된 판단이라고 생각하고 있습니다. 지금까지 정부가 밀고 나온 정부의 기본 경제 정책 방향은 하나도 바뀐 것이 없다 하는 것을 오늘 이 자리에서 여러분에게 분명히 말씀을 드리고 …"라고 역설하면서 수출제일주의 정책에는 변화가 없음을 강조하였다.[26]

---

24 강광하 · 이영훈 · 최상오(2008, p. 173)와 이영훈(2013, p. 16)도 유사한 추론을 제시한다.
25 1978년 1월 27일 회의, 이영훈 외(2013), 제2권, pp. 322-324.

하지만 10년도 채 안 되는 기간 동안 수출을 10억 달러로부터 100억 달러로 증가시키는 총력전을 벌인 이후에, 이러한 독려가 당국자들을 실질적으로 추스르고 전진하는 데 기여하였을지, 보다 근본적으로는 대통령 스스로가 이것을 지속할 수 있었는지 의문이다. 이러한 주관적 측면과 아울러 100억 달러 달성에 수반해서 이루어진 경제 성장 자체가 더 이상 수출제일주의를 지속하는 것을 불가능하도록 하는 힘으로 작동하였다. 거시경제적으로 볼 때도 물가 상승 압력 등이 매우 심화되어 경제안정화 조치가 요구되어 있었으며, 가격 왜곡, 수출기업들에 대한 특혜, 노사갈등과 같은 경제 구조적 문제, 나아가 유신 체제에 대한 국민들의 불만을 해결하는 것이 필요했기 때문이다.

이러한 요인들을 고려해 볼 때, 1977년 이후 '확대회의' 개최의 감소는 수출제일주의 정책이 정점을 지나 새로운 국면으로 접어들고 있음을 상징하는 현상으로 해석해 볼 수 있다. 대통령과 정부 관계자들이 '확대회의'를 정점으로 해서 운영되는 경제 정책 그리고 '확대회의'의 운영이 가지고 있는 문제를 의식적 · 무의식적으로 인식하면서 새로운 변화를 모색하는 과정에 있음을 보여주는 하나의 징후로 볼 수 있다는 것이다. 1978, 1979년 회의에서 민간 부문 참석자들에게 "아무 얘기라도 관계 없"으니 이야기를 하라고 주문하는 대통령의 발언은 그 이전에는 볼 수 없는 모습인데, 이것 역시 '확대회의'와 수출제일주의 정책을 한 단계 끌어올리기 위한 대통령의 고민을 엿볼 수 있는 장면이라고 할 수 있다.[27]

26 이영훈 외(2013), 제3권, pp. 585-586.
27 1978년 3월 29일 회의, 1979년 5월 24일 회의. 인용은 1978년 3월 29일 회의, 이영훈 외(2013), p. 377. 1977

2) 참가자의 구성

'확대회의'는 1965년 10월 이후 청와대로 장소를 옮기고 대통령 주재 하에 회의가 진행되었다.[28] 이와 함께 위원회의 참석자의 범위를 〈표 6-1〉에 제시한 것처럼 큰 폭으로 확대해 나갔다. 나아가 1960년대 말 또는 1970년대 초에 접어들면서는 참석 인원이 100여 명을 넘어서는 수준으로 증가하였고 회의도 청와대에서 중앙청으로 옮겨 개최되었다.[29] 이 과정에서 대통령은 부처나 단체의 장들뿐 아니라 실무자도 참석하라고 지시하기도 하였는데, 이런 점들까지 감안하면 1970년대 들어 회의의 실제 참석 인원은 200명에 육박하였으리라고 짐작된다.[30] 회의 전경을 찍은 기록 사진들도 참석자 규모가 상당히 컸음을 보여준다.[31]

그렇다면 이 많은 수의 사람들은 누구였으며, 이들은 회의에 참석하여 어떤 역할을 수행하고 있었을까? 현재까지 회의 참석자 명단은 발굴되지 않고 있기 때문에 이에 대한 세밀한 파악은 불가능하다. 하지만 법령과 『녹취록』 등을 통해서 '확대회의' 참석자들의 윤곽은 상당 수준 파악할 수 있는데, 참석자들은 소속이나 역할 등에 따라 크게 네 개의 집단으로 나누어 살펴볼 수 있다(〈표 6-1〉, 〈그림 6-2〉 참조).

년 이전 시기에 있어서 회의에 대한 대통령의 생각, 그리고 민간 참석자들의 역할에 대한 대통령의 입장 등에 대해서는 제4절 참조.

28 상공부(1988a), pp. 24-26.
29 최상오(2010), 〈표 3〉 참조.
30 최상오(2010b).
31 이영훈 외(2013)의 수록 사진 등.

그림 6-2 수출진흥확대회의 주요 참가자: 1970년대 초 기준

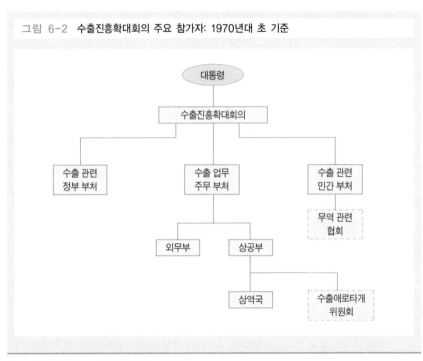

자료: 이영훈 외(2013), 네이버 신문라이브러리.

첫째는 회의 주재자(主宰者)로, 대통령과 국무총리이다. 대통령은 회의에 참석하여 보고를 듣고, 회의 말미에 전체적인 평가와 지시 사항 등을 이야기하였다. 앞서 언급한 바와 같이 대통령은 원래 수출진흥위원회의 구성원이 아니었다. 하지만 1965년부터 참석하기 시작하였고, 이후에는 거의 빠짐없이 회의에 참석하였다. 대통령은 1972년 12월 27일 취임식 바로 다음날에도 회의를 주재하였을 뿐 아니라, 판문점 도끼만행 사건이나 베트남의 공산화와 같은 안보상 심각한 상황, 심지어는 무장공비 침투나 육영수 여사 시해처럼 본인과 직접적으로 관련된 급박한 사태가 발생한 직후에도 일정을 조정할지언정 참석을

표 6-3 정치 및 안보 관련 주요 사건과 대통령의 '확대회의' 참석 여부

사건	일자	'확대회의' 개최일자	대통령 참석 여부
북한 무장공비 청와대 습격	1968. 1. 21	1968. 2. 19	참석
푸에블로호 납북 사건	1968. 1. 23		
시월유신 선포	1972. 10. 17	1972. 10. 25	참석
대통령 취임	1972. 12. 27	1972. 12. 28	참석
육영수 여사 피격	1974. 8. 15	1974. 8. 28	참석
4월 29일 안보강화 특별담화 (4월 30일 베트남 정부 항복)	1975. 4. 29	1975. 4. 30	참석
판문점 도끼만행사건	1976. 8. 18	1976. 8. 25	참석

주: 대통령 참석 여부는『녹취록』상에서 대통령의 발언이나 훈장 서훈 시의 인사 등을 통해 참석이 확인된 경우 그리고 신문기사상의 서술 등으로 확정함.

거르지 않았다(〈표 6-3〉 참조).[32] 대통령의 이러한 모습은 수출에 대한 강력한 의지와 아울러 '확대회의'의 권위와 성격을 명확히 드러내었으며, '확대회의'를 정점으로 하는 수출 정책 기구들이 제대로 작동할 수 있는 기반을 제공하였다.

한편, 국무총리는 수출진흥위원회 규정상 회의를 주관하는 주체였기 때문에 대통령이 참석하는 1965년 이전에는 회의를 주관하였을 것이다. 그리고 1965년 이후에도 대통령이 참석하지 않은 경우에는 이 역할을 수행한 것으로 보인다. 하지만『녹취록』에서는 별다른 발언을 확인할 수 없다. 결국 국무총리는 '확대회의'에 계속 참석하고 대통령이 참석하지 않는 경우에는 회의를 주관하였겠지만, 회의와 관련해서는 다른 참가자들처럼 보고를 받는 것 이상의 중

---

32 무장공비 침투 사건이 있은 달은 1월 말 대신 2월에 회의가 개최되었고 대통령은 참석하였다.

요한 역할을 담당하지는 않았던 것으로 보인다. 즉, '확대회의'의 모태가 되는 법령상의 규정과는 달리 이 회의에서 국무총리의 역할은 미미했고, 회의의 기능과 관련해서 중요한 역할을 한 것은 대통령이었다.

둘째는 수출 업무 주무 부처로, 상공부와 외무부이다. 회의의 진행은 기본적으로 상공부가 담당하였다. 상공부 장관은 회의의 사회를 맡았으며, 수출입 관련 동향 그리고 수출 관련 주요 정책 등에 대한 보고는 상역차관보가 담당하였다. 아울러 민간 또는 다른 부처들이 준비하는 여러 가지 특별보고들 역시 기본적으로 상공부 주도로 선정되고 기획된 것으로 보인다. 상공부 보고에 이어 외무부가 해외 시장 동향 및 공관 활동 등을 보고하였는데, 이것은 기본적으로 외무부 경제차관보가 담당하였다. 결국 '확대회의'는 그 특성에 따라 산업과 통상 업무를 주관하는 두 부서가 준비하고 주도하되, 그중에서도 상공부가 중심적으로 운영하는 회의였다.

셋째는 경제 관련 정부 부처이다. 〈표 6-1〉에 제시된 것처럼 수출과 직접적 관련이 없는 법무부 등을 제외한 거의 모든 부처가 회의에 참석하도록 규정되어 있었다. 각 부처 참석자들은 대개 상공부와 외무부 보고가 끝난 다음 특별보고 등을 직·간접적으로 수행하거나, 간헐적으로 대통령의 질문 등에 답하는 역할을 수행하였다. 그러나 대부분의 회의에서 이들 관련 부처들의 장들은 배석하여 대통령과 함께 보고를 받는 것 이상의 역할을 수행하지는 않았다.[33]

한 가지 지적할 것은 '확대회의'에서 경제기획원의 역할은 매우 미미했다

---

33 제3절 4) 소절에서 보다 상세히 서술하는 바와 같이 보고에 있어서 상공부와 외무부 담당자의 통상적인 보고가 끝난 뒤 다른 부처가 직접 보고를 한 경우는 극히 드물었다.

는 점이다.[34] 수출진흥위원회 규정상 경제기획원 장관은 이 회의의 부위원장이었지만, 이것은 국무총리처럼 명목상의 지위에 불과했던 것으로 보인다. 『녹취록』 전체에 걸쳐서 경제기획원이 정식 발표를 한 경우는 없고, 단지 대통령의 질문이나 민간 참가자의 건의에 대해 간단한 답변을 수행했을 뿐이다.[35] 이렇게 된 것은 기본적으로 경제기획원과 상공부의 영역 구분에 기인한 것으로 짐작된다. 두 부처는 각각 월간경제동향회의와 '확대회의'를 주관하였는데, 월간경제동향회의 녹음 자료를 살펴보면 상공부의 발언은 찾아보기 어렵다.[36] 보다 근본적으로는 경제 상황과 경제의 진행 방향에 대해 두 기관은 종종 서로 다른, 때로는 상충되는 견해를 가지고 있었는데, 이러한 내용들이 두 회의에서 본격적으로 논의되지 않았다는 점에 주목할 필요가 있다. 즉, 수출이 급속도로 팽창하던 시기에 국내적으로 물가 상승 압력이 가해질 경우, 원화 가치의 절상은 물가 안정에는 도움이 될 수 있으나 수출에는 악영향을 줄 수 있는데, 이러한 종류의 문제들은 거의 논의되지 않았다는 사실이다. 이 점은 단순히 자신이 주도하는 회의에서 다른 부서의 발언을 제한하는 수준의 문제를 넘어, '확대회의'가 상충되는 의견들이 자유롭게 제기되고 논의되는 장이라는 성격 규정이 사실과 다름을 보여 주는 정보라는 측면에서도 매우 중요하다. 향후 다양한 자료들을 발굴해서 경제기획원과 상공부 간의 정책 충돌 그리고 조율 문제가 어떤

---

34 강광하 · 이영훈 · 최상오(2008)는 고도성장기 경제기획원의 역할을 분석함에 있어 월간경제동향회의와 수출진흥확대회의를 두 개의 축으로 삼고 연구를 전개하였는데, 이것은 '확대회의'가 기본적으로 상공부가 주관하는 회의였다는 점이 충분히 파악되지 못한, 즉 관련 선행 연구가 미비한 상태에서 연구를 진행하는 과정에서 나온 오류로 보인다.

35 경제기획원 장관이 발언한 경우는 1973년 6월 28일 회의, 이영훈 외(2013), 제1권, p. 413 정도가 확인될 뿐이다.

36 박기주 외(2014).

식으로 협의되고 어떻게 결론이 맺어졌는지에 대해서는 보다 심도 있게 분석할 필요가 있다.

넷째, 민간 부문 또는 정부 기관 외 수출 관련 단체이다. 수출진흥위원회가 처음 창설될 때부터 한국은행, 대한무역진흥공사, 대한상공회의소, 대한무역협회의 기관장이 참석하는 것으로 되어 있었으며, 이후로 가면 〈표 6-1〉에 제시한 것처럼 그 범위가 경제 관련 모든 분야로 확대된다. 민간 부문 참석자는 산업별 협회 회장이나 일반 기업체 사장도 있었으며, 대략 시월유신 이후에는 심지어 공화당 및 유정회 관계자처럼 여당 정치인으로까지 확대된다.[37]

한편, 이 시기에는 수출 활성화를 목적으로 정부와 민간 간의 협력을 증진시키기 위한 여러 가지 기구들이 만들어지고 이 기구의 담당자들이 회의에 참석하였다. 대표적인 것이 1971년 만들어진 수출애로타개위원회이다. 이 위원회의 초대 위원장이었던 박동묘 위원장은 1970년대 초 한동안은 모든 정부 발표가 끝난 뒤 반드시 발언을 하기도 하였다.

이 외의 민간 참석자들은 대부분 상공부와 외무부의 보고를 듣는 역할을 하였으며, 발표가 끝난 뒤 건의 사항을 발표하였다. 이 건의 사항 발표는 회의의 성격을 파악하는 데 매우 중요하다. Rhee, Ross-Larson, and Pursell(2010) 등은 바로 이 건의 사항 발표와 이에 수반된 토론이 이 회의의 핵심 내용이었다고 보는 입장인 데 반해, 최상오 박사는 기본적으로 상공부와 외무부의 보고가 회의에서 가장 중요한 부분이었다고 보기 때문이다. 어느 쪽이 맞는지 여부는 회의

---

37 예를 들어, 1972년 1월 24일 회의에는 권철현 연합물산 사장, 김용주 대한방직협회 사장 등 일반 기업체 사장이나 산업협회장 등이 발언을 하고 있다. 한편, 정치인의 경우 야당 정치인들은 참석하지 않은 듯하다.

시간에서 보고가 차지하는 비중 그리고 건의 사항 및 토론이 차지하는 비중이 얼마인지를 파악함으로써 상당 부분 답할 수 있는데, 이 분석은 잠시 뒤 해당 주제에 대한 소절에서 상세히 다루기로 한다.

3) 참가자 규모

앞서 언급한 바와 같이 1970년대 '확대회의'는 200명에 육박하는 인원이 참가하는 대규모 회의였다. 이처럼 참가자들의 범위와 수를 늘려 나간 것은 일차적으로 대통령의 의지를 반영한 것으로 보인다. 그렇다면 왜 주요 경제 부처 장들이 모여 긴밀하게 보고를 받는 대신 100명이 훨씬 넘는 인사가 회의에 참석하였을까?

여기에 대해서는 크게 세 가지 이유를 생각해 볼 수 있다. 첫째는 대통령이 궁금한 사항 등이 있을 때 즉각적인 답을 얻기를 원했기 때문에, 많은 인력이 모두 출석할 수밖에 없었을 가능성이다. 이 가능성이 틀렸다고 이야기할 만한 근거를 찾기는 어렵지만, 그다지 설득력 있는 이유라고 보기는 어렵다. 『녹취록』상의 대통령 발언을 살펴보면, 사실 확인을 위해 질문을 던지는 일이 간혹 있었지만 그다지 빈번하게 나타나지는 않기 때문이다.

둘째는 실무자들과 민간 참가자들이 모두 출석하여 실질적으로 부딪치는 문제들에 대해 의견을 제기하고 정책 조율을 하는 자리로 설정했을 수 있다. 하지만 이하에서 상세하게 설명하듯이 『녹취록』에 따르면 실제 회의는 그렇게 운영되지 않았다는 점에서 이 가능성도 그렇게 높지 않다. 심지어는 1979년 9

월 회의는 "177차 무역진흥확대회의를 겸해서 수출업계 간담회를 개최"라고 규정하고 있는데, 이것은 업계 간담회가 애시당초 '확대회의'의 핵심 내용으로 상정되고 있지는 않았다는 점을, 즉 건의 사항 제시나 민관 간 정보 교류가 '확대회의'의 목적은 아니었음을 보여 주는 흥미로운 반증 사례인 셈이다.[38]

마지막으로는 대통령뿐 아니라 모든 주요 담당자들이 정보를 공유하고 전파하는 자리로 생각했을 가능성이다. 대통령은 온 국민이 수출을 중심으로 매진할 수 있기 위해 필요한 정보를 확산하는 데 많은 관심을 기울였다. 1967년 2월 '확대회의'가 처음으로 중앙청에서 열린 것은 1967년 1월 '확대회의'에서 박정희 대통령이 '언론계·학계·업계 대표들을 많이 옵서버로 참석시켜 의견을 듣고 비판을 받도록 할 것'을 지시한 이후 취해진 조치였다.[39] 아울러 이런 맥락에서 '확대회의'에 단체장이 아니라 실무진이 직접 참석할 것을 지시하였는데, 그 이유로는 "중요한 것은 산하 업계에다 필요한 사항을 꼭 전달하고, 또 여러분이 가지고 가서 토의도 하고, 또 문제가 있으면 정부 측에 건의도 하"기를 기대했기 때문이다.[40] 나아가 실제 회의에 참석할 수 있는 인원을 최대한 늘리되, 시·공간적 제약을 고려해서 '확대회의'의 내용을 전파하기 위한 지방순회 브리핑 또는 '전파회의'를 개최할 것을 지시하였다.[41] 결국 더 많은 사람들이 회의에 참석하여 보고 내용을 듣고 이것을 수출 업무에 유용하게 활용하기를 기대한 결과, 회의의 규모가 커졌을 가능성이 가장 크다고 볼 수 있다.

38 이영훈 외(2013), 제3권, p. 647.
39 조선일보(1967. 1. 24). 강광하·이영훈·최상오(2008, p. 202)에서 재인용.
40 1972년 6월 28일 회의, 이영훈 외(2013), 제1권, p. 133.
41 1972년 6월 28일 회의, 이영훈 외(2013), 제1권, p. 133. 아울러 '확대회의'의 지방설명회와 관련해서는 1977년 2월 25일 회의, 이영훈 외(2013), 제3권, p. 37도 참조.

한 가지 고려할 사항은 참가 민간인들이 회의 참석을 어떻게 생각했을까 하는 문제이다. 회의에서 발언을 하는 민간 참가자는 전체 참가자 가운데 극소수에 불과했던 점을 고려한다면, 아무런 발언을 안하면서도 계속 참석을 했던 민간인들에게 이 회의는 마지못해 의무적으로 참석하는 자리였을 수 있다. 단, 이들이 한 마디 발언도 못하면서 동원된 청중으로 어쩔 수 없이 자리만 지키고 있었다고 보기는 어렵다. 우선 정부가 경제 전반의 정책을 결정하던 당시 상황에서 '확대회의'는 여러 가지 정부 정책의 흐름을 이해하는 데 필요한 정보를 남들보다 빠르게, 많이 그리고 정확하게 얻을 수 있는 중요한 기회였을 것이기 때문이다. 나아가 정부의 가장 중요한 정책을 보고 받는 자리에 참석할 수 있는 지위에 있다는 것 자체가 참석자에게는 대외적으로 큰 상징성이 있었으리라고 보여진다. 그런 맥락에서 이 회의에 참석하는 기회는 발언 기회의 유무와는 관계없이 피하고 싶은 의무였다기보다는 확보하고 싶은 권리에 가까웠으리라고 생각된다.

4) 진행 순서와 시간 배분

『녹취록』은 '확대회의'가 체계적인 모습을 갖추고 진행되고 있는 1970년대 대부분의 기간을 온전히 담고 있다. 『녹취록』을 통해 이 시기에 '확대회의'가 어떤 목적으로 운영되었는가를 분석한 결과를 한 마디로 요약한다면 '수출입 실적과 관련 정책의 보고 및 점검'이라고 할 수 있다. 이 내용은 회의의 식순과 시간 배분 같은 외적 형태에 고스란히 반영되어 있다.

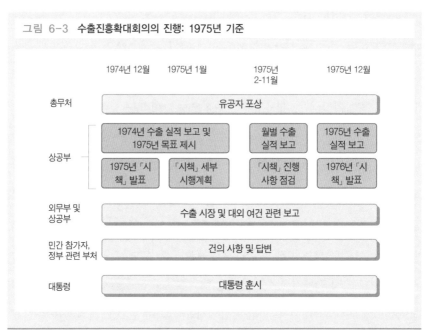

그림 6-3 **수출진흥확대회의의 진행: 1975년 기준**

	1974년 12월	1975년 1월	1975년 2-11월	1975년 12월
총무처	유공자 포상			
상공부	1974년 수출 실적 보고 및 1975년 목표 제시		월별 수출 실적 보고	1975년 수출 실적 보고
	1975년 「시책」 발표	「시책」 세부 시행계획	「시책」 진행 사항 점검	1976년 「시책」 발표
외무부 및 상공부	수출 시장 및 대외 여건 관련 보고			
민간 참가자, 정부 관련 부처	건의 사항 및 답변			
대통령	대통령 훈시			

자료: 이영훈 외(2013).

먼저 회의 진행 순서를 살펴보기로 한다. 〈그림 6-3〉은 1975년을 기준으로 해서 '확대회의'의 운영을 정리한 것인데, 이 내용을 기초로 전형적인 진행 수순을 보면 다음과 같다.

먼저 회의는 통상적으로 유공자 포상, 상공부 장관의 모두(冒頭) 발언으로 시작되었으며, 이어서 상공부 상역차관보의 수출 실적 보고가 이루어졌다. 상역차관보는 계속해서 주요 사항을 보고하였는데, 이중 상당 부분은 연초에 발표된「시책」내용의 추진 사항이 담겨 있다. 이후 외무부 경제차관보가 수출 시장 및 대외 여건과 관련된 주제로 보고를 한다. 상공부, 외무부의 보고가 끝나면 간혹 다른 부처나 민간 참가자의 특별보고가 진행되고, 그 이후에 민간 참가자들의 건의 사항 발표, 이에 대한 토의가 이루어졌다. 마지막으로 대통령 훈시로 회의가 마무리되었다.[42]

이러한 틀은 연말과 연초에는 다소 변형이 이루어진다. 연말에는 월별 수출 실적 대신 그해 수출 실적 집계 결과 발표, 그리고 다음 해「시책」이 보고된다. 다음 해 1월에 이루어지는 첫 회의에서는「시책」의 세부 계획이 발표된다. 결국 1년 동안「시책」의 점검이 이루어지는 방식을 통해 정책을 점검하고, 연중에 이루어진 여러 사항들을 반영해서 새해「시책」을 작성하는 것이 핵심 내용이라고 할 수 있다.

다음으로 이상과 같은 각 구성 부분에 얼마만큼의 시간이 할애되었는지를 살펴보기로 하자. 이를 위해『녹취록』에 들어 있는 전체 회의 가운데 1972년 1월부터 1979년 말까지의 기간 동안 개최된 회의 중 누락 없이 회의 전체를 모두 담고 있다고 보이는 회차들을 가려내어, 회의 전체의 길이와 각 구성 요소별 시간을 분석하였다. 완전성 여부는 총무처 표창 또는 상공부 장관의 개회 선언으로 시작해서 대통령 훈시 또는 상공부 장관의 폐회 선언으로 종결된 회차 중 중간의 내용 누락이 없는지도 판단하였다.『녹취록』에는 해당 기간에 대해 총 73

---

42 강광하·이영훈·최상오(2008), p. 171에서 언급하는 것처럼 '확대회의'는 대개 오전 10시경에 시작해서 두 시간 정도 진행되었기 때문에, 회의가 끝나는 시간은 대략 정오 정도였을 것이다. 회의 참석자들이 회의가 끝난 뒤 함께 점심식사를 했으리라는 것은 자연스럽게 짐작할 수 있다. 단, 특별한 경우를 제외하고는 정부에서 참석자 모두를 위해 다과회나 점심 등을 함께 하는 자리를 마련하였던 것 같지는 않다.『녹취록』을 보면 회의가 끝난 뒤 상공부 장관이 다과회가 있음을 공지하는 경우가 있는데, 이것은 연말이나 특별한 경우뿐이었고, 대부분의 회의에서는 이런 언급이 없었다. 물론 상공부 장관이 언급하지 않았다고 다과회 자리가 마련되지 않았다고 볼 수는 없지만, 상공부 장관의 폐회 발언을 보면 다과회가 마련되었으면서도 공지를 안 할 가능성은 그다지 높아 보이지는 않는다. 결국 참석자 모두가 함께 하는 공식적인 자리는 드물었고, 대부분의 경우는 '비공식적으로' 삼삼오오 짝을 지어 인근 식당 등으로 자리를 옮겨 식사를 한 것으로 보인다.

표 6-4 '확대회의' 구성 부분별 분량

구분	길이 (쪽)	비율(%)								
		보고						건의	대통령 훈시	기타
		합계	상공부			외무부	기타 부처 등			
			소계	수출 실적	특별보고					
평균	27.7	80.1	49.9	14.7	35.2	27.0	3.1	6.7	8.5	4.7
중위수	27.9	81.2	49.2	13.2	35.0	26.9	3.2	2.9	7.8	4.5
표준편차	6.2	10.0	9.7	8.3	13.0	7.6	3.2	9.1	5.6	2.4

자료: 본문 참조.

건의 회의가 수록되어 있는데, 이 기준을 충족하는 완전한 회의는 모두 47건으로 확인되었다. 이하의 내용은 이것을 분석한 결과이다.

먼저 전체 회의 시간을 보면, 완전한 녹취록들은 평균 분량이 28쪽 정도이다. 원본 테이프와 대조해 볼 때 『녹취록』 한 쪽은 대략 3.5~4분에 해당하므로, 회의 길이는 대략 1시간 40분에서 1시간 50분 정도에 해당한다(〈표 6-4〉 참조). 〈그림 6-4〉는 47개 회의의 회의 시간이 얼마나 되는지 분포를 보여 주는데, 1972년부터 1979년까지 8년 동안 큰 추세적 변화는 없었던 것으로 보인다. 참고로 그림에는 최규하 대통령이 주재했던 1980년의 회의에 대해서도 회의 길이가 얼마나 되는지를 표시하였는데, 이 기간 동안 회의 길이는 빠른 속도로 줄어드는 모습을 확인할 수 있다. 『녹취록』의 내용이나 참석 횟수 등을 보면 최규하 대통령은 대통령 취임 후 이 회의를 의욕적으로 운영하려 했으나 안타깝게도 여러 가지 정치·경제적 환경과 자신의 거취 때문에 그러지는 못했던 것으로

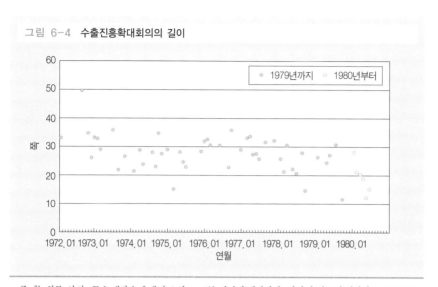

그림 6-4 **수출진흥확대회의의 길이**

주: 『녹취록』상의 1쪽은 대략 녹음테이프 상 3.5-4분 길이에 해당한다. 따라서 평균에 해당하는 27.7쪽은 1
시간 40분에서 50분 가량의 분량이다.

자료: 본문 참조.

보인다.

전체 회의 가운데서도 상공부 보고는 전체 회의 시간의 50%, 외무부 보고
는 27%로, 상공부 보고가 압도적으로 높은 비중을 차지하고 있었다. 〈그림 6-5〉
에 따르면 1972-1979년 기간 동안 양자 간의 비중은 크게 변하지 않은 것으로 나
타난다. 한 가지 언급할 점은 특별보고 부분이다. 완전한 회의록 47건 가운데,
상공부나 외무부 담당자 외의 사람이 진행하는 특별보고는 단 6번에 불과했다.
이 가운데서도 3건은 정부 부처의 직접 발표가 아니라 대학 교수 등이 발언한
경우였다. 간혹 상공부 담당자가 보고를 하면서 이 자료가 교통부나 농수산부
등에서 제공된 것임을 언급하는 경우가 있는데, 이런 경우는 사실상 보고 준비
가 해당 부서에서 진행된 것이라고 볼 수 있다. 하지만 그런 경우에도 대개는

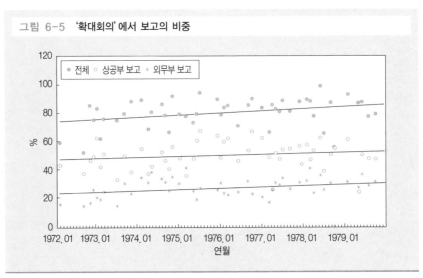

그림 6-5 '확대회의'에서 보고의 비중

주: 전체는 상공부 보고, 외무부 보고, 그리고 기타 부처 등의 보고를 모두 합한 것이다. 단, 기타 부처 등의
   보고는 횟수가 6번뿐이기 때문에 편의상 그림에서는 생략하였다.
자료: 본문 참조.

상공부가 보고를 수행했다는 점에 주목할 필요가 있다.[43]

　민간 부문의 건의와 이와 관련된 정부 부처의 답변은 전체 회의 시간의 약
6.7%를 차지한다. 그런데 〈그림 6-6〉이 보여 주는 바와 같이 47개 회의 가운데
실제 발언이 없었던 경우가 24건으로 절반을 차지하고 있다. 이 역시 특별히 추
세적으로 증가하거나 감소하는 양상이 나타나지는 않는다는 점에서 1972-1979
년 기간 동안의 일반적 양상으로 이해할 수 있을 것이다. 이처럼 많은 회의들에
서는 실제로 민간 부문 참석자들은 발언조차 하지 않았으며, 발언을 한 경우에

43　예를 들어, 1975년 4월 30일 회의에서는 '관광의 현황과 전망'에 대한 보고가 있었는데, 교통부가 작성한 내용
　을 상공부 상역차관보가 보고를 수행하였다. 이영훈 외(2013), 제2권, pp. 60-64.

그림 6-6 '확대회의' 중 민간 부문 참석자의 건의 및 관련 토론 시간

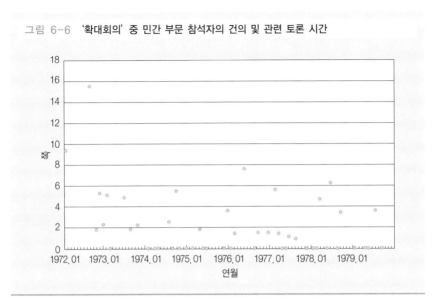

자료: 이영훈 외(2013).

도 시간적으로 볼 때 전체 회의의 13.2%에 불과했다는 것은 '확대회의' 자체를 정부와 민간 간의 난상토론을 통한 문제 해결의 장으로 파악하는 것은 사실과 부합하지 않는다고 할 수 있다.

단, '확대회의' 전후로는 많은 준비 모임이 있었고 이 과정에서 부처 간 협의는 물론 민간과 정부 관계자들이 많은 정보 교류가 있었다는 점은 분명하다. Rhee, Ross-Larson, and Pursell(2010)에 따르면 '확대회의'에 참석했던 민간 기업들은 회의 전과 후에 자신들이 속한 협회에서 모임을 가졌다고 한다. 수출애로타개위원회와 같은 모임 역시 이러한 목적으로 만들어진 상설 위원회였으며, 이외에도 다양한 위원회 등이 운영되고 있었다. 나아가 필요한 경우에는 부정기

적인 특별 모임도 상시적으로 개최되었다. 1975년 초의 경우, 수출 여건이 안좋은 상황 하에서 상공부 장관은 민간 수출업자들과 품목별로 수출업자 간담회를 수차례 개최하였다.[44] 즉, '확대회의'는 민간과 정부 간의 조율이 원활하게 이루어지는 기초를 제공하였다. 다시 말해서, 여러 가지 준비 과정상의 모임들 속에서 정보가 전달되고 정책이 조율될 수 있었다. '확대회의'는 자체가 활발한 토론의 장이어서가 아니라 활발한 토론이 이루어진 결과를 보고 받는 자리였다는 측면에서 최고기구로서의 역할을 수행했다고 할 수 있다.

마지막으로 대통령 훈시는 전체 회의의 8.5% 정도를 차지하였다. 8.5%가과연 많은 분량인지 아니면 적은 분량인지 여부는 쉽게 판단하기 어렵다. 단, 1970년대에 '확대회의'를 참석한 사람 가운데 대통령 본인이 가장 오래 회의를참석한 사람 중 하나였을 것이라는 점, 그리고 유신 체제 하에서 대통령이 가지는 권위는 절대적이었다는 점 등을 고려한다면 이것은 대통령이 상당히 절제해서 발언을 한 것으로 판단된다. 실제로 대통령의 발언이 어떤 내용이었는지에 대해서는 다른 내용들과 함께 제4절에서 살펴보기로 한다.

4. 회의 내용

제3절에서는 회의의 형식적인 측면을 통해 회의의 성격이 어떤 것이었는

---

44 1975년 2월 26일, 이영훈 외(2013), 제2권, pp. 19, 30.

지를 살펴보았다. 본 절에서는 회의 참석자들이 어떤 내용을 이야기하고 있는지를 살펴보기로 한다. 단, 회의의 내용은 본 절에서 모두 담기에 불가능할 만큼 많은 연구거리를 가지고 있기 때문에, 본 절에서는 회의의 기능과 진화 과정이라는 측면에 초점을 맞추어 논의를 진행하기로 한다.

1) 실적 및 계획 보고

회의의 가장 기본적인 부분은 상공부와 외무부의 실적 및 계획 보고이다. 먼저 상공부는 수출 및 수입 실적을 보고하고, 지역별·상품별 세부 내역 등을 발표하였으며, 외무부도 지역별·공관별로 유사한 내용을 다루었다. 그런데 이러한 동향 보고는 단순히 실적치의 제시에 그치는 것이 아니라, 기본적으로 정부의 중장기 계획과의 비교를 통해 이루어졌다. 즉, 발표자는 이번 달 얼마만큼의 수출이 이루어졌는데 이것은 당해 연도 목표액의 몇 %를 달성하고 있다는 방식으로 점검을 진행하였다. 아울러 수출 촉진을 위해 추진하기로 한 여러 가지 정책들이 계획대로 도입·실시되고 있는지를 점검하였다.

강광하·이영훈·최상오(2008, pp. 166-169), Rhee, Ross-Larson, and Pursell(2010) 등은 수출목표제, 즉 수출 목표치를 산업별·지역별로 세분화해서 설정하고 할당한 뒤 이것을 달성하기 위해 공무원들이 전화나 면담, 방문과 같은 다양한 통로로 수출업자들을 독려한 것이 수출주도적 경제 성장 전략이 성공을 가져온 주요한 이유였다고 지적하며, 이것을 총괄 점검·지휘한 점이 '확대회의'의 가장 중요한 기여로 평가한다. 그런데 이러한 주장은 설득력이 떨어진다. 성장

목표치를 설정하고 이것을 달성하기 위해 공무원들이 지속적인 독려와 점검을 수행하는 활동은 당시 북한은 물론 대부분의 사회주의 국가에서도 시행하고 있던 방식이었는데, 사회주의 국가들에서는 이러한 접근이 대부분 장기적으로는 실패했던 데 비해 우리나라의 수출 전략에서는 성공한 이유를 제대로 설명해 주지 못하기 때문이다. 설사 수출 목표를 달성하기 위한 공무원들의 노력이 성과를 거두더라도, 그것은 단기적으로 가능할 수는 있어도 몇 년에 걸쳐 지속되기는 어려울 것이라는 점에서도 수출목표제가 수출 증대의 핵심이며 '확대회의'의 가장 중요한 기여가 수출목표제의 집행이었다는 명제는 적절하다고 보기 어렵다.

오히려 『녹취록』은 우리나라의 수출 증대를 가져온 핵심이 보조금 정책이나 수출입 연계 같은 유인 체계나 제도 개선을 적절하게 수행한 점에 있음을, 그리고 이러한 유인 체계의 적절한 작동에 있어서 '확대회의'가 큰 기여를 했음을 시사한다. 정부가 어떤 유인 체계를 도입했을 때, 이것이 적절하게 작동하고 있는지 여부를 점검하는 작업은 매우 중요하다. 아울러 유인 체계가 예상했던 결과를 얻지 못할 경우, 왜 문제가 발생했는지를 파악하고 이것을 수정하는 작업이 수반되어야 한다. 매달 정기적으로 이루어진 '확대회의'에서 보고된 내용들은 바로 이러한 과정이 지속적으로 이루어지도록 함으로써 유인 체계 도입과 제도 개선이 현실과 동떨어지지 않고 잘 작동하도록 만들었다. 물론 이러한 작업이 항상 신속하고 매끄럽게 이루어진 것은 아니었으며, 때로는 서류상으로만 언급된 정책안도 있었을 것이다. 향후『녹취록』에 나온 어떤 정책들이 계획대로 잘 추진이 된 반면, 어떤 정책들은 그렇지 못했는지를 다양한 자료들과의 대조를 통해 파악하는 작업이 이루어질 때, '확대회의'에 대한 평가는 과도한 찬양이나 폄하를 넘어 실체에 근접할 수 있을 것이다.

한편, 외무부 역시 해외 공관을 기준으로 수출입 실적 및 주요 활동 상황을 보고하였으며, 해외 시장 동향 및 국가 간 통상협정 현황 및 전략 등을 다루었다. 외무부 보고와 관련해서 특히 흥미로운 것은 공산권 국가들과의 교역 또는 이들과의 경쟁에 대한 내용이다. 반공을 정부 정책의 가장 중요한 방향으로 삼고 있는 상황에서도 무역과 관련해서는 동구권과의 직접 교역을 확장하려는 노력을 계속 진행하였고 시베리아 철도 건설 등에 대해 많은 관심 기울이고 있었다.[45] 또한 중국이 미국이나 일본으로 수출을 확장해 나가자, 이것이 우리나라의 수출에 미치는 영향 그리고 대응책에 대해서도 많은 관심을 기울이고 대비책을 검토하였다.[46] 아울러 국제박람회나 일본 시장 등에서 북한과 경제적 측면의 경쟁이 이루어지고 여기에서 우위에 서는 것을 체제 대결에서의 승리로 이해하는 모습 역시 흥미롭다.[47] 이러한 모습들은 대통령과 정부 당국자들이 이념적 대립이나 대결보다도 수출에 기반한 경제 발전을 더 높은 목표로 두고 추진하고 있음을 보여 준다는 점에서 당시 시대를 이해하는 데 매우 중요한 내용이라고 할 수 있다.

---

45 1972년 8월 30일 회의, 이영훈 외(2013), 제1권, pp. 158-159. 시베리아 철도는 1972년 8월 30일 회의, 이영훈 외(2013), 제1권, pp. 159-161; 1972년 11월 27일 회의, pp. 244-246, 251, 1973년 10월 31일 회의, 이영훈 외(2013), 제1권, pp. 461-462.
46 중국의 일본 오사카 전람회 참가에 대한 상세한 소개는 1974년 8월 28일 회의, 이영훈 외(2013), 제1권, pp. 625-627, 유럽 진출과 관련해서는 1975년 9월 24일 회의, 이영훈 외(2013), 제2권, pp. 166-173.
47 이영훈 외(2013), 제2권, pp. 136-139 등.

2) 건의 및 토론

정부 부처 보고가 모두 끝난 뒤에는 민간 부문 참석자들에게 발언 시간이 주어졌다. 이 부분은 회의의 성격이 무엇이고 수출 증진에 어떤 역할을 했는가와 관련해서 많은 연구자들의 관심을 끌 만한 부분이다.

『녹취록』을 살펴볼 때, 이 문제와 관련해서 가장 중요한 사실은 앞서 살펴본 바와 같이 건의와 토론 시간은 전체 회의에서 차지하는 비중이 매우 작았다는 사실이다. 그리고 건의가 있었을 때 여기에 대해 정부 당국자가 응답을 하거나 추후 검토를 하겠다는 언급을 하는 경우가 대부분이고, 난상토론처럼 전개된 경우는 매우 드물다.

'확대회의'에서 이처럼 토론이 매우 제한적으로 이루어진 데에는 여러 가지 이유가 있었던 것으로 보인다. 가장 중요한 것은 회의에 대한 박정희 대통령의 생각인 듯하다. 군인 출신인 박정희 대통령에게 익숙한 회의는 보고였지 난상토론은 아니었을 것이다. 따라서 '확대회의'에서 다양한 건의가 이루어지는 것은 장려했지만, 서로 다른 견해를 가지고 난상토론이 이루어지는 것은 달가워하지 않았던 것으로 보인다. 예를 들어, 1973년 회의 말미에 박정희 대통령은 "부처끼리 해결할 문제를 공연히 여기 와서 문제만 턱 제시해 놓는 폐단"을 질타하고 "해결한 결과를 업계 사람들에게 이야기"할 것을 주문하였는데, 이 발언은 박정희 대통령의 생각을 보여 주는 중요한 대목이다.[48]

---

48 1973년 2월 28일 회의, 이영훈 외(2013), 제1권, pp. 345-346.

아울러 민간 참석자들이 특정 부처에 대해 비판적일 수도 있는 내용을 해당 부처나 상공부와의 사전조율 없이 '자유롭게' 이야기했을 가능성도 사실상 매우 낮다. 대부분의 경우 누가 발언할지, 어떤 주제나 내용을 이야기할지 등을 상공부가 주도하는 회의 준비 과정에서 사전에 결정하고 그에 따라 발언이 이루어졌다고 보는 것이 보다 현실에 가까울 것이다. 물론 민간 참석자들은 확대회의를 통해서 담당 부처들이 해결해 주지 못하는 문제를 대통령에게 직접 이야기함으로써 해결하고 싶었을 수 있다. 하지만 수출 주무 부서들과의 장기적인 관계를 고려할 때 이러한 행동이 이루어지는 경우는 매우 한정되어 있으리라고 보여진다.

여기에 더해서 회의의 규모도 자유로운 발언을 제약하는 조건이었을 것이다. 참가인원이 200명에 육박하는 회의에서 보고가 다 끝나고 남는 얼마 안 되는 시간 동안 자유토론이 이루어진다는 것은, 특히 1970년대의 분위기에서는 사실상 불가능할 것이기 때문이다.

물론 '확대회의'에서 민간 참여자들의 자유로운 의견 개진과 토론이 없었다고 해서 민간과 정부 간의 정보 교환이나 조율이 원활하지 않았다는 것은 아니다. 이미 앞에서 언급한 바와 같이 정부는 끊임없이 민간으로부터 의견을 듣고 교류를 하기 위한 장을 마련하고자 하였으며, 기본적으로 정책 조율의 문제는 '확대회의'를 준비하는 과정에서 이루어졌다. 오히려 이런 노력이 과도하게 이루어져서 중복 기구들이 계속 만들어지고 그로 인해 매너리즘이 생기는 부작용도 적지 않았다. 예를 들어, 1971년에 수출애로타개위원회를 설치한 뒤, 연이어 수출절차간소화위원회, 아이디어 뱅크 등을 추가적으로 설립하였는데,

이들 간의 업무 중복성 때문에 1975년 4월에는 이들을 수출진흥종합협의회로 통합하기도 하였다.[49]

결론적으로, 수출진흥확대회의는 참가자들이 논란이 될 만한 주제에 대해 의견을 제시하거나 논쟁을 하고 대통령이 판단을 내리는 그런 종류의 모임은 결코 아니었다. 정보 교환과 조율은 이미 회의가 이루어지기 전에 진행된 것으로 보인다. 심지어는 회의에서 자유롭게 제기되는 것처럼 보이는 의견 개진 역시 이미 사전에 발언권과 개략적인 내용에 대한 정리가 있은 이후에 이루어지는 것으로 보는 것이 적절할 것이다. 최근 들어 '확대회의'를 전범으로 삼아 최고책임자를 비롯해서 다양한 관계자들이 광범위하게 참석하는 대규모 토론회를 개최하고 이를 통해 획기적인 개선 방안을 도출하거나 문제를 해결해 보려는 시도들이 종종 있다.[50] 이러한 시도가 무의미하거나 잘못된 것은 결코 아니다. 하지만 적어도 '확대회의'가 그런 종류의 모임이었고 매우 성공적인 결과를 낳았다고 상정한 뒤 이러한 모임을 개최한다면 그것은 적절하다고 볼 수 없다. 왜냐하면 적어도 '확대회의'는 그런 모임이 아니었기 때문이다.

3) 대통령 훈시

대통령의 마무리 발언은 회의 시간의 10% 내외를 차지한다. 수출과 관련된

---

49 경향신문(1971. 1. 28), 매일경제신문(1971. 3. 29), 1975년 4월 30일 회의, 이영훈 외(2013), 제2권, p. 57.
50 예를 들어, 박근혜 대통령이 임기 중 주재했던 '규제개혁장관회의 및 민관합동 규제개혁점검회의'가 대표적 사례이다.

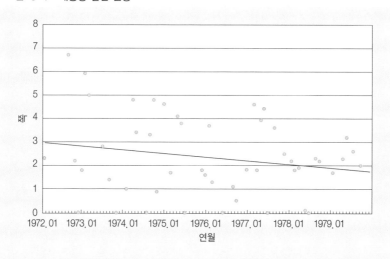

그림 6-7 대통령 발언 분량

쪽

1972.01 1973.01 1974.01 1975.01 1976.01 1977.01 1978.01 1979.01

연월

자료: 본문 참조.

구체적 사항보다는 일반적인 방향을 제시하는 내용인 경우가 많았다. 이처럼 대통령이 세세한 문제에 대한 결정을 내리기보다는 정책의 방향을 제시하였다는 점, 해결책을 다음 회의까지 해결하도록 요구한 점은 공무원들의 책임 있는 판단을 유도한다는 점에서 중요하다.[51] 만일 그 자리에서 대통령이 결정을 내릴 경우, 이러한 판단은 자의적 판단이 될 가능성이 높기 때문이며, 실제 현실과 충돌할 경우 오히려 대통령의 권위를 떨어뜨림은 물론 경제에도 악영향을 미쳤을 수 있다. 어쩌면 이 부분은 박정희 대통령 스스로 경험을 통해 학습한

51 박정희 대통령의 발언에 대한 분석은 박명호(2014) 참조.

내용일 수도 있다. 즉, 초기 회의에서는 후기에서보다 확대회의 자리에서 더 많은 결정을 내렸을 수 있으나, 그것이 가져온 문제점 등을 인식하고 몇 년의 경험 뒤에는 이것을 점차 자제해 나갔을 수 있다. 확대회의에 임하는 대통령의 모습이 어떻게 바뀌어 왔는지는 녹취록에 대한 심도 있는 분석, 그리고 새로운 자료를 발굴해서 검증해 보아야 할 문제이다.

5. 평가

지금까지 '확대회의'의 형식과 내용 등 다양한 측면들을 살펴보았다. 세부적인 분석들을 통해 파악한 내용들을 종합해서 '확대회의'가 어떤 성격의 회의였고 이것이 수출 정책에서 어떤 의미를 갖는지를 정리해 보면 다음과 같다.

첫째, '확대회의'는 수출을 가장 우선시하는 수출제일주의 정책을 추진하는 정책 체계의 피라미드 구조에서 제일 상위에 위치하는 최고기구였다. 한 달에 한 번씩 있었던 이 회의에서 이루어진 가장 중요한 활동은 현황, 실적 및 정책을 대통령에게 보고하는 것이었다. 그런 의미에서 '확대회의'는 "수출입 현황 및 관련 정책을 보고하고 점검하는 최고정책기구"라고 정의할 수 있으며, 이 회의를 '보고회의'(briefing)라고 규정한 최상오 박사의 견해는 타당하다.

둘째, '확대회의'가 수출입 관련 정책의 최고기구로서 보고회의였다는 성격 규정은 두 가지 중요한 함축 의미를 갖는다. 하나는 이 회의에서 의결은 이루어지지 않았다는 점이다. 회의 과정에서 대통령의 지시는 있었겠지만 어떤 사안에 대한 결정이 이루어지는 모습은 찾아보기 어렵다. 대통령의 지시가 있다고 하더라도, 대부분의 경우는 문제를 해결하라는 지시인 경우가 많았고 구체적인 내용에 대해서는 실무자들이 협의한 뒤 다음 회의에서 해결된 결과를 보고하는 방식으로 이루어졌다.

다음으로 이 회의에서는 의결을 전제로 해서 어떤 문제에 대해 다양한 의견이 개진되고 토론이 이루어지는 경우는 많지 않았으며, 적어도 1970년대에 이루어진 '확대회의'의 핵심이었다고 보기 어렵다. 회의에서 민간인 참여자의 건의 발언이 아예 없었던 경우가 전체 회의의 50% 정도였으며, 발언이 있더라도 회의 시간에서 차지하는 비중은 발언이 있었던 회의만을 기준으로 할 때 10여 분에 불과하였다. 물론 '확대회의' 자리에서 별다른 토론이 이루어지지 못했다고 하더라도 준비 과정에서는 정부 부처 간은 물론 정부와 민간 간의 정보 교환과 의견 개진이 활발하게 이루어졌다. 하지만 이것과 '확대회의' 자체의 내용이 무엇이었는가는 구분해서 보아야 할 것이다.

셋째, '확대회의'는 수출입 상황 및 관련 정책의 점검 그리고 정책 수행 계획의 보고라는 목적을 극대화할 수 있는 방식으로 조직·운영되었다. 회의는 정기적으로 매달 개최되었으며, 대통령은 지속적으로 참여함으로써 실제로 보고된 내용이 추진이 되고 있음을 계속 확인하였다. 이러한 최고통치자의 지속적 관심은 담당자들로 하여금 계속해서 업무를 수행하도록 만드는 가장 중요한 동력이었을 것이다. 단, 회의 속에서 대통령은 장기적인 전망 속에서 계획의 달성 여부를 점검하고 독려할 뿐, 구체적인 정책 등에 대한 자의적 개입을 최소화하였다. 담당자들이 수출 증진을 위한 정책을 만들어서 해결책을 마련하고 추진하도록 할 뿐, 무엇을 해야 한다는 구체적인 결정을 내리거나 지시를 하는 경우는 매우 드물었다.

넷째, 이상의 내용을 결합해서 볼 때, '확대회의'는 관료제가 제대로 작동할 때 얻을 수 있는 성취가 무엇인지를 보여 주는 좋은 사례라고 할 수 있다. 적지 않은 기존 연구들은 '확대회의'가 관료들의 경직성 또는 비효율성을 대통령의 권위와 의지로 해결했던 사례로 제시하며, '확대회의'가 거래비용을 줄이는 메커니즘이었다고 주장한다. 하지만 보고가 중심이었던 '확대회의'의 실제 운영은 이러한 주장과는 반대였다. '확대회의'는 관료제의 문제를 해결하는 도구가 아니라 관료제의 완성이었다. 그런 맥락에서 '확대회의'는 관료제의 문제를 해결하는 비법을 담고 있었던 마술상자가 아니라, 관료제의 정석(定石)을 보여 준 사례에 가깝다고 할 수 있다.

단, 이러한 제도가 잘 굴러갈 수 있었던 것은 정책 목표의 순위가 명확했다는 점, 이것이 큰 무리 없이 국민적 동의를 얻을 수 있는 내용이었다는 점, 그리고 정책 담당자들의 유인과 일치할 수 있었다는 점을 고려해야 할 것이다. 즉, '확대회의'는 목표를 정하거나 조정하는 것이 아니라, 주어진 목표를 향해서 나아가는 최선의 방안을 강구하고 집행하는 기구였다는 점이 이러한 기구의 작동이 성공적으로 이루어질 수 있도록 하는 중요한 요인이었음을 고려해야 할 것이다.

6. 결론

1960년대부터 1990년대까지 우리나라 경제가 고도성장을 지속해서 선진경제로 도약할 수 있는 기반을 마련하게 된 데에는 수출제일주의 정책, 즉 수출증진을 경제 성장을 위한 최우선 목표로 설정하고 여기에 맞추어 경제 정책을 구상하고 집행한 것이 크게 기여하였다. 이러한 정책을 구상하고 집행하기 위한 정책 체계의 정점에 있었던 것이 바로 수출진흥확대회의였다. 이러한 중요성에도 불구하고 '확대회의'에서 누가 발언하였으며 어떤 내용이 다루어졌는지와 같은 구체적 사실을 포괄적으로 검토하여 '확대회의'의 역할과 기능을 파악한 연구는 충분히 이루어지지 못하였다. 최근 발간된『녹취록』은 이러한 연구를 가능하게 하였다. 본 연구는 이『녹취록』을 중심으로 하고 신문 보도나 기존 연구 등을 종합하여 '확대회의'의 전신인 수출진흥위원회가 처음 만들어진 1962년부터 1980년까지 '확대회의'가 어떤 기능을 수행하였는지, 그리고 그 기능이 시기별로 어떻게 변화하였고 그 이유는 무엇이었는지를 검토하였다.

본 연구를 통해 부각된 가장 중요한 사실은 '확대회의'가 크게 세 개의 국면을 보이면서 진화를 해왔다는 점이다. 먼저 1962년에 '확대회의'의 전신인 수출진흥위원회가 조직되었다. 이 회의는 국무총리를 중심으로 해서 수출과 관련된 부처의 장관들, 그리고 소수의 비정부 기관장들이 참가하는 20여 명 규모의 회의였다. 이 위원회는 기본적으로 수출 정책을 주관했던 상공부가 수출 관련 정책 추진과 관련해서 여러 부처들 간 협의와 조율이 필요한 문제들을 다루기 위해 활용하고자 노력했던 것으로 보인다. 단, 이 시기에는 수출 정책을 총괄하는 최고기구라기보다는 부처 간 협의체에 머무른 것으로 보인다.

'확대회의'의 모습과 기능이 크게 바뀌게 된 전기는 1965년 이후 대통령이 정기적으로 참석하고 회의를 총괄하게 되면서부터이다. 이후 약 3-4년 동안 '확대회의'는 규모도 크게 확대되고 내용적으로나 위상 측면에서도 크게 성장해서, 대략 1968년을 전후로 한 시점이 되면 수출 정책을 총괄하는 최고정책기구로 자리를 잡는다. 이후 수출 100억 달러를 달성하는 1977년경까지 '확대회의'는 이러한 모습을 유지한다.

'확대회의'의 전성기라고 할 수 있는 이 10여 년 동안의 기간에 수행한 기능을 한 마디로 요약한다면 '수출입 실적과 관련 정책의 보고 및 점검'이었다. 연중 거의 빠짐없이 매달 말에 대통령 주재 하에 진행된 이 회의는 보통 2시간 가량 진행되었는데, 회의 시간 중 80%의 시간은 상공부와 외무부 담당자가 수출 관련 실적을 보고하고 향후 수출 증진을 위해 마련된 정책과 진행 상황을 보고하였다. 상공부 상역국을 중심으로 한 담당 공무원들은 이 회의를 준비하기 위해 관련 부처는 물론 많은 민간 인사들을 만나 현황을 파악하고 수출 증진을 위해 필요한 조치가 무엇인지를 조사하였다. 이처럼 목표 설정, 이것을 달성하기 위한 유인 체계의 확보, 실적치를 통한 성과 평가, 그리고 여기에 기반해서 유인 체계의 조정을 수행하는 노력이 항시적으로 그리고 실질적으로 이루어짐으로써 수출 증진에 기여를 할 수 있었던 것으로 보인다.

'확대회의'는 1977년을 정점으로 해서 변신을 위한 모색을 시작한다. 수출 100억 달러를 달성한 이 시기를 전후로 해서 그 이전에 추진해 온 '수출제일주의' 정책은 더 이상 지속 가능하지 않은 상황이 되었기 때문이다. 수출이 가져온 국민의 소득 증대와 이에 따른 경제사회적 요구들, 수출지상주의가 가져온 여러 가지 부작용들을 고려하지 않고서는 국민들의 동의와 지지 속에 수출을 증진하는 것이 더 이상 가능하지 않았다. 『녹취록』의 내용들은 이러한 어려움과 고민들의 편린들을 보여 주고 있는데, 불행하게도 1979년 박정희 대통령의 서거와 이듬해 발생한 정치적 격변 속에서 새로운 단계로 진화하기보다는 쇠퇴하고 1980년대 중반에 와서는 사실상 중단이 된다. 결국 1977년 이후 '확대회의'는 새로운 진화가 아니라 쇠퇴의 길을 걸었다.

'확대회의'의 성쇠를 반추하는 것은 오늘날 우리나라 경제와 경제 정책을 이해하고 발전시키는 데 많은 시사점을 제공해 준다. 아마도 가장 명확한 점은 정부 정책의 우선 순위가 명확히 제시되고 통치권자가 이것을 자신의 언행을 통해 국민들과 정책 집행자들에게 정확히 납득시킬 때, 체계적인 관료기구가 얼마나 큰 힘을 발휘할 수 있는지를 보여 준 모범 사례라는 점일 것이다. 불행하게도 우리 경제가 점점 더 성장할수록 통치자와 정책 당국자들의 환경은 이로부터 점점 멀어져 간다. 아마도 오늘날 우리에게 절실하게 필요한 것은 정부가 관료기구의 가능성과 한계를 명확히 인식하고 여기에 근거해서 정책을 입안하고 추진하는 것일 것이다. '확대회의'는 이것을 실현하는 데 우리가 밑거름으로 삼을 수 있는 소중한 유산이다.

 참고문헌

강광하 · 이영훈 · 최상오, 『한국 고도성장기의 정책결정체계: 경제기획원과
　　　정책추진기구』, 한국개발연구원, 2008.

권오탑, 「수출진흥위원회 청와대확대회의에 관한 연구」, 건국대학교 행정대학
　　　원 석사학위논문, 1968.

기미야 다다시, 『박정희 정부의 선택』, 후마니타스, 2008.

박기주 · 김대현 · 김두얼 · 김성남 · 박이택 · 홍제환 정리, 『월간경제동향회
　　　의 녹취록』, 제1-2권, 한국개발연구원, 2014.

박명호, 「녹취록 심화연구의 배경 및 의의」, 박명호 · 김두얼 · 김종일 · 노택
　　　선 · 박성훈 · 이영섭 · 최창용, 『수출진흥확대회의 녹취록 심화연구』,
　　　한국개발연구원, 2014, 제1장.

박충훈, 『이당회고록』, 박영사, 1988.

박태균, 『원형과 변용: 한국 경제개발계획의 기원』, 서울대학교, 2007.

상공부, 『무역진흥 40년: 그 과정과 정책』, 1988a.

_____, 『무역진흥종합시책』, 1988b.

신국환, 『박정희 대통령 수출입국의 역정 – 시련과 영광의 발자취』, (사)박정희
　　　대통령기념사업회, 2000.

안충영, 「국제무역체계의 변화와 한국의 대응」, 남덕우 외, 『한국무역사』, 한국
　　　무역협회, 2006, pp. 34-45.

이영훈, 「1960년대 전반 개발 전략의 전환과 그것의 경제사적 배경」, 『경제논집』, 51(1), 2012, pp. 107-123.

_____, 「해제」, 이영훈 · 최상오 · 류상윤 · 김대현 · 홍제환 · 김성남 정리, 『수출진흥확대회의 녹취록』, 제1권, 한국개발연구원, 2013, pp. 15-52.

이영훈 · 최상오 · 류상윤 · 김대현 · 홍제환 · 김성남 정리, 『수출진흥확대회의 녹취록』, 제1-3권, 한국개발연구원, 2013.

이완범, 『박정희와 한강의 기적: 1차5개년 계획과 무역입국』, 선인, 2006.

장선해, 「고도성장기 한국 수출 증대 요인에 대한 연구–수출진흥확대회의와 거래비용을 중심으로」, 중앙대학교 박사학위논문(경제학), 2006.

최상오, 「한국에서 수출지향공업화정책의 형성과정–1960년대 초 이후 급속한 수출 성장 원인에 대한 고찰」, 『경영사학』, 25(3), 2010a, pp. 197-224.

_____, 「한국의 수출지향공업화와 정부의 역할, 1965-1979: 수출진흥확대회의를 사례로」, 『경영사학』, 25(4), 2010b, pp. 355-383.

행정자치부, 『정부조직변천사』, 상 · 하권, 1998.

Bates, Robert H., Jean-Laurent Rosenthal, Margaret Levi, Avner Greif, and Barry R. Weingast, *Analytic Narratives*, Princeton University Press, 1998.

Rhee, Y. W., B. Ross-Larson, and G. Pursell, *How Korea Did It? From Economic Basket Case to Successful Development Strategy in the 1960s and 1970s*, 2nd ed., Seoul: Random House Korea, 2010.

중간재의 생산과 교역

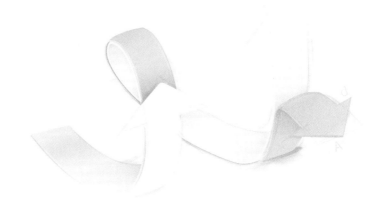

중간재의 생산과 교역

1. 서론

1960년대 중반 무렵부터 우리나라의 수출은 빠른 속도로 증가하였다. 1962년 6,000만 달러에 못 미치던 수출액이 1964년에는 1억 달러를 넘어섰고, 불과 6년 후인 1970년에는 10억 달러에 도달하였다.[1] 이러한 수출의 빠른 증가에 고무된 기업과 정부는 수출 증진을 가속화하려는 다양한 노력을 경주하였는데, 그 가운데 중요한 것이 중간재 생산의 국산화를 위한 노력이었다.

1970년대 초까지만 해도 우리나라 수출의 주종은 농산물이나 광산물 또는 단순한 가공조립 수준의 공산품이었다. 그런데 이러한 분야들은 수출을 통해 벌어들일 수 있는 수익률이 낮을 뿐 아니라, 국내 인건비 상승과 다른 나라들과의 경쟁 등으로 인해 이미 세계시장에서 경쟁력을 차츰 상실해 가는 어려움에 직면하고 있었다.[2] 중간재 생산 능력의 확보는 기업 차원에서 본다면 이런 상

---

1 통계청 웹사이트(kosis.kr).

2 이 문제에 대한 정부의 인식은 정부의 수출 정책의 기본 방향을 제시하는 수출진흥종합시책의 정세 파악 부분에 반영되어 있다. 예를 들어, 상공부(1988), pp. 221-222, 245-246, 291 등을 참조. 아울러 수출진흥확대회의에서도 상공부와 외무부는 이러한 국제적인 상황들을 대통령과 관계 장관들에게 상세히 보고하고 있다. 예를 들어, 1974년 8월 28일에 개최된 제7차 회의에서는 외무부에서 캐나다, 호주 등 선진국의 수입 규제 조치들과 이에 대

황을 극복하고 보다 가공도가 높은 제품을 생산·판매함으로써 수출로부터 얻는 이윤을 높이려는 시도라고 할 수 있다. 또한 중간재 생산은 기술 수준의 제고를 통해서 가능한데, 여기에서 축적된 기술력 그리고 이것을 담보하는 기술인력이 다른 산업에도 파급됨으로써 해당 분야 외의 다른 영역에서도 보다 질좋고 수익률 높은 수출을 가능하게 하는 효과를 창출해서 경제 성장에 기여할 수 있기 때문에, 정부의 입장에서도 많은 관심을 기울였다. 물론 중간재 국산화가 수입대체를 통해 무역수지를 개선해 주는 효과 역시 이러한 노력을 수행해야 할 중요한 사항으로 고려되었다.[3]

그렇다면 중간재 생산 능력을 확보하려는 기업과 정부의 노력은 성공하였을까? 이 질문에 대해 명쾌한 답을 제시하기는 쉽지 않다. 그것은 누구의 입장에서 평가하는지 또는 이러한 시도가 지향하는 바가 무엇인가에 따라 답이 달라질 수 있기 때문이다. 우선 우리나라는 지난 몇십 년 동안 많은 중간재를 생산할 수 있는 기술력을 축적하였으며, 이것이 수입대체는 물론 많은 중간재를 수출하도록 하였고 나아가 과거에는 생산하지 못하던 고부가가치의 제품을 생산할 수 있게 함으로써 우리나라의 수출, 나아가 경제 성장에 크게 기여해 왔다. 이런 측면에서 본다면 중간재 생산과 관련한 기업과 정부의 노력은 틀림없이 큰 성공을 거두었다고 할 수 있다. 하지만 중간재 생산 능력의 제고가 수입대체로 이어져 수입을 감소시켰다거나 수입에서 중간재의 비중을 낮춘 것은

한 대책을 포괄적으로 보고하고 있다. 이영훈 외(2013), 제1권, pp. 632-638.
3 수출진흥종합시책과 수출진흥확대회의에는 중간재 생산을 위한 정부의 관심과 노력에 대한 내용도 잘 나타나고 있다. 이와 관련해서는 제5절 등에서 상세히 다루기로 한다.

아니었다. 우리나라의 수입에서 중간재가 차지하는 비중은 1960년대 이래로 계속 증가하여, 2000년대 말에 와서는 전체 수입의 80%를 차지하는 수준에 도달하였다.[4] 즉, 중간재 생산 능력이 빠르게 확보되어 수입을 대체함은 물론 많은 양의 중간재를 수출하게 된 만큼이나 많은 양의 중간재를 더 수입해 온 셈이다.

전체 교역에서 중간재의 수출과 수입이 동시에 증가하는, 일견 모순되어 보이는 이러한 현상을 이해·평가하고 정책적 시사점을 도출함에 있어서 경제 이론은 그다지 큰 도움을 주지 못한다. 전통적인 국제무역 이론은 최종재의 교역을 기반으로 발전되어 왔기 때문에, 중간재 교역에 대해서는 아직 잘 정립된 이론적 논의를 제공하고 있지 못하기 때문이다.[5] 한편, 종속이론에 입각한 연구들은 일찍이 중간재 교역을 자본주의적인 세계경제 체제의 작동 속에서 파악하였는데, 기본적으로 1970-1980년대의 우리나라 같은 개발도상국들은 이러한 체제 안에서 자립적인 경제 구조를 수립하지 못한 채 경제 구조가 파편화하고 왜곡되어 장기적으로는 건전한 경제 성장을 수행하지 못하게 된다는 주장을 제시하였다. 그러나 1990년대 이후 우리나라의 기술 발전과 경제 성장은 종속이론의 명제와는 상반된 길을 걸어왔다는 점에서 이 이론은 설득력을 결여하고 있다.

이처럼 경제학 이론이 중간재 생산과 관련된 현상을 이해함에 있어 큰 도움을 주지 못하는 상황 하에서는, 우리의 역사적 경험을 차분히 살펴보는 것이

---

4 본문 〈그림 7-1〉 참조.
5 예를 들어, 국제경제학 분야의 대표적 교과서라고 할 수 있는 Krugman, Obsfeld, and Melitz(2012)나 Feenstra and Taylor(2008) 등에는 중간재에 대한 내용이 독립적으로 다루어지지 않고 있으며, 경제학 백과사전인 『신(新) 팰그레이브 경제학사전』(New Palgrave Dictionary of Economics)의 가장 최근판에도 중간재(intermediate goods) 라는 항목은 아예 들어 있지 않다.

우리나라 경제의 과거를 이해한다는 점에서뿐 아니라 향후의 발전 방향을 가늠하는 데 있어서도 많은 기여를 할 수 있으리라 생각된다. 이런 맥락에서 본 장은 1950년대부터 최근까지 우리나라 무역에 있어서 중간재 교역이 어떻게 발전해 왔는지, 이것은 경제의 장기적 성장과 어떤 관련을 맺고 이루어져 왔는지, 그리고 이 과정에서 정부 정책은 어떤 기여를 했는지 개괄해 보고자 한다.

이를 위한 기초로서 제2절에서는 중간재 개념을 살펴본 뒤, 최종생산물 중 중간재가 차지하는 비중을 측정하기 위한 기본적인 분석 도구인 산업연관표(input-output table)를 간략히 소개하기로 한다. 제3절에서는 우리나라의 중간재 생산이 장기적으로 어떻게 변화해 왔는지를 살펴보고, 이어서 제4절에서 중간재의 수출 및 수입을 분석한다. 제5절은 무역 관련 정부 정책들을 중간재 생산의 육성이라는 측면에서 재조명해 보고, 그 가운데 관세 정책이 중간재의 수입대체에 어떻게 사용되었고 어떤 효과를 거두었는지를 살펴봄으로써, 중간재 생산 및 교역 확대에 대한 정부 정책의 기여도를 평가한다. 마지막으로 제6절에서는 이상의 내용을 총괄한 뒤, 제7절에서 결론을 제시한다.

2. 중간재의 개념과 이론적 논의

1) 중간재의 정의

중간재(intermediate goods)는 '최종소비자가 아닌 생산자가 수요하는 제품 중

자본재가 아닌 것'으로 정의해 볼 수 있다.[6] 예를 들어, 자동차를 생산하는 공장이 있다고 하자.[7] 만일 이 공장이 금속 강판 생산업자로부터 강판을 사들인 뒤이것으로 자동차 몸체를 만들 경우, 강판은 중간재에 해당한다.

이상의 정의와 관련해서는 다음 세 가지 사항이 중요하다. 첫째, 강판은 이미 철강석과 같은 원료를 가공한 공산품이다. 대개의 경우 농산물이나 광물 등은 원료로 취급하고, 제조업을 통한 가공을 거친 것은 중간재로 구분한다. 둘째, 자동차를 생산하는 전체 생산 과정 가운데, 강판의 생산과 자동차의 생산이두 개의 기업으로 분리되어 이루어진다는 점, 그리고 강판이 한 생산자로부터다른 생산자에게로 시장을 통해 판매되고 있다는 점이 중간재를 규정하는 중요한 기준이라는 점이다. 만일 자동차 생산자가 직접 강판 공장을 운영해서 강판을 만든다면, 생산 과정이 기술적으로 모두 동일하더라도 시장에서 거래되는 중간재라는 재화는 존재하지 않게 된다. 즉, 강판은 자동차를 생산하는 공정상의 한 단계에 불과하게 된다. 셋째, 소비자가 아닌 생산자가 생산의 목적으로사용하더라도, 직접 제품에 사용되는 것은 중간재이고 생산을 위해 이용되는기계나 설비는 자본재로 취급한다. 만일 자동차 회사가 강판으로 차체를 만드는 프레스(Press) 기계를 구매하였다면, 경제학에서 이것은 중간재가 아니라 투자로 산정된다.

생산 공정상의 여러 단계들을 하나의 기업이 수직결합해서 모두 수행할

6 OECD(2013), p. 8.
7 이하의 논의는 부가가치(value added) 개념에 대한 이해를 전제로 전개한 것인데, 이에 대해서는 일반적인 경제학 원론 교과서의 해당 부분을 참조.

것인지 아니면 여러 기업이 나누어 생산하고 거래를 하게 될 것인지를 결정하는 요인이 무엇인가에 대해서는 로널드 코즈(Ronald Coase)의 선구적 논문 이래로 경제학의 주요 주제로 연구되어 왔다. 단, 이 문제 자체가 본 연구의 대상은 아니다.[8] 본 연구를 위해 이상의 예를 상세하게 제시한 이유는 세 가지이다.

첫째, 본 장의 주제인 중간재의 개념을 명확히 하려는 것인데, 이 점에 대해서는 이미 상술하였으므로 반복하지 않기로 한다. 둘째, 근대적인 경제 성장에서는 많은 영역에서 생산상의 분업 단계들이 기업 수준으로 나누어져 수행되는 경향이 존재한다. 일찍이 애덤 스미스(Adam Smith)가 언급한 것처럼 시장의 확대는 분업의 심화를 가져오게 되는데, 현실에서는 세분화된 각 분업 단계들이 기업 내 분업의 형태로 모두 한 기업에 의해 수행되기보다는 여러 기업들이 맡아 수행하는 경향이 관찰된다는 것이다.[9] 기업 내 분업과 비교해 볼 때 기업 간 분업이 확대되는 현상은 경제 전체의 부가가치 가운데 중간재가 차지하는 비중을 증대시키는데, 우리나라 역시 이러한 흐름에서 예외가 아니다.[10]

셋째, 최종재 생산자와 중간재 생산자가 분리되어 서로 시장에서 거래를 할 때 중간재 생산자가 국내 업자인지 아니면 해외 업자인지 여부는 국민경제적 측면에서는 중요한 문제가 된다. 만일 자동차 생산자가 강판 생산을 수직결합해서 생산을 하거나 국내 생산자로부터 구입할 경우, 강판 생산과 관련해서 실현된 총부가가치는 모두 우리나라 국민들에게 배분된다. 하지만 자동차 생

---

8 Coase(1937).
9 시장의 확대가 분업의 심화를 가져온다는 명제에 대해서는 Smith(1776), Stigler(1986)를 참조.
10 실제 추세에 대해서는 다음 절에서 상세히 소개하기로 한다.

산자가 강판을 해외 생산자로부터 수입해서 쓴다면, 자동차 판매를 통해 실현된 총부가가치 가운데 일정 부분은 해외의 강판 생산업자에게 지급되고, 요소소득 형태로 국민들에게 배분되는 부가가치는 그만큼 적은 양이 된다. 그리고 국제수지상으로 보면 강판 대금을 지급한 만큼 적자 요인이 발생한다. 이처럼 중간재 교역은 우리나라의 교역 구조, 국제수지, 나아가 국민소득 수준과 경제성장 등을 결정하는 주요 요인이기 때문에 이 현상을 제대로 이해하는 것은 국민경제의 현황을 이해하고 정책을 수립하는 데 중요하다.

2) 중간재 교역에 대한 경제학 이론

경제학에서 국제무역을 설명하는 전통적인 이론은 최종재의 거래를 전제로 발전해 왔다. 그런데 제2차 세계대전 이후, 특히 1980년대 이후 세계 교역에서 중간재 교역이 차지하는 비중은 증가하는 추세에 있으며, 오늘날 전 세계 제조업 무역량의 50% 이상이 중간재, 즉 또 다른 생산에 사용되는 제품의 거래가 차지하고 있다.[11] 이것은 세계경제가 각국 단위에서 생산된 완성품을 거래하는 것보다는, 생산 공정이 여러 나라에 걸쳐 있는 국제적인 단위에서 이루어지고 있고 이것이 점차 심화되어 왔음을 의미한다.

경제학자들은 이러한 양상을 '국제분업', '해외업무위탁'(offshoring 또는 global outsourcing), '국제가치사슬'(global value chain) 등 다양한 방식으로 개념화하

11　OECD(2013), p. 8; 김영귀 외(2011), p. 22.

고 연구해 왔다.[12] 그리고 문제의 특성상 이와 관련된 연구들은 여러 나라의 방대한 자료를 종합 · 분석해야 하기 때문에 OECD와 같은 국제기구 등을 통해 국가 간 협동 연구의 형태로 진행되고 있다.[13]

그러나 이러한 접근들은 현상을 인지하고 지각하는 것에 불과할 뿐, 기존 국제무역 이론을 뛰어넘어 이러한 현상을 이해할 수 있는 분석의 틀 혹은 새로운 통찰을 제시하고 있지는 못하다. 즉, 위에서 열거한 개념들에 근거해서 이루어지는 연구들은 왜 중간재의 교역이 확대되고 있는지, 과연 이러한 현상이 개별 국가경제의 고용이나 성장, 소득분배 등에 어떤 영향을 가져올지에 대한 이론적 기반을 제시하거나 전제하고 진행되기보다는, 중간재 거래의 확대라는 현황을 파악하고 이것이 미치는 잠재적 영향을 서술하는 수준에서 전개되는 것이 대부분이다. 이것은 곧 중간재 교역 현상을 평가하고 정책적 시사점을 제공할 수 있는 이론적 근거는 아직 충분히 발전되지는 못한 것으로 해석해 볼 수 있다.[14]

한편, 종속이론 또는 세계체제론 등에 입각한 연구들은 중간재 생산의 확대를 자본주의적 세계경제 체제의 확대 또는 심화의 맥락에서 이해한다. 선진 자본주의 또는 이 나라들의 초국적 기업들이 지배하는 국제경제 체제 하에서 개발도상국들은 부가가치가 낮은 단계의 영역을 담당하게 됨으로써 선진국들에게 착취를 당하게 되어 정상적인 경제 발전을 수행하지 못하게 된다고 주장

---

12 OECD(2013).
13 예를 들어, OECD의 경우 http://www.oecd.org/industry/ind/global-value-chains.htm 참조.
14 이러한 양상은 최용석 외(2008), 김영귀 외(2011), 이현주(2011), 조병도(2001), 조미진(2014) 등 우리나라 중간재 교역의 최근 동향을 분석하는 논문들에도 투영되고 있다.

한다.[15] 이러한 이론에 따르면 중간재의 국제교역을 줄이는 수입대체공업화를 통해 국내에서 생산을 완결하는 경제 구조를 형성하는 것이 바람직하다는 명제가 도출된다.

1970년대나 1980년대에는 이상과 같은 관점에 입각해서 우리나라 경제를 분석한 연구들이 많았다. 이 연구들은 이론이 시사하는 바와 같이 수출 증가에 따른 무역의존도 증가, 그리고 중간재 생산의 비중이 확대되는 현상을 우리 경제가 대외적으로 종속되고 파행적으로 발전해 가는 과정으로 파악하였다. 궁극적으로 이들은 종속적 성장을 벗어나 자립적이고 자기완결적인 경제 구조를 수립해야 국민경제가 정상적으로 발전한다는 주장을 제시하였다.[16]

종속이론에 입각한 이러한 연구들은 국제적인 분업 체제 하에서 우리나라가 상대적으로 부가가치가 낮은 부분을 생산하는 위치에 놓여 있다는 점을 지적할 뿐, '자본'의 본질을 언급하는 것 외에 왜 이러한 분업 체계가 확대 · 심화되고 있는지를 설명하고 있지는 못하다. 나아가 우리나라의 역사적 경험에 비추어 볼 때 이 이론의 현실 설명력은 그다지 높다고 보기 어렵다. 우리나라는 국제분업 체제 하에서 보다 부가가치가 높은 부분을 생산하는 방향으로 꾸준히 지위를 높여 왔는데, 종속이론은 이러한 변화를 설명하는 데 많은 한계가 있기 때문이다.

그런데 정책 담당자나 관련 연구자들 중에는 명시적으로 종속이론에 입각

---

15 Amin(1985; 1986), Wallerstein(1974; 1980; 1989), 정운영(1984), 정진영 편(1985) 등.
16 박현채(1981), 변형윤(1989a; 1989b), 이대근(1984a; 1984b), 이재희(1984), 전철환(1981) 등. 더 나아가 관련 문헌들은 우리나라 경제가 대외의존도가 높은 경제 구조를 갖게 된 기원을 1950년대 원조로부터 찾는 것이 일반적이다. 원조 관련 논의 개괄은 제5장 참조.

해서 논의를 전개하지는 않더라도, 중간재 생산을 국산화하는 것이 경제 발전에 필수적이라는 주장을 제기한 경우가 드물지 않았다. 정부 당국이 1970년대부터 중간재 생산을 국산화하기 위한 정책들을 추진한 근저에는 이러한 생각이 저변에 위치하고 있었다.[17] 최근 들어서도 김태형(1996), 김영귀 · 강준구 · 김혁황 · 현혜정(2011) 등은 우리나라의 중간재 수출입 현황을 분석하면서, 중간재 생산의 국산화를 위해 보다 많은 정책적 노력이 필요하다는 정책 제언을 제시하였다.

정부 정책 수립자나 관련 연구자들이 주장하는 중간재 국산화의 논리는 종속이론과는 다소 궤를 달리하는 측면은 있으나, 기본적으로는 중간재 생산의 수입대체 또는 이것을 가능하게 하는 능력의 배양이 경제 성장에 필수적이라는 함의를 담고 있다. 이러한 주장은 중간재 생산 능력의 확보가 곧 부가가치를 높이는 효과적인 방식이라는 전제를 깔고 있다. 하지만 이 전제는 타당하다고 보기 어렵다. 예를 들어, 자동차를 만드는 기업이 기술 투자를 함에 있어, 강판 생산을 스스로 하는 방식과 현재 자체 생산하는 자동차 엔진을 보다 질을 높이는 투자를 할 수 있는데, 중간재 국산화는 전자를 선택해야 함을 주장하는 것이라고 할 수 있기 때문이다. 하지만 제한된 자원을 활용해서 투자를 한다고 할 때, 어디에 투자할 것인가의 판단 기준은 생산 과정 중 얼마만큼을 국산화할 것인가가 아니라 어느 쪽에 대한 기술 투자와 개발이 부가가치를 더 높일 수 있는가가 더 합당할 것이다. 이런 맥락에서 본다면 중간재 생산의 국산화는 적절한

---

17 제5절 참조.

정책 목표라고 보기에는 많은 한계가 있다.

이처럼 중간재 교역과 관련해서는 이론적으로도 많은 한계가 있을 뿐 아니라 정책적 차원에서도 중간재 교역을 어떻게 가져갈 것인지 명확한 방향을 설정하기 어렵다. 이런 상황 하에서는 실제로 중간재 교역이 어떻게 변화해 왔는지를 파악함으로써 현상을 보다 잘 이해하고 새로운 이론을 모색하고 정책 방안을 가늠하는 작업이 필요하다. 우리나라의 역사적 경험을 반추하는 것은 이런 측면에서 매우 중요한 의미가 있다고 할 수 있다.

3) 중간재 분석의 기초: 산업연관분석

우리나라의 중간재 생산과 교역이 장기적으로 어떻게 변화해 왔는지에 대한 연구를 수행하려면, 먼저 우리나라 전체 경제에서 산업별로 중간재의 수요와 공급이 시기별로 어떻게 이루어지는지 파악해야 한다. 아울러 해외로부터 들어오는 수입 가운데 최종소비를 위한 부분과 중간재 생산을 위한 부분이 얼마나 되는지, 그리고 우리나라 수출의 경우에도 최종소비재와 중간재가 얼마나 되는지에 대한 정보를 확보하는 것이 필요하다.

이러한 정보를 종합적이고 체계적으로 담고 있는 것이 산업연관표 또는 투입산출표(input-output table)이다.[18] 산업연관표는 한 산업이 생산을 위해서 다른 산업의 생산물을 얼마만큼 소비하는지, 그리고 해당 산업의 생산물은 다른

---

18 산업연관표와 이것을 이용한 경제 분석 방법에 대해서는 한국은행(2007), 강광하(1991), Miller, Polenske, and Rose(1989) 등을 참조.

산업들이나 최종소비자들에 의해 얼마만큼 소비되는지의 관계를 담고 있는 행렬이다. 1930년대에 바실리 레온티에프(Wassily Leontief)가 처음 제창한 이 분석 기법은 오늘날 특정 정책이나 외생적 요인이 경제 각 분야에 어떤 영향을 미치는지를 이해하는 일반균형(General Equilibrium)적 접근 방법으로 전 세계에서 널리 활용되고 있다.[19]

우리나라에서는 부흥부 산업개발위원회가 1957년에 최초로 19개 부문 산업연관표를 만들어서 경제개발계획에 활용하였으며, 1960년 이후 한국은행이 5년마다 정기적으로 산업연관표를 작성해서 발표하고 있다. 한편, 1970년대 들어 한국개발연구원에서는 1955년부터 1970년까지의 산업연관표를 작성해서 경제 분석을 실시하였다.[20] 2010년에 한국은행이 작성한 가장 최근의 산업연관표는 우리나라 경제를 400여 개 산업으로 분류해서 구성한, 400여 개의 행과 열로 구성된 행렬이다.

김광석(1980), 김광석·홍성덕(1990), 김동석(2003; 2004), 김민수(2011), 조병도(1999), 김영귀 외(2011), 신창식(2000), 홍성덕(1994), 한국은행(2008) 등은 이러한 산업연관표를 이용해서 우리나라의 산업 구조가 각 시기에 어떤 모습을 가지고 있으며 시간이 지남에 따라 어떻게 변화해 왔는지, 그리고 그 과정에서 중간재 생산과 수입은 어떻게 이루어졌는지를 분석하였다. 단, 이상에서 열거한 작업들은 해당 연구가 이루어진 시점을 기준으로 해서 이루어졌기 때문에, 오늘날까지의 장기적인 변동을 통시적으로 종합한 결과를 제시하고 있지는 않다. 본

---

19 Leontief(1941; 1953).
20 우리나라에서 산업연관분석의 활용에 대한 역사적 개괄로는 김호언(2011) 참조.

연구는 이상의 연구들이 제시한 산업연관분석 결과를 재구성해서 지난 60년 동안 우리나라의 중간재 생산과 무역이 어떻게 진화해 왔는지 조망해 본다.

3. 제조업의 성장과 중간재 생산 추이

주지하는 바와 같이 해방 이후 우리 경제는 급속한 성장을 이룩하였다. 이 것은 우리 경제가 창출한 부가가치의 총합, 즉 국내총생산(GDP)이 빠르게 성장 했음을 의미한다. 이러한 경제 성장에 있어서 산업화, 즉 제조업의 성장은 매우 중요한 역할을 담당하였다. 〈그림 7-1〉은 1955년부터 2005년까지 우리나라의 총생산 및 전체 부가가치 가운데 제조업 부문으로부터 산출된 비중이 얼마나 되었는지를 보여 준다. 1955년에는 전체 생산의 20%만이 제조업을 통해 생산되 었다. 하지만 그 비율은 이후 빠르게 상승하여 1980년 전후가 되면 50% 수준에 도달한다. 이후 약간의 등락은 있지만 제조업이 우리나라 총생산에서 차지하 는 비중은 이 수준을 계속 유지하고 있다. 부가가치 역시 유사한 증가 추세를 보여 준다. 1955년에는 불과 5% 수준이던 것이 1975년에서 1980년을 전후로 한 시기에는 30%를 넘어서게 된다. 이후 제조업 분야 부가가치의 비중은 30% 초 중반 수준을 계속 유지하고 있는데, 제조업 비중의 안정화는 산업화가 진전된 대부분의 선진국에서 나타나는 현상이다.[21]

---

21 제조업 분야의 변화 이면에는 농림어업 분야의 장기적인 축소와 서비스업의 성장이 있었는데, 상세한 내용은 김 동석(2003), p. 36 참조.

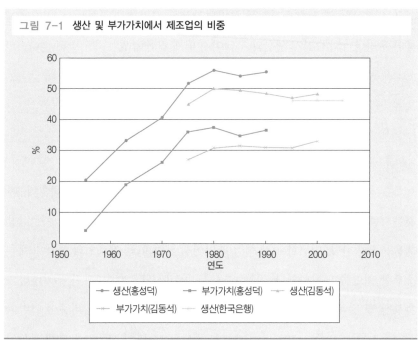

그림 7-1 생산 및 부가가치에서 제조업의 비중

%

연도

- 생산(홍성덕) → 부가가치(홍성덕) → 생산(김동석)
- 부가가치(김동석) → 생산(한국은행)

자료: 김동석(2003), p. 93; 홍성덕(1994), p. 48; 한국은행(2008).

앞서 언급한 것처럼 제조업 생산의 증가는 생산 공정이 여러 기업으로 분화되는 기업 간 분업의 심화를 수반하였다. 이러한 현상은 전체 제조업 부가가치 가운데 중간재의 비중을 통해 살펴볼 수 있다.[22] 〈그림 7-2〉는 전체 제조업 부가가치 가운데 중간재 및 자본재의 비중이 변화해 온 추이를 보여 준다. 1955년경에는 중간재가 전체 부가가치의 20%, 중간재와 자본재를 합한 것이 25% 수

22 앞서 제2절에서 설명한 바와 같이, 만일 제조업체들이 생산 공정을 모두 자기 기업 내에서 수행한다면 국민경제 전체적으로 부가가치는 증가하더라도 중간재의 비중은 증가하지 않게 된다. 이런 의미에서 시장에서 거래되는 중간재의 비중은 생산 공정이 얼마만큼 기업 단위로 분화되어 있는가를 반영하는 지표라고 할 수 있다.

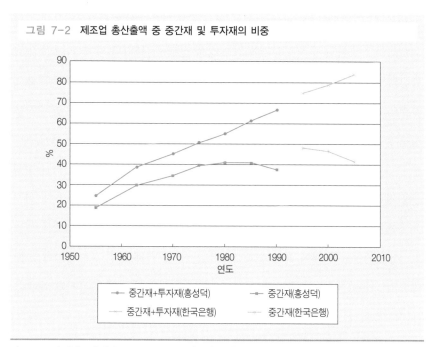

그림 7-2　제조업 총산출액 중 중간재 및 투자재의 비중

중간재+투자재(홍성덕)　　중간재(홍성덕)
중간재+투자재(한국은행)　　중간재(한국은행)

자료: 1990년 이전은 홍성덕(1994), p. 53; 1995년 이후는 한국은행 경제통계국 투입산출팀(2008), p. 13을 이
용해서 계산.

준이었다. 하지만 이후 중간재의 비중은 꾸준히 상승해서 1980년에는 1955년의
두 배 수준에 도달하며 1990년대 중엽까지는 이러한 추세가 계속되는 것으로
보인다.

　그림이 보여 주는 추세는 고도성장기를 통해 최종재 생산에 필요한 중간
재 그리고 자본재를 우리나라에서 직접 생산하는 비중이 크게 증가해 왔음을
보여 준다. 단 1990년대 중반을 전후로 중간재 및 투자재의 비중은 다소 차이를
보이고 있다. 중간재의 비중은 1995년부터 2005년 기간 동안 감소하는 추세를
보이는 반면 중간재와 자본재를 합한 것은 계속 상승 추세를 유지하고 있는데,

이것은 중간재 생산과는 달리 자본재 생산은 계속 증가하고 있음을 의미한다.

중간재 생산의 증가는 중간재의 속성상 산업 간 교역의 확대 또는 산업 간 관련성의 증가를 함축한다. 물론 중간재 생산이 해외 수요를 맞추는 데 초점이 맞추어져 있다면 중간재 비율의 증가가 반드시 산업 간 연계의 증진을 가져오지 않을 수도 있다. 이러한 문제는 투입계수의 변화 추이를 살펴봄으로써 답해 볼 수 있다. 만일 투입계수가 추세적으로 증가하고 있다면 이것은 어떤 최종생산품 생산을 위해 과거보다 더 많은 중간재가 소요된다는 것을 의미하며, 이것은 우리나라 내부의 산업 간 관련성이 증가함을 의미한다.

김동석(2003, p. 48)에 따르면 제조업 부문에 대한 제조업 부문 생산품의 투입계수는 1980년 0.4422부터 1990년 0.4975를 기록한 이후 계속 유사한 수준을 유지하고 있다(〈그림 7-3〉 참조).[23] 우리나라 경제를 종속이론의 입장에서 조망한 기존 연구들은 해외 무역의 확대와 국제적 분업 심화가 우리나라 경제 분야 간의 연관성을 떨어뜨리고 이것이 경제 발전의 파행을 야기할 것이라고 주장하였다.[24] 하지만 투입계수의 상승은 적어도 우리나라의 산업 부문 간 연계성이 추세적으로 하락하고 국내 산업 간 연계성 또는 완결성이 하락한다는 명제가 현실과는 맞지 않음을 보여 준다.

종합적으로 볼 때, 산업연관표에 근거한 산업 구조 연구들은 지난 50여 년 동안 우리 기업들이 단순가공 생산을 벗어나 꾸준한 기술 축적을 통해 중간재

---

23 한 가지 주목할 사실은 제조업 간의 투입계수와는 달리 제조업과 서비스업 간의 투입계수는 추세적으로 크게 감소하는 양상을 보이고 있다는 점이다. 서비스업으로 분류되는 많은 업무 또는 분야들이 제조업의 부가가치 창출에서 점차 중요성을 더해 가는 추세를 고려할 때, 양자 간의 관련성에 대해 보다 심도 있는 분석이 필요할 것으로 보인다.

24 제2절 참조.

그림 7-3 제조업 부문과 서비스 부문의 투입계수 추이

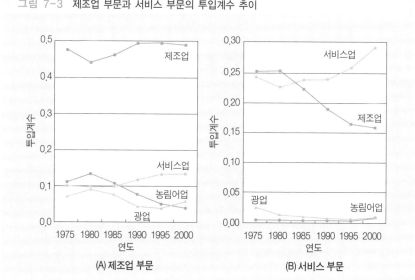

(A) 제조업 부문   (B) 서비스 부문

자료: 김동석(2003), p. 48.

에 해당하는 제품들의 생산 능력을 심화해 왔다는 사실을 확인해 준다. 이상의 통계들이 기업 내의 중간재 생산 능력 향상은 직접 반영하지 않는다는 점을 고려할 때, 우리나라의 생산 기술 향상은 드러난 것보다 훨씬 크다고 할 수 있다.

그런데 이상의 내용은 중간재의 교역이라는 맥락에서 두 가지 질문을 제기한다. 첫째, 중간재 생산의 증가는 수입대체를 통해 중간재의 수입을 감소시키고 국제수지 개선에 기여하였는가? 둘째, 우리나라가 생산한 중간재들은 수입대체에만 기여한 것일까 아니면 수출 증가에도 기여한 것일까? 다음 절에서는 이 문제를 본격적으로 살펴보기로 한다.

4. 중간재 무역

본 절에서는 지난 50년간 진행된 제조업과 무역의 성장 속에서 중간재 교역이 어떻게 바뀌어 왔는지를 살펴보기로 한다. 〈그림 7-4〉는 1960년대로부터 2010년경까지 우리나라의 중간재 교역이 수출입에서 차지하는 비중의 변화 추이를 담고 있다. 몇 가지 중요한 특징을 열거하면 다음과 같다.

첫째, 잘 알려진 바와 같이 해당 기간 동안 우리나라의 수출과 수입은 양자 모두 크게 증가하였다. 이러한 흐름 속에서 중간재의 비중은 수출과 수입 양측

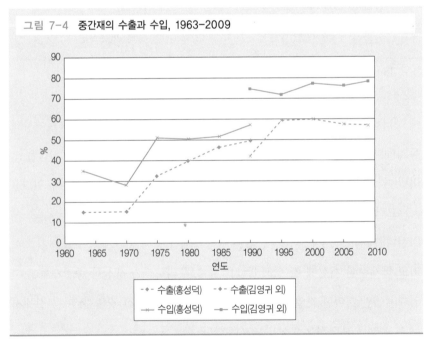

그림 7-4 **중간재의 수출과 수입, 1963-2009**

주: 홍성덕(1994)에는 1955년도 수치도 제시되어 있는데, 자료의 신뢰성 때문에 그림에는 반영하지 않았다.
자료: 홍성덕(1994); 김영귀 외(2011), p. 33 〈표 2-1〉, p. 36 〈표 2-2〉.

에서 큰 폭으로 늘어났다. 1960년경에는 중간재 비중이 수출의 경우 15%, 수입의 경우는 30% 수준이었다. 하지만 이 비율은 이후 계속 상승 추세를 지속하여 2000년대에 들어서는 수출에서의 비율이 60%, 수입에서는 70%로 늘어났다.

둘째, 전 기간에 걸쳐서 수입에서의 중간재 비중이 수출에서의 중간재 비중보다 높은 수준을 계속 유지하였다. 시기별로 격차가 늘어나기도 하고 줄어들기도 하지만 대략 수입이 수출보다 15-20%p 가량 높은 수준을 계속 유지해 왔다고 할 수 있다. 1990년대 들어서 우리나라가 무역흑자 기조로 돌아섰음에도 불구하고 이 폭이 줄어들기보다는 오히려 다소 늘어나는 양상마저 보이고 있는 점은 주목할 만하다.

수입과 수출 모두에서 중간재 비중이 장기적으로 증가해 온 현상을 이해하기 위해 한 가지 살펴보아야 할 중요한 사실은 양자가 산업별로 어떻게 분포하고 있는가 하는 점이다. 이와 관련해서는 크게 보면 두 가지 가능성을 생각해 볼 수 있다. 첫째는 중간재를 수입하는 산업과 중간재를 수출하는 산업이 서로 달라서 양자가 서로 관계가 없을 가능성이다. 예를 들어, 석유화학 관련 산업은 중간재를 수출하는 반면, 의류 산업은 중간재를 수입해서 최종재를 수출하는 산업일 수 있다는 점이다. 반대로 중간재를 수입해서 이것을 가공한 뒤 중간재를 수출하는 형태가 일반적일 가능성도 있다. 이런 경우에는 중간재 수입과 수출의 산업 간 분포에는 양의 상관관계가 나타날 것이다.

〈그림 7-5〉와 〈표 7-1〉은 1990년부터 2009년까지 18개 산업 분야별로 중간재 수출과 수입이 어떻게 이루어지고 있는지를 살펴본 것이다. 먼저 산업별 중간재 수입과 수출은 뚜렷한 양의 상관관계를 보여 주고 있다. 석유류가 포함된

그림 7-5 산업별 수출 및 수입 중간재 규모의 상관관계

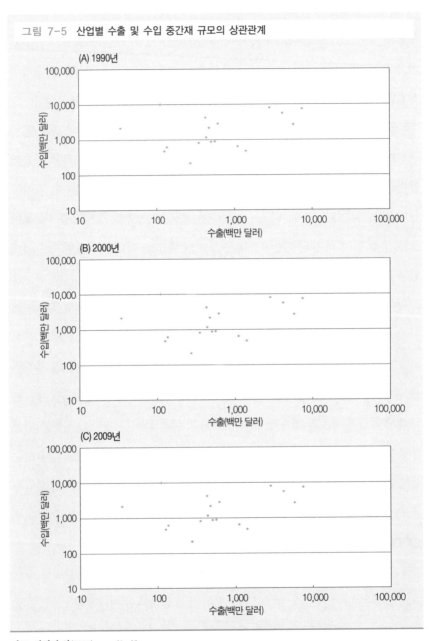

자료: 김영귀 외(2011), pp. 40, 45.

표 7-1 산업별 중간재 수출입 간 상관계수

연도	상관계수	
	전체	광업 제외
1990	0.465	0.693
2000	0.608	0.959
2009	0.367	0.961
관측치	18	17

자료: 김영귀 외(2011), pp. 40, 45.

'광업'을 제외하고 측정할 경우, 상관계수는 1990년에 0.7이던 것이 2000년 이후 0.95-0.96에 이를 정도로 상승하였다. 이것은 대부분의 산업에서 중간재를 수출하는 만큼 중간재를 수입하고 있음을 의미한다. 결국 〈그림 7-4〉와 〈그림 7-5〉가 일차적으로 보여 주는 것은 지난 30-40년 동안 우리나라 경제가 국제적인 분업 체계 내에서 중간적인 위치를 점유하는 방향으로 진화해 왔다는 사실이다. 그리고 이러한 현상은 단순히 특정한 몇몇 분야에 국한된 것이 아니라 우리나라 산업 분야 전반에서 나타나는 현상으로 보여진다.

이상과 같은 상관관계의 증가는 산업별 중간재 수입 대비 수출 비중의 변화 속에서 이루어졌다. 〈그림 7-6〉은 〈그림 7-5〉에 제시한 중간재 수출액을 수입액으로 나눈 비중이다. 2009년을 기준으로 볼 때, 중간재 수출이 수입보다 비중이 큰 산업들로는 자동차, 섬유 및 의류 제조업, 고무 및 플라스틱, 전기기기, 금속가공, 정유, 화학 제품이다. 반대로 이 비율이 낮은 산업들은 농림수산업, 음식료품, 비금속, 목재 제품 등이다. 일률적으로 이야기하기는 쉽지 않지만,

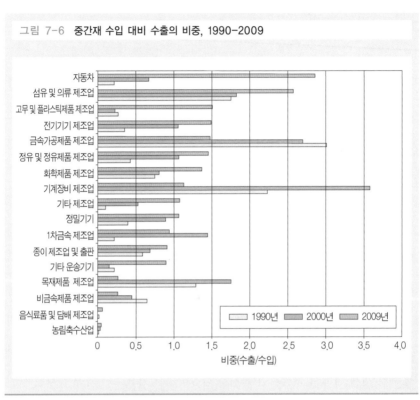

그림 7-6 중간재 수입 대비 수출의 비중, 1990-2009

주: 산업들은 2009년 기준으로 비중이 큰 산업부터 열거하였다.
자료: 〈그림 7-5〉 참조.

가공도가 높은 산업들일수록 우리나라가 중간재를 수출하는 위치를 차지하는

양상이 나타나고 있다고 해석해 볼 수 있다.

　아울러 주목할 것은 이 비중이 산업별로 매우 큰 변화를 겪어 왔다는 사실

이다. 예를 들어, 자동차 산업의 경우 1990년에는 자동차 생산과 관련된 중간재

의 수출이 중간재 수입의 22% 수준이었다. 하지만 2009년에 이 비중은 286%로

상승한다. 즉, 우리나라는 지난 20년 동안 자동차 생산에 사용되는 부품들을 수

입하는 국가에서 절대적으로 수출하는 위치로 발전한 것이다. 이러한 양상은 전기·석유·화학 분야에서도 나타나고 있다.

중간재 수출입에 대한 이상의 분석 결과는 지난 20년 동안 우리나라가 가공도가 높은 상품들의 영역에서 중간재를 수출하는 비중이 높아지는 양상이 나타나고 있음을 보여 준다. 단, 이 현상을 보다 정확하고 심도 있게 이해하고 정책적 시사점을 도출하기 위해서는 향후 두 가지 차원을 추가적으로 반영해서 살펴보는 작업이 필요하다. 첫째, 보다 세분화된 산업 분류에 기반해서 상관관계를 분석해 보는 것이다. 즉, 앞서 살펴본 18개 산업 구분 하에서 발견되는 중간재 수입 및 수출 간의 상관관계가 보다 세분화된 산업 분류 하에서는 다른 양상들이 나타날 수도 있기 때문이다. 둘째, 보다 세분화된 산업 분류 하에서도 이상과 같은 높은 상관관계가 확인되는 것을 전제로 할 때, 과연 이러한 중간재 수입 및 수출이 기업 내 교역인지 기업 간 교역인지를 파악할 필요가 있다. 예를 들어, 저개발국에 세운 자체 공장에서 일차 원료를 가공해서 수입한 뒤, 여기에 다시 작업한 중간재를 다른 나라 현지 공장에 수출하여 그곳에서 조립하는 방식의 교역이 이러한 중간재 수출입 양태의 주요 양태라고 한다면, 중간재 수입과 관련해서 통상적으로 언급되는 수입대체공업화 등의 정책 제안은 무의미해질 것이기 때문이다.[25]

---

25 1990년대 이후 중간재와 관련해서 수입대체공업화 정책의 필요성을 언급한 문헌으로는 김영귀 외(2011), 김태형(1996) 등이 있다.

5. 중간재 관련 정부 정책과 효과

1) 중간재 관련 정책

정부는 일찍부터 중간재 생산에 주목하고 이것을 활성화하기 위해 많은 노력을 기울여 왔다. 이러한 정책이 전체 정책 속에서 어떻게 진행되어 왔는지를 살펴봄에 있어서 가장 먼저 그리고 세심하게 살펴보아야 할 자료는 수출진흥종합시책이다. 수출진흥종합시책은 상공부 등에서 수출 관련 정책의 기본 방향을 제시하기 위해 1964년부터 매년 작성·발표한 자료이다. 시책은 시행되는 해의 전년도 11월경까지 작성이 된 뒤, 12월 또는 이듬해 1월경에 수출진흥확대회의에서 보고가 되었고, 이후 매달 수출진흥확대회의에서 추진 상황을 점검하였다.[26] 따라서 수출진흥종합시책은 중간재와 관련된 정부의 인식과 정책 방향, 그리고 실제 추진이 어떻게 이루어졌는지를 가늠하는 데 유용한 자료라고 할 수 있다.[27]

수출진흥종합시책이 처음 공표된 것은 1964년이다. 16개 항목으로 구성된 이 첫 번째 시책은 흥미로운 면모를 보여 주고 있다. 그것은 중간재 생산 촉진과 관련된 직접적 언급을 찾아볼 수 없다는 것이다. 그 대신 4번과 5번 항목으로 "수출 산업용 시설재 도입 촉진"과 "수출용 원자재 확보"를 제시하고 있다 (〈표 7-2〉 참조). 즉, 이 당시 우리나라의 제조업 수출은 단순 가공 수준이었기 때

---

26 이영훈 외(2013). 한편, 수출진흥확대회의와 수출진흥종합시책 간의 관계에 대해서는 제6장 참조.
27 상공부(1988)는 1964년부터 1988년까지 작성된 수출진흥종합시책(이후 무역진흥종합시책)을 모은 자료집이다.

표 7-2 1964년 수출진흥종합시책 중 중간재 관련 조항

시책 목표	시행 방침
4. 수출 산업용 시설재 도입 촉진	가. 수출 상품 중 그 비중이 큰 가공품을 선정하여 동상품 생산에 필요한 시설 기재를 장기 구상 방식으로 도입될 수 있도록 한도를 별도 책정한다. 나. 장기 구상 방식으로 선수입한 시설재 대금을 수출 물자로 상환하는 데 대한 외환수급계획상의 항목을 따로히 신설한다. 다. 산업은행이 관장하는 DLF중소기업자금은 수출 산업용 시설재 도입에 치중한다.
5. 수출용 원자재 확보	가. 외화 한도의 증액 　- 수출 목표액의 증가에 따르는 조치로서 수출용 원자재의 수입 한도액의 적정한 증가 정책을 강구한다. 　- 수출용 원자재 도입시 180일 Usance제를 활용하고 수출대전으로서 결제케 한다. 나. 국산 원료 공급의 원활화 　- 수출에 소요되는 국산품 및 원료는 수출용 원자재 수입 쿼터와 같이 타 부문보다 우선적으로 저가로 공급한다. 예: 합판 제조용 요소 　　견직물 수출용 생사 　　수출 상품 색장용 목재 　　기타 국내 원자재 등

주: 1964년도 시책은 총 16개 목표로 구성되어 있다.
자료: 상공부(1988).

문에 섬유 원단과 같은 원자재가 확보되지 않으면 수출을 원활하게 수행할 수 없었다. 따라서 해외의 원자재를 확보하는 문제가 수출 정책의 가장 중요한 과제였기 때문에 이러한 목표를 설정한 것으로 추정된다. 해당 조항의 세부 내용들 역시 기본적으로 다양한 방식으로 수출 기업들에게 기계나 원자재를 원활

표 7-3 1965-1979년 기간의 수출진흥종합시책 중 중간재 생산 증대 관련 내용

연도	목표	세부 사항
1965	3. 중점적 수출 산업의 육성	가. 수출 상품 생산업체의 육성 ① 수출특화 산업의 선정과 육성
	5. 조세상의 수출 산업 우대	나. 국산 수출용 원자재 제조업체에 대한 감면세 다. 국산 수출용 원자재에 대한 물품세 면세
1966	2. 무역 행정의 근대화	라. 수출용 원자재의 원활한 공급
	3. 수출 무역 구조의 개선	가. 국산 원자재의 사용 장려(가득률 향상)
1967	5. 품질 향상과 기술 지도	자. 수출품 구조의 고도화 추진
1968	2. 수출 산업의 질적 개선	가. 생산성 향상과 기업 수익의 제고
1969	2. 기술 개발에 의한 고급 제품의 수출로 외화가득률 향상	가. 기술혁신 사. 고가품 수출 장려 – 동일 상품을 고가로 수출한 자 및 가공도를 높인 자에 대하여는 수출의 날에 표창 실시
1970	외화가득률의 제고 (양에서 질로의 수출 전환)	가. 국산 원자재 사용 촉진 나. 부자재 pick up center의 설치 다. 1차산품의 가공수출 권장 라. 기술혁신 및 품질 향상 마. 숙련기능공의 대량 양성 바. 수출 상품 품질 향상 경진운동 전개 사. 수출 산업의 경영 개선에 의한 생산성 제고 아. 취약산업의 개발
1971	2. 수출 상품의 가득률 증대	나. 수출 상품의 고급화 및 기술 향상 ④ 취약업종의 개발 다. 가공도 증가 운동 전개
1972	2. 외화가득률 제고	가. 수출용 원자재 국산화 촉진 나. 부자재의 완전 국산화 다. 전자부품의 국산화 촉진 바. 고가공 수출 사. 취약업종의 육성

표 7-3 **계속**

연도	목표	세부 사항
1973	1. 수출 산업의 재편성	가. 수출 산업 기반의 확충 원료 산업
1975	2. 기술혁신에 의한 고가품 생산 및 양산 체제 토착화	나. 수출 전략 부문, 기술취약 부문의 집중 개발
	3. 전 생산시설의 수출에의 참여 확대	라. 값싼 원자재의 공급 확대
1976	가. 수출 경쟁 체제의 확립	② 수출 상품의 가득률 제고
1977	가. 수출 상품 구조의 고도화	① 경공업 제품의 고급화 ② 중화학공업 제품 수출 자금의 공급 확대
1978	4. 원자재의 국산화 및 해외 개발 촉진	가. 국산화 촉진 나. 해외 자원 개발 촉진 다. 원자재의 안정적 확보
1979	마. 수출용 원자재 공급의 원활화	주요 원자재의 자급률을 높이고 외화가득률을 제고

자료: 상공부(1988).

하게 공급하는 조치들을 기술하고 있다.

하지만 이러한 양상은 이듬해인 1965년에 이미 변모하기 시작한다(〈표 7-3〉 참조). 1965년 시책에는 수출 산업 육성 정책의 일환으로 "수출특화산업의 선정과 육성"을 세부 항목으로 담고 있다. 이것은 기본적으로 수출 산업 가운데서도 국내 원자재 의존도가 높은 산업을 '수출특화산업'으로 지정한 뒤 금융, 조세 등을 최대한 지원한다는 내용을 담고 있다. 아울러 "5. 조세상의 수출 산업 우대"는 수출 기업 자체에 대한 지원과 함께 수출용 원자재 생산업체들에 대해서도 조세상의 지원을 구체적으로 명시하고 있다. 이처럼 1965년부터는 단순히 수출에 필요한 중간재의 원활한 공급을 넘어서서 우리나라 기업이 중간재를 직접 생산하는 방향으로 정책적 지원을 도입하기 시작하였다.

수출용 원자재의 생산을 지원한다는 정책은 시간이 흐르면서 점차 구체화되고 범위도 확대되어 간다. 1967년도 시책에는 품질 향상을 위해 어떻게 기술 수준을 높이는가를 다룬 항목에서 수출품 구조의 고도화를 언급하고 있는데, 이것은 중간재 생산을 수출 애로 타개를 넘어서 고부가가치 상품 생산, 그리고 이를 통한 수출 수익률 제고의 수단으로 발전시키는 모습을 보여 준다.

1970년에 접어들면서 중간재 생산 촉진의 기본 방향은 외화가득률 제고의 맥락에서 다루는 것으로 자리를 잡게 된다. 중간재를 해외로부터 수입하는 것과 비교해 볼 때, 중간재 국산화는 일차적으로 중간재 가격만큼의 외화를 우리나라에서 획득함으로써 외화 획득에 도움이 될 수 있으며, 나아가 상품단위당 이윤율을 높이는 효과를 통해서도 외화를 더 벌어들일 수 있게 된다. 이를 위해서 중간재 수요를 늘리는 조치(국산 원자재 사용 촉진)를 강구함과 동시에, 중간재 생산이 가능할 수 있도록 인력 공급을 늘리는 정책을 강구하였다. 1971년에는 보다 직접적으로 '가공도 증가 운동'을 전개할 계획을 세움으로써 보다 명확하게 제시하였다.

1978년 시책에서는 "각종 소재와 가공원자재의 국산화를 강력히 추진"할 것을 명시하면서 이전과는 달리 구체적인 품목들을 열거하였다(〈표 7-4〉 참조). AN모노마, 카프로락담 등 일련의 품목들에 대해서는 생산 규모를 당해 연도에, 그리고 그 밖의 주요 가공 원자재에 대해서는 1981년까지 시설을 국제 규모로

표 7-4　중간재 생산 관련 정책 방안(1978년 수출진흥종합시책 중)

(단위: 천t/년)

품목	국제 규모	규모화 계획(현재 →증설)
AN모노마	80	27 → 77 (78년)
카프로락담	90	33 → 100 (81년)
SBR	50	37 → 50 (78년)
저밀도 PE	100	50 → 100 (79년)
VCM	100	60 → 150 (79년)
전기동	100	24 → 80 (79년)

주: 이 표의 원래 제목은 '시설의 적정규모화 추진'이다.
자료: 상공부(1988), p. 279.

확장함으로써, 가격과 품질 면에서 수출 경쟁을 강화하고 궁극적으로 수출의 가득률 제고를 도모하였다.[28]

　이상에서 살펴본 바와 같이 고도성장기 동안 원자재 공급의 국산화, 이것을 가능하도록 하기 위한 기술 개발과 인력 공급 등은 수출 관련 정책의 기본 내용을 이루었다. 특히, 1973년 중화학공업화 선언을 전후로 해서는 별도의 언급이 없더라도 중화학공업화 자체가 중간재 생산의 활성화를 지향하고 있었다고도 할 수 있다.[29]

　과연 이 시기에 중간재 생산의 국산화를 위해 정부가 구체적으로 어떤 조치를 취했는가, 그리고 이러한 정책들이 얼마나 효과를 거두었는가 여부는 개별 사례들에 대해 향후 심도 있는 분석이 필요한 주제이다. 즉, 정부가 정책의

28　상공부(1988), p. 279.
29　이와 관련한 최근의 연구로는 박영구(2008), 박기주 외(2013) 참조.

실시를 공표하였다는 사실과 중간재 생산 능력이 비약적으로 성장했다는 두 가지 사실 간의 상관관계를 곧 정책의 성공으로 해석하는 것이 아니라, 실제로 정책이 중간재 생산 능력 배양을 가져왔는지에 대한 인과관계를 구명하는 작업이 이루어져야 한다. 중간재 생산 능력 배양을 위한 정부의 정책 지원은 해당 산업의 기술력 증진이 가장 핵심을 차지한다고 할 수 있는데, 이것은 금융·재정 지원, 세제 혜택 등 여러 가지 형태로 이루어질 수 있다. 다음 소절에서는 이 가운데 중간재 국산화 촉진을 위한 관세 정책을 한 가지 사례로 살펴봄으로써 이 문제를 심도 있게 살펴보기로 한다.

2) 사례 연구: 중간재에 대한 관세 정책

관세는 수입 억제와 국내 산업 육성을 위해 각국 정부가 활용하는 대표적인 정책 수단이다. 우리 경제가 성장하고 WTO 체제에 따른 국제 환경의 변화가 있기 전에는 우리나라 역시 예외가 아니었다.

관세의 효과와 관련해서는 관세의 일반적 수준뿐 아니라 흔히 관세 구조라고 불리는 품목별 차이도 중요하다. 예를 들어, 정부가 모든 상품에 대해 20%의 동일한 관세를 부과하는 동일관세 구조와, 강판의 관세는 10%로 하는 대신자동차의 관세는 30%로 하는 차등관세 구조가 있다고 하자. 전자와 후자의 평균관세율은 20%로 동일하더라도 양자는 수입 억제에 있어 매우 다른 효과를가져올 수 있다. 자동차 생산자는 동일관세 구조인 상황과 비교했을 때 차등관세 구조일 때 더 높은 보호 효과를 누릴 수 있다. 자동차 생산자는 국내 자동차 시장에서 더 높은 보호를 받을 뿐 아니라, 원자재를 싸게 공급 받을 수 있기 때문에 해외 시장에서도 경쟁력을 얻는 데 도움이 되기 때문이다. 흔히 이러한 형태의 차등관세 구조, 즉 동일관세와 비교해서 최종재의 관세율을 상대적으로 높이는 대신 원료나 중간재의 관세를 낮추는 이러한 형태의 관세 구조를 생산 단계에 따른 누진 구조라고 부른다.

최종재의 관점에서 볼 때 누진 구조 관세는 일견 국내 시장 보호와 수출경쟁력 유지라는 두 가지 목적을 동시에 달성할 수 있는 합리적인 정책으로 보이지만 부작용도 있다. 가장 문제가 되는 것은 중간재 산업의 보호 문제이다. 즉, 강판에 대한 관세를 낮추면 자동차 산업은 앞서 언급한 여러 가지 이득을 누리지만, 국내 강판업자는 자동차 생산자와 비교해 보면 해외 생산자들과의 경쟁에서 상대적으로 보호를 받지 못하게 된다. 그럴 경우 국제적인 경쟁력을 갖춘 국내 강판 생산자를 육성하여 수입대체를 추진하는 것은 불가능해질 수 있다.

결국 관세 구조가 중간재 생산을 육성하는 정책이라는 측면에서 어떠했는가를 살펴보기 위해서는 일차적으로 관세 구조가 얼마나 누진적인 구조를 가지고 있었는가를 살펴보는 작업이 필요하다. 이것을 파악하는 데 가장 널리 사용되는 개념이 실효보호율(effective rate of protection: ERP)이다.[30] 실효보효율은 어떤 재화 자체에 부과된 관세뿐 아니라, 이 재화의 생산에 소요되는 모든 중간재에 대한 관세로 인해 중간재 가격이 상승한 부분까지를 반영하여 관세 체계 전체가 해당 제품의 보호에 미친 영향을 측정하는 개념이다.

---

30 실효보호율의 정의와 개념에 대한 보다 상세한 논의는 Grubel and Johnson, eds.(1971), 유정호 · 홍성훈 · 이재호(1993), 유정호(2005) 등을 참조.

명목관세율과 실효보호율의 크기를 비교해 보면 관세 구조의 특성을 유추해 볼 수 있다. 예를 들어, 어떤 나라가 그 나라에 수입되는 모든 제품에 20%의 동일한 관세율을 적용한다면, 모든 제품의 실효보호율은 명목관세율인 20%와 동일할 것이다. 하지만 최종재의 관세는 그대로 둔 채 중간재의 관세를 낮추어 누진 구조를 만들면, 해당 최종재가 누리는 실제 보호 정도, 즉 실효보호율은 명목관세율보다 높아지게 된다. 반대로 중간재에 대한 관세가 최종재보다 높으면 최종재의 실효보호율은 명목관세율보다 낮아진다. 이처럼 실효보호율은 한 나라의 관세 구조가 얼마만큼 이러한 누진 구조를 가지고 있는지 살펴볼 수 있는 지표라고 할 수 있다.

〈그림 7-7〉은 1960년대부터 1990년대까지 우리나라 제조업 부문의 명목보호율과 실효보호율이 장기적으로 변화해 온 추이를 보여 준다. 우선 명목관세율의 흐름을 보면 크게 세 개의 국면을 보이면서 변화하였다. 1965년부터 1975년까지는 관세율이 하락하는 경향을 보이는 반면, 이후 10년의 기간은 관세율이 50% 수준까지 크게 상승하였고, 1985년부터 1995년까지는 다시 하락을 하게 된다.

실효보호율 계산 결과를 명목관세율의 변동과 비교해 보면, 관세율의 평균 수준 변화가 관세 구조의 변동을 수반하였음을 보여 준다. 먼저 우리가 주목해야 할 부분은 거의 모든 시기에 걸쳐 명목보호율이 실효보호율보다 높은 수준을 유지했다는 사실이다. 이 점은 우리나라의 관세가 역진적 구조를 통해 중간재 생산을 촉진하는 방향으로 짜여졌음을 보여 준다. 다시 말하자면, 최종재의 보호를 위해 중간재에 대한 보호를 낮추는 정책이 실시되지는 않았다고 할

그림 7-7 명목보호율과 실효보호율: 제조업

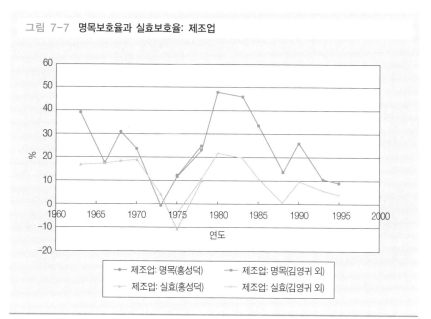

자료: 홍성덕(1992), 김영귀 외(2011).

수 있다.

두 번째로 주목할 점은 실효보호율과 명목보호율 간의 격차가 1970년대 중반을 전후로 크게 변화하였다는 점이다. 1970년대 초반 이전에는 명복보호율과 실효보호율의 차이가 크지 않았다. 하지만 1970년대 중반 이후에는 그 차이가 크게 벌어진다. 특히, 명목관세율이 크게 높아지던 1980년대 초중반에 이 격차는 크게 벌어져서 양자 간의 격차가 거의 30%p에 육박하였다. 이것은 1970년대 중반 이후부터 중간재에 대한 보호 수준이 상당히 높은 형태로 관세 구조가 변화하였음을 시사하며, 이러한 흐름은 중화학공업 분야의 육성이라는 정책 방향과 일치하는 것이었다고 할 수 있다.

실효보호율과 명목보호율 간의 차이는 1980년대 말을 기점으로 해서 그 차이가 좁혀지는 양상을 보여 주고 있다. 이것은 전체적인 관세율의 하락과 밀접한 관계가 있는 것으로 보인다. 한 가지 유의할 것은 양자 간의 격차는 줄어들지만 상대적 격차는 대체로 유지되고 있다는 점이다. 국제협약 등으로 인해 전반적인 관세율 수준은 낮추어 가되, 관세 구조는 여전히 중간재에 대한 보호 수준을 높게 유지해 갔음을 보여 준다.

결국 〈그림 7-7〉에 대한 이상의 내용을 정리하자면, 우리나라 정부는 1970년대 중반부터 1980년대 말까지의 기간 동안 중간재 생산 육성을 위해 해당 분야에 대해 높은 관세를 유지하는 정책을 수행했다고 할 수 있다. 그렇다면 중간재 육성 정책을 위해 정부는 최종재 생산업자 나아가 최종재 수출업자들로 하여금 부담을 지게 하였을까?

이 질문에 대해 그렇다는 답을 하기 전에 한 가지 고려해야 할 사항은 이중관세 정책의 효과이다. 1970년대에는 수출용 중간재와 국내 소비용 중간재에 대해 서로 다른 관세를 부과하는 정책을 실시하였다. 즉, 수입 강판에 대해 일정 수준의 관세를 부과해서 국내 강판 생산자를 보호하는 대신, 해외 수출용 자동차 제조에 사용되는 강판에 대해서는 관세를 대폭 낮춤으로써 자동차 생산자들이 국제시장에서 경쟁력을 잃지 않도록 하는 방법을 사용하였다. 따라서 관세율 구조만으로는 실제로 최종재 생산자들이 어떤 부담을 졌는지 판단할 수 없다.

김광석(1980)은 국내 판매와 총판매 제품 간의 실효보호율 차이를 측정하였는데, 이 결과는 이 문제에 대해 중요한 시사점을 제공한다. 만일 이중관세 구

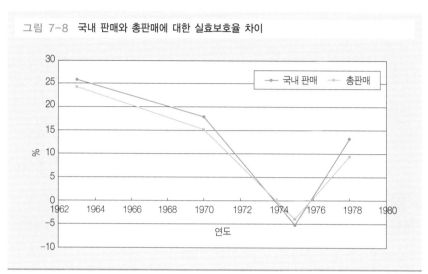

그림 7-8 **국내 판매와 총판매에 대한 실효보호율 차이**

자료: 김광석(1980).

조가 다양한 품목들에 대해 폭넓게 적용되고 관세율 차이도 크게 적용되었다면 해외 수출을 포함하는 총판매의 실효보호율이 국내 판매 실효보호율보다 크게 낮은 양상이 나타날 것이다. 〈그림 7-8〉은 김광석의 측정 결과를 제시한 것인데, 둘 간의 차이는 크지 않았다. 이 결과는 이중관세 정책이 사용되기는 하였으나 전체 보호 구조 내에서는 일부 품목에만 적용되거나 그 차이가 매우 적었음을 보여 준다.

결론적으로, 1970년대 이후 우리나라 정부는 중간재 육성을 촉진하는 방향으로 관세 구조를 만들었다. 물론 이상의 논의는 관세 구조가 어떻게 짜여졌는가를 다루었을 뿐, 실제로 이러한 관세 구조가 중간재 생산을 얼마나 촉진하였는가를 보여 준 것은 아니다. 향후 양자 간의 인과관계에 대해 다양한, 그리고 심도 있는 연구를 통해 이 문제를 구명하는 작업이 이루어질 필요가 있다.

6. 평가

지나친 단순화의 위험을 감수한다면, 중간재를 중심으로 해서 지난 50년간 우리나라 무역 구조의 변화 과정을 재구성하면 〈그림 7-9〉와 같이 표현해 볼 수 있다. 처음에는 중간재를 수입해서 단순가공한 제품을 선진국에 수출하는 구조를 유지하였다. 그러다가 1970-1980년대에는 선진국에 공급하는 중간재의 비중이 수출에서 상대적으로 증가하는 양상이 나타났다. 1990년대 이후로는 전후방으로의 연결이 강화되어, 개발도상국 등으로부터 제조된 원료 또는 낮은

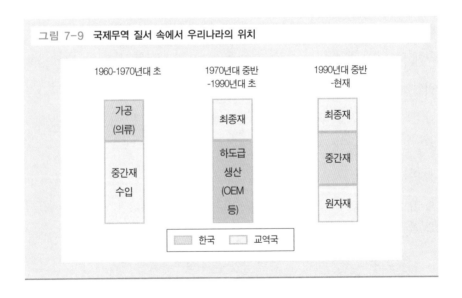

그림 7-9   국제무역 질서 속에서 우리나라의 위치

수준의 중간재를 수입한 뒤, 이것을 가공해서 만든 중간재를 선진국에 파는 것이 전체 무역에서 큰 비중을 차지하게 되었다.

이러한 역사적 개괄이 보여 주는 가장 중요한 사실 그리고 이로부터 얻을 수 있는 교훈은 중간재 관련 논의에 있어서 이동 초점(moving target)식 논의를 피해야 한다는 점이다. 중간재 비중이 높을 경우에는 세계 무역에서 선진국들로부터 착취를 당한다고 비판하면서, 반대로 중간재를 수입하고 최종생산재를 수출하는 경우에는 '원천기술'이 부재하여 역시 착취를 당한다고 비판하는 식의 논의가 여기에 해당한다. 이러한 식의 비판은 우리 경제가 어느 방향으로 나아가야 하는가에 대해 아무런 전망이나 대안을 제시해 주지 못하기 때문에 지양해야 한다.[31]

아울러 우리나라가 앞으로 중간재 생산을 보다 강화해야 하는지 아니면 최종재 생산 능력을 배양해야 하는지 같은 식의 논의 구도는 실효성이 높지 않아 보인다. 문제의 본질은 우리가 중간재를 생산하느냐 아니면 최종재를 생산하는가가 아니라, 보다 부가가치가 높은 영역을 생산하기 위해 무엇을 해야 하는가에 있다고 할 수 있다.

수익률이나 부가가치가 높은 제품을 생산하려면 이를 위한 기술력을 확보하는 것이 가장 중요하다. 이러한 기술력 제고는 과거에는 다른 나라의 기술을 얼마나 빨리 습득하는가의 문제였다는 점에서 비교적 손쉽게 달성되었을 수 있다. 그러나 오늘날에 와서는 많은 영역에서 우리나라가 세계 최고 수준에 근

---

31 뒤집어 본다면, 중간재 비중이 높은 것은 원천기술을 보유한 것이고, 최종생산재 비중이 높다는 것은 종합 기획 능력을 보유하고 있다는 뜻으로도 해석될 수 있기 때문에, 이러한 식의 비판은 설득력이 떨어진다.

접해 있기 때문에 이러한 방식으로의 접근은 가능하지 않다. 우리 기업들이 스스로 기술 개발을 통해 중간재 생산을 고도화하기 위해서는 기술 투자를 늘리는 것이 무엇보다 중요하다. 아울러 이러한 투자가 적절하게 보호받을 수 있는 산업 구조를 보장해 주는 것, 즉 대기업에 납품을 하는 중소기업들이 정당한 대가를 받도록 함으로써 충분한 기술 투자를 할 수 있도록 하는 것이 필요한 일이라고 할 수 있다.

여기에 더해서 고려해야 할 사항은 서비스 부문 중간 투입이다. 오늘날 세계시장에서는 제조업과 서비스업의 구분이 무의미해질 정도로 제조업 부문에서 서비스업 부문의 비중이 높아지고 있다. 제품의 기술적 성능만큼이나 제품 디자인이나 홍보, 지식재산권 보호를 위한 법률 서비스 등이 큰 역할을 차지한다. 우리나라의 경우는 이러한 사업 서비스 영역이 충분히 발전하지 못한 결과 제품 경쟁력이 뒤지는 경우가 흔히 발생하고 있으며, 이러한 문제를 극복하기 위해 해외 기업들에 의존을 하는 경우가 많다. 향후 우리 수출 제품으로부터 보다 높은 부가가치를 획득하려면 제대로 된 서비스 중간재 투입이 이루어져야 한다. 단, 이러한 사업 서비스 영역의 육성은 과거 제조업 부문에서 사용한 정책들로 육성이 가능하지 않은 경우가 많다. 향후 우리나라에서 중간재와 관련된 논의는 단순히 제조업 기술 개발에 머무르는 것이 아니라 이러한 서비스 산업 부문까지를 포괄해서 이루어질 때, 진정으로 경제 발전에 기여하게 될 것이다.

7. 결론

1945년 해방 이후 지금까지 70년 가까운 기간 동안 우리나라의 무역 규모는 경이로운 증가를 이룩하였다. 이러한 무역의 증가 속에서 나타난 두드러진 현상 중 하나가 중간재 교역의 증가이다. 전 세계 무역에 있어서 중간재 교역이 증가하는 양상은 보편적인 현상이며, 최근 추계에 따르면 전 세계 무역의 50% 가량이 중간재 교역이 차지하고 있다. 우리나라의 경우는 이보다 더 높은 70-80%에 육박한다. 경제이론이 이러한 현상의 원인이 무엇이고 사회후생에 미치는 함의가 무엇인지에 대해 명확한 답을 제시해 주지 못하고 있는 상황 하에서는 역사적 경험을 반추해 보는 것이 현상의 본질에 접근하는 한 가지 방법일 수 있다. 본 연구는 이러한 동기에서 우리나라의 중간재 교역의 증가 추세를 살펴보았다.

분석을 통해 파악한 몇 가지 중요한 사실은 다음과 같다. 첫째, 우리나라의 중간재 교역은 1960년대로부터 최근까지 큰 폭으로 확대되었다. 1960년대에는 20% 수준이던 것이 지속적인 증가를 통해 최근에는 80% 수준에 도달하였다. 둘째, 이러한 중간재 교역 증가 양상을 산업별로 살펴본 결과, 중간재를 많이 수입하는 산업이 중간재를 많이 수출하고 있음을 확인하였다. 그리고 중간재 수입과 수출 간에 존재하는 현재의 상관관계는 지난 20년 동안 상관관계가 지속적으로 상승한 결과였다. 셋째, 제품의 가공도가 높은 산업들일수록 중간재 수출이 수입보다 높은 양상을 확인하였다. 이상의 결과를 종합해 보면, 우리나라가 1990년대 이후 세계적인 분업 체계 속에서 중간재를 수입해서 더 높은 수준의 중간재를 소비하는 역할을 담당하는 방향으로 진화해 왔음을 확인할 수 있다.

우리나라가 이렇게 중간재를 생산하는 능력을 확보하게 된 것은 기본적으로 기술의 축적을 통해 가능해진 것이다. 이러한 기술 축적은 무엇보다 기업의 노력의 결과이겠지만, 정부의 지원 역시 중요한 역할을 하였던 것으로 보인다. 정부는 수출주도형 경제 개발을 처음 시작하던 1960년대 초에는 양질의 중간재를 생산하기보다는 해외로부터 확보하는 것을 목표로 삼았다. 하지만 얼마 지나지 않아 중간재 생산으로 정책의 목표를 설정하였으며, 1970년대에 들어서면 중간재 생산의 촉진을 통해 수출로부터의 수익을 높이는 정책을 일관되게 추진하였다. 이러한 정책 방향은 기본적으로 1973년 중화학공업화 정책과 맞물리면서 더욱 공고화되었다. 정부는 관세 정책, 세제상의 우대, 금융 지원 등을 통해 중간재 생산을 촉진하였는데, 이러한 정책들이 실제로 중간재 생산을 얼마나 촉진하였는지에 대해서는 향후 엄밀한 연구가 필요하다.

앞으로 우리나라의 중간재 교역이 어떤 방향으로 발전해 갈지, 그리고 정부는 이러한 중간재 교역을 어떤 방향으로 유도할지와 관련해서는 명확한 방향을 설정하기 어렵다. 이것은 기본적으로 중간재 생산 여부가 아니라, 중간 단계건 최종 단계건 할 것 없이 우리나라가 생산 과정 중 얼마나 부가가치가 높은 단계를 차지할 수 있는가가 중요하기 때문이다. 이를 위해 중요한 것은 당연히 기술 개발이다. 하지만 과거와는 달리 미래에는 기술 개발만큼이나 디자인, 홍보 등 서비스 분야의 중간재가 중요한 역할을 할 것으로 보인다. 서비스업 분야의 기여도를 높이는 것은 과거와 같은 접근으로는 성공하기 어렵다는 점에서 향후 우리나라가 극복해야 할 장벽은 녹록하지 않다. 얼마나 이 문제를 잘 해결할 수 있는지 여부가 지난 50년 동안의 성공을 앞으로도 지속해 나갈 것인가를 결정할 것이다.

강광하,『산업연관분석론』, 전정판, 비봉출판사, 1991.

김광석,『한국공업화 패턴과 그 요인』, 한국개발연구원, 1980.

김광석 · 홍성덕,『명목 및 실효보호율구조의 장기적 변화』, 한국개발연구원
　　　연구조사보고서, 1982.

_____,「장기적 산업성장 및 구조변화요인의 분석(1955-1985)」,『한국개발연
　　　구』, 12(1), 1990, pp. 3-29.

김동석,『산업연관표 시계열화를 통한 한국의 산업구조변화 분석』, KDI 정책연
　　　구시리즈 2003-02, 2003.

_____,『산업부문별 성장요인 분석 및 국제비교』, KDI 정책연구시리즈 2004-
　　　07, 2004.

김민수,『KDI 산업연관표 DB』, 한국개발연구원 기타보고서, 2011.

김영귀 · 강준구 · 김혁황 · 현혜정,『한국의 중간재 교역 결정요인과 생산성
　　　파급효과에 관한 연구』, 대외경제정책연구원 연구보고서 11-13, 2011.

김태형,『신국제무역규범하에서의 중간재 국산화정책』, 대외경제정책연구원
　　　정책연구 96-13, 1996.

김호언,「한국의 산업연관분석 연구와 경제개발계획의 수립: 역사적 의미와 시
　　　대적 배경을 중심으로」,『경영경제』, 44(1), 2011, pp. 161-186.

남종현,『한국의 산업유인정책과 산업별 보호구조분석』, 한국개발연구원 연구

보고서, 1981.

박기주 · 이상철 · 김성남 · 박이택 · 배석만 · 정진성 · 김세중,『한국중화학공업화와 사회의 변화』, 대한민국역사박물관, 2014.

박영구,『한국중화학공업화연구총설』, 도서출판 해남, 2008.

박현채,「자립경제의 실현을 위한 모색」, 김병태 외,『한국경제의 전개과정』, 돌베개, 1981, pp. 285-308.

변형윤,「공업」, 변형윤 편저,『한국경제론』, 개정판, 예풍출판사, 1989a, pp. 263-290.

_____,「산업구조」, 변형윤 편저,『한국경제론』, 개정판, 예풍출판사, 1989b, pp. 199-225.

상공부,『무역진흥종합시책』, 1988.

신창식,「'75-'80-'85-'90-'95년 접속불변 산업연관표 작성 결과」,『계간 국민계정』, 2000년 제2호, 2000.

유정호,「실효보호율의 추정방법」, 유정호,『무역 및 산업정책과 정부의 역할』, 유정호 박사 정년퇴임논문집, 한국개발연구원, 2005, pp. 281-321.

유정호 · 홍성훈 · 이재호,『산업보호와 유인체계의 왜곡: 1990년 명목 및 실효보호율 추정』, 한국개발연구원 연구보고서 93-02, 1993.

이대근,「차관경제의 전개」, 이대근 · 정운영 편,『한국자본주의론』, 까치, 1984a, pp. 163-190.

_____,「주체적 발전전략과 과제」, 이대근 · 정운영 편,『한국자본주의론』, 까치, 1984b, pp. 289-306.

이영훈 · 최상오 · 류상윤 · 김대현 · 홍제환 · 김성남 정리,『수출진흥확대회의 녹취록』, 제1-3권, 한국개발연구원, 2013.

이재희,「자본축적과 국가의 역할」, 이대근 · 정운영 편,『한국자본주의론』, 까치, 1984, pp. 193-219.

이현주,「한국과 일본의 대중국 중간재 교역구조 변화 연구: 가공단계별 분석을 중심으로」,『중국연구』, 52, 2011, pp. 513-534.

전철환,「수출, 외자주도개발의 발전론적 평가: 수출주도형개발과 외국자본」, 김병태 외,『한국경제의 전개과정』, 돌베개, 1981, pp. 165-198.

정운영,「주변부자본주의론」, 이대근 · 정운영 편,『한국자본주의론』, 까치, 1984, pp. 45-68.

정진영 편역,『세계체계론』, 나남, 1985.

조미진,「기발효 FTA의 중간재 수입활용률 분석」,『무역학회지』, 39(3), 2014, pp. 207-233.

조병도,「산업연관모형을 이용한 수입증가요인 분석」,『경제 분석』, 7(4), 2001, pp. 111-160.

조병도 · 손정렬 · Geoffrey Hewings,「산업연관표를 이용한 한국의 산업구조변화 분석(1975-1995)」,『경제 분석』, 5(4), 1999, pp. 136-162.

최용석 · 한진희,「대중국 자본재 및 중간재 수출과 한국 제조업의 성장」,『응용경제』, 10(1), 2008, pp. 249-281.

한국은행,『산업연관분석해설』, 2007.

_____,『산업연관표』, 2005; 2010.

한국은행 경제통계국 투입산출팀,「1995-2000-2005년 접속불변산업연관표 작성
　　　결과」, 한국은행 보도자료 2008-12-30호, 2008.

홍성덕,『명목 및 실효보호율의 구조변화(1975-1990)』, 한국개발연구원 정책연
　　　구자료 92-01, 1992.

_____,『산업성장 및 구조변화에 대한 요인별 기여도 분석(1955-90)』, 한국개
　　　발연구원 정책보고서 94-19, 1994.

Amin, Samir 지음, 정성진 · 이재희 옮김,『주변부자본주의론』, 돌베개, 1985.

_____,『세계적 규모의 자본축적』, 한길사, 1986.

Coase, Ronald, "The Nature of the Firm," *Economica*, 4(16), November 1937, pp. 86-
　　　405.

Feenstra, Robert and Alan Taylor, *International Economics*, Worth Publishers, 2008.

Grubel, Herbert G. and Harry G. Johnson, *Effective Tariff Protection*, Geneva, 1971.

Krugman, Paul, Maurice Obsfeld, and Marc Melitz 지음, 강정모 · 이상규 · 이연호
　　　옮김,『국제경제학』, Pearson, 2012.

Leontief, Wassily, *Structure of the American Economy, 1919-1929*, Oxford University
　　　Press, 1941.

_____, *Studies in the Structure of the American Economy*, Oxford University Press,
　　　1953.

Miller, Ronald, Karen Polenske, and Adam Rose, eds., *Frontiers of Input-Output
　　　Analysis*, Oxford University Press, 1989.

OECD, *Interconnected Economies: Benefiting from Global Value Chains: Synthesis*

Report, 2013.

Smith, Adam, *An Inquiry into the Nature and Causes of the Wealth of Nations*(김수행 옮김, 『국부론』, 동아출판사, 1993).

Stigler, George, "The Division of Labor is Limited by the Extent of the Market," in Kurt Leube and Thomas Moore, eds., *The Essence of Stigler*, Hoover Press, 1986, pp. 13-24.

Wallerstein, Immanuel, *The Modern World-System*, 4 vols., Academic Press, 1974-1989.

한국개발연구원(KDI):
경제 발전에서의 역할과 진화 과정

한국개발연구원(KDI):
경제 발전에서의 역할과 진화 과정

1. 서론

대한민국은 1960년대 초부터 1990년대 중반까지 급속한 경제 성장을 이룩하였다. 정부는 경제개발계획의 수립과 집행 등을 통해 경제 발전을 주도하였는데, 이러한 역할을 원활하고 효과적으로 수행하기 위해서는 다양한 분야에 대한 많은 전문적 지식이 요구되었다. 즉, 경제 발전의 방향을 어떻게 설정할 것인가, 경제의 안정성을 해치지 않으면서도 가능한 경제 성장의 수준은 어느 정도 가능한가, 이러한 목표 달성을 위해서는 어떤 정책을 실시해야 할까와 같은 문제들을 정확하게 파악하기 위해서는 방대한 정보의 확보와 치밀한 분석이 필요하였다. 정책을 집행하는 공무원들이 이러한 업무를 모두 직접 파악하여 수행하는 것은 매우 어렵기 때문에, 많은 자문을 얻는 것이 필수불가결하였다. 자문을 제공할 수 있는 전문가들은 학계, 언론, 기업 등 다양한 영역에 존재할 수 있을텐데, 우리나라의 경우는 전문가들을 적극적으로 활용하기 위한 조직을 국가가 직접 만들고 운영하였다. 그것이 바로 경제 · 인문 · 사회 계열의 정부 출연 연구기관(Government Sponsored Think Tank)이다.[1]

2014년 현재 우리나라에는 정부 출연 연구기관들을 관장하는 경제·인문사회연구회 산하에 23개 연구소가 소속되어 있으며, 이들이 대표적인 국책연구기관들이다. 국책연구소들은 한국 경제가 고도성장을 구가하던 1971년에 처음 설립되기 시작하였으며, 2000년대 들어서도 여전히 새로 설립되고 있다. 이 연구소들은 한국의 경제 발전에 기대한 만큼 기여하였을까? 만일 그렇다면, 어떤 방식으로 연구소를 조직하고 운영하였기에 이러한 성과를 달성할 수 있었을까?

이 질문에 대해 답을 하는 가장 최선의 방법은 실험을 해보는 것이다. 즉, 해당 연구소들이 없었더라면 혹은 현재와 다른 방식으로 운영되었더라면 얼마만큼 한국 경제가 성장하고 발전하였을까를 측정해서 우리나라의 실제 역사 궤적과 비교해 보는 것이다. 물론 이러한 반사실적 실험(counter-factual experiment)은 매우 어려우며, 사실상 불가능하다. 따라서 본 연구에서는 차선책으로 한국의 국책연구기관이 실제로 어떤 일을 하는지를 면밀하게 살펴보기로 한다. 국책연구소가 어떤 연구를 하였는지, 그리고 이러한 연구 성과를 기초로 정부에 어떻게 자문을 제공하는지 등을 연구해 봄으로써 국책연구소의 기여도를 가늠해 보기로 한다.

국책연구소의 활동을 살펴보는 데 있어서 본 연구는 정책연구소 일반을 다루기보다는 한 곳을 골라 이에 대한 심층적인 분석을 진행해 보고자 한다. 사

---

1 정부 출연 연구기관에는 본문에서 전제하고 있는 인문사회계 연구소뿐 아니라 이공계 연구소들도 포함된다. 대한민국 정부는 1960년대부터 KIST를 비롯, 많은 이공계 연구소를 설립하였고, 이들은 경제 발전에 크게 기여하였다. 이 글에서는 인문사회계 국책연구기관을 전제로 논의를 전개한다. 이공계 연구기관이 경제 발전에 어떻게 기여했는지에 대해서는 홍성주·전찬미·김종립(2013), 고상원·강인수(2014) 등을 참조.

례 연구의 대상은 한국개발연구원(Korea Development Institute: KDI)이다. 한국개발연구원은 1971년에 정부 출연으로 설립된 종합 경제연구소로서, 지난 40년간 한국의 경제 발전에 많은 기여를 하였으며, 현재도 중요한 기능을 계속 수행하고 있다. 세계의 정책연구소(Think Tank)들을 조사해서 순위를 발표하는 미국 펜실베이니아 대학 국제관계 프로그램 산하 '정책연구소와 시민사회 프로그램'(Think Tanks and Civil Societies Program: TTCSP)은 2013년 전 세계 연구소 가운데 KDI를 58위, 미국을 제외한 기관 중에서는 15위에 위치하는 것으로 평가하였다.[2] 이것은 KDI가 한국 내에서는 물론 세계적으로도 높은 위상을 가지고 있음을 보여 주는 많은 사례 중 하나이다.

여러 국책연구기관들 중 KDI를 선택한 것은 단순히 오늘날 가장 성공적인 기관이라는 평가를 받고 있다는 사실 외에도 여러 가지 이유가 있다. 우선 KDI는 한국에서 설립된 가장 오래된 정책연구소이기 때문에, 경제 성장과 정책연구소 간의 상호작용이나 정부와 정책연구소 간의 관계 등을 이해하는 데 많은 시사점을 제공해 줄 수 있다. 또한 KDI의 내부 조직, 자원 활용 등에 대한 검토는 성공적인 정책연구소가 되기 위해서는 어떤 조건이 필요한지를 이해하는 데에도 중요하다. 특히, 최근 들어 사우디아라비아, 미얀마, 알제리, 쿠웨이트 등 국가경제 발전계획을 체계적으로 수행하고자 하는 많은 국가들이 국책연구기관을 설립하기 위해 KDI를 전범으로 삼아 연구소를 이미 설립하였거나 추진 중인데, KDI에 대한 사례 연구는 이 국가들의 시도가 보다 효과적으로 이루어

2 매일경제신문(2013. 1. 23).

질 수 있도록 하는 데 기여할 것으로 기대된다.

두 번째로 KDI의 역사는 사회경제 상황 또는 정책 환경의 변화와 국책연구기관이 어떻게 상호작용하면서 진화하는지를 이해하는 데 도움이 된다. KDI는 현존하는 우리나라 국책연구기관 가운데 가장 오래된 연구소 중 하나이다. 상대적으로 다른 연구소들에 비해 경제 발전의 여러 단계를 거쳐 왔고, 그 과정에서 정부가 필요로 하는 정책 과제를 수행하기 위해 내적·외적으로 많은 진화를 거듭해 왔다. 이러한 과정을 살펴보는 것은 국책연구기관은 어떤 것이어야 한다거나 정부와 연구소 간의 관계는 어떠해야 한다는 선험적이고 당위적인 판단에 기초한 접근을 넘어서서, 이러한 기관들이 어떤 방식으로 변화에 대응하고 작동해 나감으로써 사회경제 발전에 기여하는가에 대해 보다 폭넓은 이해를 가져다줄 것이다.

한편, KDI는 한국의 다른 국책연구기관들과는 상이한 특성을 가지고 있는데, 그것은 바로 종합 연구소라는 사실이다. 경제·인문사회연구회 산하 국책연구소 대부분은 무역, 산업, 재정, 교육, 환경, 보건 등 특정한 분야를 연구하는 것을 목적으로 설립되고 운영되고 있다. 이에 비해 KDI가 연구하는 분야는 설립 초기부터 여러 분야에 걸쳐 있었으며, 오늘날에 와서는 사실상 우리나라 경제·사회와 관련된 모든 분야를 망라하고 있다. 과거에 연구소가 많지 않던 시절에는 다양한 분야를 한 기관이 담당하는 것이 자연스러울 수 있다. 하지만 분야마다 수십 명의 전문가들이 모여서 연구하는 기관들이 있는 오늘날과 같은 상황에서도 KDI와 같은 연구기관은 여전히 존재할 만한 가치가 있을까? 그 이유는 무엇일까? 이 문제에 대한 답을 고찰하는 것은 정책 연구기관의 존재 이유라는 본질적인 문제에 대해 많은 시사점을 제공할 수 있을 것이다.

2. 정책 연구기관의 세 가지 지향점

KDI와 같은 국책연구기관의 기본 기능은 정부의 정책 수립과 집행에 기여하는 연구를 수행함으로써 국민의 후생 증진에 이바지하는 것이다. 이러한 목적을 달성하기 위해서는 연구의 진행 과정과 성과가 다음 세 가지 조건을 갖추는 것이 바람직하다. 그것은 전문성, 독립성, 통합적 식견이다.

전문성이란 연구 수행자 또는 기관이 맡은 주제에 대해 심도 있는 지식과 분석 능력을 바탕으로 연구를 수행해야 한다는 것이다. 이것은 연구자들이 갖추어야 하는 필요조건이다. 그런데 국책연구기관의 연구자는 대학 교수와 같은 학계의 연구자들과 비교해 볼 때 해당 분야에 대한 전문지식을 갖춤과 아울러 정책에 실제로 적용 가능한 주제를 연구하고 명제를 도출할 수 있어야 한다. 또한 이러한 연구 결과는 해당 업무를 담당하는 정부 관계자에게 실질적인 도움을 줄 수 있어야 한다. 이처럼 학계와 정부 양자의 장점을 결합한 전문성을 갖추는 것은 쉽지 않은 일이다. 이런 인력을 양성하기 위해서는 연구자 개인뿐 아니라 조직 차원에서의 노력이 필요하다.

독립성이란 연구 수행 과정이나 연구 결과가 연구원 외부의 압력 또는 연구원 자체의 이해관계에 좌우되지 않음을 의미한다. 연구 주제의 선정이나 진행 과정에서는 당연히 내·외부로부터 다양한 견해를 수렴해야 하며, 충분한 토론 과정을 거쳐서 연구 결과를 도출해야 한다. 하지만 충분한 분석과 점검 과정을 통해 얻은 합리적 결론이라고 한다면, 외적 압력이나 내부적 이해관계 때문에 결과물을 수정하는 일은 없어야 한다. 나아가 발주처가 상정하는 주장에 끼워 맞추는 연구를 해서는 더더욱 안 된다.

통합적 식견이란 특정 주제를 연구할 때 국민 전체의 후생 증진을 염두에 두고 진행해야 함을 뜻한다. 예를 들어, 농산물 시장의 대외개방과 같은 문제가 있을 때, 대외개방으로부터 피해를 입을 수 있는 농민, 개방의 반대급부로 해외 시장에서 이익을 얻는 제조업자, 보다 값싼 농산물 수입으로부터 이익을 얻을 수 있는 소비자 등 여러 집단 가운데 어느 특정 집단의 관점에서 문제를 보는 것이 아니라, 전체 국민들에게 어떤 이득과 손해가 있는가를 장기적이고 종합적인 맥락에서 살펴보고 정책을 제안해야 한다.

이 세 가지 조건은 많은 상황에서 상호 보완적인 성격이 강하며, 서로 떼어 놓고 이야기하기 어려운 측면이 많다. 예를 들어, 어떤 정책에 대해 진정으로 외부의 압력이나 비판을 이겨내고 국민들의 후생에 부합하는 의견을 전개할 수 있으려면, 이러한 어려움을 이겨내고 설득할 만한 전문적 지식과 분석이 전제되어야 한다. 그런 점에서는 전문성은 독립성과 통합적 식견을 위한 필요조건에 가깝다. 반대로 통합적 식견에 근거하지 않은 전문가의 견해는 진정한 의미에서 국가경제에 필요한 정보를 제공하지 못한다는 측면에서 보다 높은 차원의 전문성이 결여되었다고도 이야기할 수 있다.

이처럼 이 세 가지 요소들은 하나가 결여되었을 때 다른 것들이 제대로 구현될 수 없는 측면이 있다는 점에서 상호 보완적이다. 그럼에도 불구하고 이 세

가지 요소는 기본적으로 어느 하나가 다른 것을 전적으로 함축한다고 볼 수는 없는 측면이 있기 때문에 세 가지를 구분해서 고려하는 것이 적절하다.

KDI가 연구를 수행함에 있어 이 세 가지 덕목을 추구하는 것은 매우 중요하며, KDI의 연구진들은 이것을 지켜 나가기 위해 많은 노력을 기울여 왔다. 그런데 KDI 연구에 대한 수요자, 즉 궁극적으로는 국민 전체, 현실적으로는 정부부처와 공무원이 이 세 가지 요소 가운데 어떤 측면을 KDI에게 보다 더 요구하는가는 시대에 따라 변화해 온 측면이 있다. 아울러 시대적 상황 역시 이러한 요소들의 상대적 중요성에 많은 변화를 가져왔다. 이하에서는 KDI가 설립 초기부터 최근까지 어떤 연구들을 어떤 방식으로 수행해 왔는지를 개괄하는 과정에서 이러한 문제를 살펴보기로 한다.

3. KDI의 업무: 연구 및 자문

1) 기본 연구

형식적인 측면에서 보자면 KDI가 수행하는 연구는 크게 연구보고서, 수시과제, 기타 발간물로 구분해 볼 수 있다. 최근 기준에 따라 단순화해서 이야기한다면, 연구보고서란 6개월에서 1년 정도의 시간을 두고 어떤 주제에 대해 심도 있는 연구를 수행한 결과를 담은 보고서를 뜻한다. 수시과제 또는 단기과제는 정부 등의 요청에 따라 특정 사안에 대해 짧은 기간 동안 현황 등을 정리하고 정책 제언을 제시하는 것으로, 대개 개조식으로 작성된 짧은 보고서 형태로 발간된다. 이 밖에도 『한국개발연구』 같은 학술지, 『KDI 북한경제리뷰』, 『KDI 경제동향』, 『KDI 경제전망』과 같은 정기간행물, 「KDI 포커스」나 「KDI 정책포럼」과 같은 팜플렛 등 다양한 형태의 발간물들이 만들어지고 있는데, 이러한 것들은 기타 발간물로 묶어 볼 수 있다.[3]

본 절에서는 연구보고서를 중심으로 KDI가 수행해 온 연구를 개괄한다. 사실 연구보고서를 집필·간행하는 방식이나 구분하는 방식은 계속 변화해 왔기 때문에, 연구보고서에 해당하는 발간물을 모두 취합해서 헤아리는 것은 단순한 일이 아니다. 이러한 한계를 감안하고 본다면, 1971년부터 2013년까지 KDI에서 발간한 국문 연구보고서는 총 871건이며 〈그림 8-1〉은 연구보고서 발간 추이를 보여 준다.[4]

이하에서는 연구보고서들을 주요 주제별로 나누어 그 내용을 살펴보기로 한다. 수시과제는 많은 경우 연구보고서의 내용을 바탕으로 작성되기 때문에, 수시과제만의 주제를 별도로 살펴보는 것은 크게 의미가 있다고 보기는 어렵다. 단, 연구원의 운영이나 연구 인력의 활용 등과 관련해서는 수시과제 수행이 여러 가지 중요한 논의거리가 있기 때문에, 본 절 말미에 별도로 다루기로 한다.

---

3 보고서의 명칭은 시기에 따라 계속 바뀌어 왔는데, 여기에서는 최근 명칭을 기준으로 논의를 전개하기로 한다. 아울러 내부적으로는 이 용어들이 다소 다른 의미로 사용되는 경우가 있으나, 편의상 단순화해서 이와 같이 사용하기로 한다. 아울러 위에서 열거한 발간물은 KDI 본원을 중심으로 한 것이며, 부속기관들에서 발간하는 많은 보고서들과 발행물들은 포함하지 않은 것이다.

4 연구보고서는 다시 정책연구 시리즈와 연구보고서로 나누어진다. 정책연구 시리즈는 단일 주제를 다룬 보고서로, 대략 40-50쪽 정도 분량 또는 논문 한 편에 해당하는 내용과 분량으로 이루어져 있다. '연구보고서'는 한 가지 큰 주제를 다룬 보고서로, 여러 편의 논문들로 구성되며, 400-500쪽 가량의 분량으로 이루어진다. 이하에서는 편의상 이 둘을 구분하지 않고 연구보고서로 통칭하기로 한다.

그림 8-1 KDI의 국문 연구보고서, 1971-2013

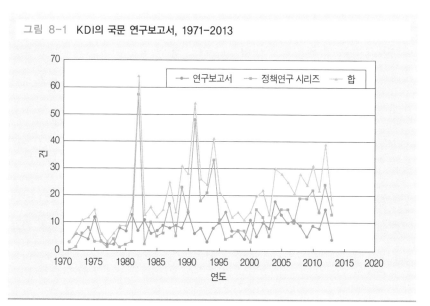

주: 1971년부터 2013년까지 발간된 연구보고서의 총수는 871건이다.
자료: KDI 내부 자료.

(1) 경제개발계획

1961년 군사혁명 이후 혁명정부는 경제개발을 최우선 과제로 두고 정부 정책을 추진하였다. 이를 위해 5년 단위로 경제 운용계획을 세우고 운용하는 경제개발 5개년계획을 1962년부터 실시하였다.[5] 1962년부터 1966년까지 시행된 제1차 계획은 이전 정부에서 수립된 안을 그대로 활용하였기 때문에 계획 마련에 큰 어려움은 없었다. 하지만 제2차 5개년계획은 1962년 설립된 경제기획원에서 수립해야 했는데, 전문 인력의 확보는 성공적인 계획 수립을 위해 절실한

---

5 경제개발 5개년계획의 초기 역사와 관련해서는 이완범(2006), 박태균(2007) 참조.

문제였다.

당시 경제기획원은 해외 인력들, 그리고 몇 안 되는 국내 경제학자들을 활용하여 이 문제를 해결하였고 1967년부터 제2차 경제개발 5개년계획을 실시하였다. 하지만 해외 인력의 활용은 여러 가지로 한계가 있었기 때문에, 국내 전문 인력의 확보를 추진하였다. 정인영(2002, pp. 16-38) 등에 따르면 이러한 인력을 유치·활용하려는 노력의 과정에서 한국개발연구원이 설립되었다.

이러한 설립 배경을 고려할 때, 경제개발계획 수립이 KDI가 담당한 가장 중요한 임무였으리라고 생각해 볼 수 있다. 그런데 흥미로운 점은 KDI가 경제개발계획 자체를 포괄적으로 기획한 보고서를 발간한 것은 확인되지 않는다는 점이다. 아울러 경제개발계획 수립 자체에 있어서 KDI가 적지 않은 기여를 한 것은 사실이지만, 발간물의 목록을 살펴보면 대표적인 업적이라고 보기에는 많은 한계가 있다.

이런 현상이 나타난 가장 중요한 이유는 연구원의 설립 시기와 관련이 있다. KDI가 정식으로 경제개발계획에 참가하게 된 것은 1977년부터 실시된 제4차 경제개발 5개년계획부터였다.[6] 그런데 이 시기가 되면, 경제기획원이 이미 두 차례에 걸쳐 경제개발계획을 수립하고 추진해 보았기 때문에, 계획 작성 자체가 크게 어려운 업무는 아니었던 것으로 보인다.

오히려 경제개발계획 수립 및 추진과 관련해서 KDI가 진정으로 기여를 한 부분은 이러한 계획이 보다 내실을 갖추고 현실성을 가질 수 있도록 하는 기초

6 구체적인 참여 방식에 대해서는 정인영(2002), pp. 141-154 참조.

연구를 축적하고 이 연구 결과를 계획 수립에 직·간접적으로 반영한 데 있었던 것으로 보인다. 예를 들어, KDI는 설립 이듬해인 1972년 4월에 『총자원예산을 위한 성장전략』이라는 보고서를 발간한다.[7] 이 보고서는 경제기획원이 "제3차 5개년계획 제2차 연도 총자원 예산안의 작성에 참고"할 목적으로 KDI에 의뢰하였고, 1973년도 경제전망에 기초하여 예산안 작성 방안에 대한 의견을 개진한 자료이다. 20여 쪽 남짓한 이 보고서는 김만제 원장을 포함, 총 6명의 박사들이 작성하였는데, 연구진들은 보고서 발간을 전후로 한 시기에 거시경제 전망, 재정 지출, 조세 수입, 환율 등 주요 주제에 대해 별도의 보고서를 작성하였고, 그 내용들이 모두 이 시기에 발간이 되었으며 1972년 보고서의 기초로 활용되었다.[8] 이 보고서들은 모두 계량분석을 통해 구체적인 수치를 제시함으로써 경제개발계획의 수립과 집행에 필수적인 정량적 정보를 제공하였다.

아울러 이러한 결과를 토의하는 장을 마련하였다. 경제기획원은 1974년과 1975년에 걸쳐 제4차 경제개발계획을 위한 경제정책협의회를 개최하였는데, KDI는 회의의 실질적 운영을 담당하였다. 1974년 12월 26, 27일 양일간 KDI에서 개최된 제1차 협의회의 경우, 경제기획원을 비롯한 여러 정부 부처들, 주요 민간 관계자 등이 참석한 가운데 김만제 원장, 송희연·문팔용 박사 등이 경제개발계획과 관련된 발제를 하고, 발제 내용을 기초로 논의를 전개하였다.[9] 이러한 토의 과정을 통해 각 부처들의 의견을 수렴하고 조정하는 실무적인 역할을

---

7 한국개발연구원(1972b). 보고서 작성 배경에 대해서는 해당 보고서 앞에 첨부된 협조 전문 참조.
8 김영봉·송병락·송희연(1972).
9 김만제(1974), 문팔용(1974), 송희연(1974), 한국개발연구원(1975). 동아일보(1974. 12. 26).

하였는데, 이것이 보다 현실성 있는 계획의 수립에 크게 기여하였다.

결국 KDI가 설립 초기에 경제개발계획 수립과 관련해서 담당한 역할은 경제기획원이 수립하는 계획이 실제 경제에 반영될 수 있도록 하는 데 필요한 기초적인 분석을 수행하고 관련된 자문을 제공한 데 있었다고 정리할 수 있다. 이후 1990년대에 진행된 마지막 경제개발계획까지 KDI는 경제기획원의 계획 수립을 지원하는 역할을 담당하였다.

(2) 산업연관분석 및 관련 연구

경제개발계획 수립 나아가 국가경제 전체의 움직임을 파악하는 데 있어서는 산업연관표의 작성과 분석이 매우 중요하였다. 산업연관표 또는 투입산출표는 한 산업이 생산을 위해서 다른 산업의 생산물을 얼마만큼 소비하는지, 그리고 해당 산업의 생산물은 다른 산업들이나 최종소비자들에 의해 얼마만큼 소비되는지의 관계를 담고 있는 행렬로, 한 국가의 모든 분야들이 서로 어떻게 영향을 주고받는지를 보여 주는 총체적 모형이다. 1930년대에 바실리 레온티에프(Wassily Leontief)가 처음 제창한 이 분석 기법은 오늘날 특정 정책이나 외생적 요인이 경제 각 분야에 어떤 영향을 미치는지 파악하는 일반균형(general equilibrium)적 접근 방법으로, 전 세계에서 경제분석에 널리 활용되어 왔다.[10]

우리나라 경제를 대상으로 작성되고 공표된 최초의 산업연관표는 강오전(1957)이다. 1957년을 기준으로 19개 분야로 구성된 이 산업연관표는 경제개발 3

---

10 Leontief(1941; 1953).

개년계획의 기초 자료로 이용되었다. 이후 한국은행에서는 1960년부터 본격적으로 산업연관표를 작성 · 발표하였다.[11]

KDI에서는 송병락(1973)이 최초로 산업연관표를 이용한 분석을 수행하였다. 이 연구에서는 몇 개 연도의 산업연관표들을 연결함으로써 얻은 추세를 이용해 1981년까지 총소득, 투자, 수출, 수입 등 주요 거시변수의 장기 추계를 제시하였다.[12] 이후에도 김광석 · 홍성덕(1982; 1990) 등이 유사한 작업을 수행하였는데, 이러한 분석은 속성상 경제개발계획 수립에서 매우 중요한 정보로 활용되었을 것으로 추정된다.

산업연관표를 활용한 경제분석은 오늘날까지 KDI 연구의 중요한 축으로 자리잡고 있다.[13] 예를 들어, 김동석 · 이진면 · 김민수(2002), 김동석 외(2012)는 산업연관표를 활용, 우리나라의 장기성장회계(growth accounting) 분석을 실시하였으며, 김동석(2003) 등은 산업연관표를 연결하여 우리나라의 산업 구조 변동을 분석하였다. 한편, 다양한 제품에 대한 관세 부과가 실제로 어떤 보호 효과를 낳고 있는지를 파악하기 위해서는 중간재에 대한 관세 부과 효과까지를 반영하여 보호율을 측정하는 실효보호율(effective protective rate) 추정이 유용하다. KDI에서는 1970년대와 1980년대에 걸쳐 산업연관표를 이용해서 실효보호율 추

---

11 한국은행은 1955년 산업연관표를 작성하였으나 공식적으로 발표하지는 않았다(김규수, 1980, p. 7, 각주 1). 하지만 이 표는 이후 KDI 등에서 다양한 연구들에 활용하였다.

12 경제개발계획의 수립에 있어서는 거시변수들을 중심으로 하는 거시경제모형 접근과 경제 부문별 관계를 중심으로 하는 산업연관모형 분석이라는 두 가지 접근이 가능하다. 송병락(1973, pp. 16-19)에 따르면 제2차 계획은 산업연관표를 중심으로 계획이 수립된 반면, 제3차 계획은 거시경제모형을 중심으로 계획이 수립되었으며, 계획의 진행 과정에서 이것을 보완하기 위한 산업연관분석이 이루어졌다.

13 KDI는 자체 산업연관표 데이터베이스를 구축하고 분석 작업을 수행하는데, 이와 관련해서는 김민수(2011) 참조.

정 작업을 지속적으로 수행하였다.[14]

KDI의 공공투자관리센터가 수행하는 예비타당성 조사에서도 산업연관표 분석은 매우 중요한 역할을 담당하고 있다. 특정 지역에 이루어지는 공공투자가 해당 지역의 경제에 얼마만큼의 파급 효과를 지니는지는 해당 사업의 시행 여부를 결정하는 데 중요한 판단 기준이다. 이 같은 파급 효과를 파악하기 위해 지역별 산업연관표를 활용하고 있으며, 모든 예비타당성 조사에는 이러한 분석 결과가 반영되고 있다.[15]

산업연관표에 대한 연구나 이것을 활용한 분석은 과거와 비교해 볼 때 학계에서는 활발하게 이루어지지 않으며, 한국은행이나 KDI와 같은 정책 연구기관에서 주로 이루어진다. 이것은 정책연구소의 존재와 관련해서 중요한 한 가지 의미를 갖는다. 새로운 지식의 창조를 추구하는 속성 때문에 학계에서는 이미 연구가 충분히 진행된 분야와 관련해서는 새로운 연구가 잘 이루어지지 않는 경우가 많다. 그 결과 해당 분야에 대한 지식을 가진 인력을 정부가 필요로 하더라도 이러한 인력이 학계로부터 적절하게 제공하지 못하는 경우가 적지 않다. 그렇다고 해서 산업연관표를 분석하는 방법과 같은 내용을 정부 부처 공무원이 스스로 학습하여 분석을 수행하는 것은 공무원의 업무 특성이나 연속성 측면에서 볼 때 쉽지 않을 수 있다. 정책 연구기관은 이러한 문제, 즉 정부에서 필요로 하는 종류의 지식을 보유하고 재생산하는 문제를 해결하는 적합한

---

14 실효보호율 추정 연구로는 남종현(1981), 김광석(1980), 김광석 · 홍성덕(1982), 유정호 · 홍성훈 · 이재호(1993), 홍성덕(1992; 1997), 유정호(2005) 등이 있다.
15 공공투자관리센터와 예비타당성 조사에 대해서는 제5절 참조.

제도일 수 있다. 산업연관분석뿐 아니라 경제 전망, 거시재정 연구 등 이하에서 소개하는 KDI의 주요 업무들 역시 유사한 성격을 가지고 있다.

(3) 경제 동향 분석 및 경제전망

KDI는 설립 초기부터 국가경제 전체의 움직임과 관련된 GDP, 물가변동, 실업률 등 주요 거시경제 변수들을 체계적으로 분석하여 경기 동향을 파악하고 전망을 제시하는 작업을 수행하였다. 이러한 작업은 거시경제에 대한 심층적 연구, 그리고 전망에 필요한 모형의 개발과 병행해서 진행되었다. KDI가 설립된 지 얼마 지나지 않아 송희연 박사는 1971년에 최초의 거시경제모형을 만들어서 경제 전망에 활용하였다.[16] 같은 시기에 김만제 · 송희연 · 김광석 박사는 화폐수요함수를 추정하였다.[17] 이후 오늘날까지 거시경제 분석 및 전망은 KDI의 주요 기능으로 지속되어 왔으며, 이와 관련해서 KDI가 발간한 연구보고서의 수는 일일이 다 인용할 수 없을 정도이다.[18]

이러한 분석을 기초로 KDI에서는 거시경제 분석 결과를 정기적으로 공표함으로써, 정부는 물론 기업과 국민들의 경제 활동에 필요한 중요한 정보를 제공하였다. 1982년 5월에 처음으로 『KDI 분기별 경제전망』을 발간하였고, 이 발간물은 오늘날까지 지속되고 있다. 아울러 매달 주요 경제지표를 수록한 경제동향 보고서를 발간함으로써 경제 변화의 추이를 점검하고 관련 정보를 국민

---

16 Song(1972).
17 Kim, Song, and Kim(1972; 1973).
18 이재준 외(2011)는 DSGE 모형에 기초한 가장 최근의 거시경제모형이다.

들에게 제공하고 있다. 정부나 언론에서는 거시경제의 흐름을 파악해야 하는 경우, KDI에 수시로 연락을 해서 자문을 받곤 한다.

거시경제 동향의 분석과 전망은 경제변수들의 변화 추이를 지속적으로 파악하는 일상적인 작업과 이것을 분석할 수 있는 능력이 동시에 필요하다. 그리고 거시경제 동향은 특정 변수만으로 파악할 수 있는 것이 아니라 다양한 변수들에 대한 심도 있는 이해를 종합해서 이루어지는 작업이기 때문에, 각 분야를 지속적이고 면밀하게 파악하는 연구자들의 공동 작업이 필수적이다. 이런 이유로 KDI의 거시전망 작업은 여러 명의 박사급 인력과 연구보조 인력으로 구성된 '동향전망팀'의 작업으로 진행되어 왔다. 좋은 거시전망 결과를 내놓기 위해서는 경제 각 분야를 담당하는 팀원 간의 협업이 필수적이다. 이러한 협업 체제는 오랜 기간 동안의 공동 작업 속에서 자리잡게 된 것으로, 다른 기관들이 쉽게 따라잡기 어려운 KDI의 중요한 자산으로 평가된다.

거시경제 전망을 수행하는 KDI의 기능은 이처럼 설립 초기부터 오늘날까지 KDI의 가장 중요한 축으로 자리잡고 있다. 최근 들어서는 여러 기관들이 거시경제 전망을 수립·발표하고 있기 때문에, KDI 전망이 가지는 중요성은 상대적으로 약해진 측면이 있다. 그러나 여러 기관 가운데서도 경제전망치의 발표는 KDI가 가장 먼저 하고, 다른 기관들은 이것을 기준으로 삼아 자체 분석을 반영하여 조정한 결과를 공표하는 양상을 보이고 있다. 언론에서도 KDI 전망치에 대한 보도는 다른 기관들의 경우보다 훨씬 비중 있게 다루어지는 것이 일반적이다.

이런 면에서 볼 때 KDI의 거시경제 전망치는 여전히 우리나라 경제에서 중요한 의미를 지닌다고 할 수 있다. 아울러 KDI는 IMF나 OECD 등 국제기구들과 거시경제 정보에 대해 긴밀한 정보 및 의견 교환을 수행함으로써 세계 경제 전망에 있어 우리나라 경제에 대한 정보를 제공하는 한편, 국제경제 동향을 파악하여 대응하는 역할도 수행하고 있다.

(4) 장기 전망 및 계획

거시경제 전망이 단기, 즉 6개월에서 1년 정도의 기간을 놓고 경제의 흐름을 예측하는 작업이라고 한다면, 장기 전망은 10년이나 그 이상의 긴 기간을 염두에 두고 경제 성장의 방향, 그리고 관련 정책을 궁구하는 것이다. 담당 분야와 관련된 장기 전망을 제시하는 것, 그리고 여기에 근거해서 당면한 문제에 대한 정책 대안을 제시하는 것은 국책연구기관이 수행해야 할 가장 핵심 업무이다. 담당 부처나 국회 등이 임박한 현안에 매몰되어 정책의 큰 방향을 제대로보지 못할 때, 국책연구기관은 당면한 단기적 문제들의 해결을 지원하면서도, 한 걸음 물러선 자리에서 장기적이고 거시적인 관점에서 해당 문제를 평가하고 의견을 제시함으로써 정책이 올바른 방향으로 진행될 수 있도록 하는 기능을 수행해야 한다.

물론 장기적 전망은 그것 자체를 담은 특별한 형식을 갖춘 보고서가 아니더라도 연구소가 발간하는 모든 보고서들에 녹아 있어야 한다. 하지만 이러한 당위와는 별개로, 각 연구소는 총괄적인 전망을 담은 보고서들을 발간함으로써 해당 분야의 흐름을 관계자들에게 일깨우는 작업을 수행해 왔다. KDI와 같은 종합연구기관의 경우는 다른 어떤 연구기관보다도 이러한 기능을 수행해야 할 책임을 부여 받는다. 나아가 특정 분야에 국한되지 않은 우리나라 사회, 경제 전체의 관점에서 장기적인 발전 방향을 제시하고 전략을 마련하는 업무를 담당하도록 요청 받아 왔다.

KDI의 장기 전망 작업은 설립 초기부터 이루어졌다. 김만제 원장은 1973년 4월 미국 워싱턴에서 한국 경제의 미래를 주제로 발표하였으며, 같은 해 10월 서울에서 열린 국제학술대회에서도 「2000년의 한국 경제」라는 주제발표를 하였다.[19] 비록 둘 다 원장 개인이 학술대회에서 발표하는 형식으로 이루어졌지만, 이 연구들은 우리나라 경제의 성장 가능성과 발전 방향 등에 대하여 KDI가 제시한 최초의 장기 전망이라고 할 수 있으며, 향후 KDI가 수행한 다양한 장기 전망 연구의 시발점이 된다는 면에서 큰 의미가 있다.

KDI가 기관 차원으로 참여한 최초의 대규모 장기 전망 작업은 1976년과 1977년에 수행되어 발간된『장기 경제사회발전 연구』였고, 이후로도 장기 전망 작업은 계속되었다.[20] 2001년 발간된『비전 2011』, 2000년대 중반에 작성된『비전 2030』은 2000년대에 수행된 대표적인 장기 전망 작업들이다.[21] 이러한 작업에는 다양한 분야에 대한 심도 있는 지식을 지닌 많은 연구 인력이 필요할 뿐아니라, 각 분야의 연구들을 결합하여 일관성 있는 큰 그림을 완성하는 작업이 매우 중요하다. KDI는 경제 분야에 대한 집필에서뿐 아니라, 여러 연구기관들의 연구 결과 및 인력을 총괄하여 종합 결론을 도출하는 역할을 담당하였다.[22]

---

19 Kim(1973), 한국개발연구원(1973).
20 연구 진행 배경 및 과정과 관련해서는 정인영(2002), pp. 162-169 참조.
21 한국개발연구원(2001), 정부 · 민간 합동작업단(2006).

한편, KDI는 1970년대부터 한국 경제의 장기적인 발전 과정을 되돌아보는 연구 사업을 꾸준히 수행하여 왔다. 정책 연구기관의 업무와는 다소 거리가 있어 보이는 이러한 기초 작업들은 장기 전망 작업의 토대를 마련한다는 면에서 매우 중요한 의미를 갖는다. 1977년에 수행된 '한국 경제사회의 근대화 과정 연구'는 가장 대표적인 성과이다. 이 연구는 KDI가 하버드대학교 부설 국제개발연구소(Harvard Institute for International Development: HIID)와 공동으로 추진하였는데, 한국 경제가 1945년 이후 발전해 온 과정에서 중요했던 분야들에 대해 KDI 연구위원과 저명한 미국의 경제학자가 공동으로 연구보고서를 집필하는 방식으로 진행되었다. 연구 성과는 총 12권으로 구성된 총서로 발간되었으며, 국문과 영문으로 간행되었다.[23] 이 연구는 역사적 사실에 대한 연구를 통해 궁극적으로 우리 경제의 향후 장기 발전 방향을 제시하였다는 데 큰 의미가 있으며, 나아가 한국 경제의 장기 전망 작업을 수행하는 중요한 토대를 제공하였다.

이후에도 규모는 차이가 있지만 유사한 형태의 역사 연구 사업은 꾸준히 이어졌다. 1990년에 『한국재정40년사』(전7권), 1995년에는 해방 50주년을 맞아 한국 경제 50년을 되돌아보는 『한국 경제 반세기: 역사적 평가와 21세기 비전』을 출간하였다. 최근에는 건국 60주년을 맞아 한국 경제의 발전을 총괄해서 정

---

22 하지만 최근 들어서는 정권이 바뀔 때마다 기존 전망을 폐기하고 새로운 전망 작업을 수행하고 있다. 이것은 20-30년을 내다보고 작성되는 장기 전망이라는 작업의 취지와는 다소 어울리지 않는 작업 방식이다. 그리고 보고서의 이름은 바뀌더라도 수록된 내용에는 별다른 차이가 없는 것이 일반적이다. 이런 점에서 장기 전망 작업이 많은 인력과 예산을 소요하면서도 새로운 내용을 창조하지 못하는 실익이 없는 사업으로 되어 간다는 비판이 기관 내·외부에서 제기되어 왔다.

23 정인영(2002), pp. 155-161. 총 12권의 총서 가운데 우리말로 번역된 것은 총 9권으로, 레페토 외(1983), 김광석·로머(1984), 송병락·밀즈(1980), 김영봉 외(1984), 크루거(1984), 문팔용 외(1981), 사공일·존스(1981), 콜·박영철(1984), 메이슨 외(1981)이다. 3권은 영문판으로만 간행되었다.

리하는『한국경제60년사』간행을 주도하였다.[24] 총 5권 3,000여 쪽으로 발간된 이 작업 역시 KDI 연구위원과 원장을 역임했던 사공일 박사, 그리고 당시 KDI 선임연구위원인 고영선 박사가 총편집을 담당하였으며, 많은 주요 내용들을 KDI 연구위원들이 직접 집필하고 검독하였다.

이러한 대규모 사업 외에도 KDI에서는 한국 경제의 장기적 변화 또는 고도 성장기의 역사를 정리하는 연구들을 꾸준히 수행하고 있다.[25] 또 수출진흥확대 회의와 월간경제동향회의의 녹취록 간행 사업 등과 같이 우리나라의 경제 성장 과정과 관련된 주요 자료들을 수집 · 정리함으로써 장기 경제 발전 관련 연구 그리고 개발도상국에 우리의 역사적 경험에 바탕을 둔 지식공유사업(KSP)의 토대를 마련하는 작업에도 많은 힘을 기울이고 있다.[26]

(5) 정부 재정

정부의 경제 운영에 있어서 가장 기본이 되는 것은 조세 수입과 재정 지출의 관리이다. 앞서 언급한 바와 같이 KDI는 설립 이듬해에 발간한 총자원예산안 작성에 대한 일련의 보고서를 통해 정부 세입 규모를 추계하고 관련 정책을 제언하였다.[27] 아울러 김적교 박사는 1975년 1월에『예산제도개선에 관한 연구』라는 보고서를 발간하였는데, 이 보고서는 향후 우리나라 예산 제도 개선의 밑그림을 제시하였다.[28]

---

24 차동세 외 편(1995).
25 대표적으로는 이영훈(2000), 강광하 · 이영훈 · 최상오(2008) 등이 있다.
26 이영훈 외(2013), 박기주 외(2014).
27 한국개발연구원(1972), 박종기 · 김완순(1972), 김완순 · 박종기(1972).

이처럼 정부 재정이 KDI 설립 초기부터 주요 주제로 다루어진 것은 KDI의 임무라는 면에서나 경제기획원과의 관계 등을 고려해 볼 때 너무도 당연한 일이었다. 그런데 조세만 하더라도 소득세, 부가가치세, 상속세 등 다양한 영역이 존재하며 재정 지출도 마찬가지이기 때문에 KDI 인력만으로 경제기획원, 재무부, 국세청 등 관련 부처들이 필요로 하는 정책 연구 수요를 충분히 감당하기 어려웠다. 이 때문에 정부는 1992년에 조세 관련 기능을 담당하는 한국조세연구원(현 한국조세재정연구원)을 별도로 설립하였다. KDI의 전·현직 연구위원들 중 관련 업무를 수행하는 연구자들 일부가 한국조세연구원으로 자리를 옮겨서 연구 인력 및 원장 등으로 임무를 수행함으로써 한국조세연구원이 자리를 잡고 발전하는 데 기여하였다.

하지만 업무의 분리에도 불구하고 KDI에서는 한국조세연구원 등과의 협조 속에서 여전히 정부 재정과 관련된 여러 가지 업무를 수행하고 있다. 1981년부터 2008년까지 간행된 『국가예산과 정책목표』를 통해 주요 정책 목표를 중심으로 예산을 기획하는 업무에 필요한 기초를 제공하였다. 2000년대부터는 정부 예산을 보다 체계적으로 계획하고 집행할 수 있도록 5년 단위의 예산을 기획하는 '국가재정 운용계획' 작성을 총괄함으로써 이 제도가 정착하는 데 기여하였다.[29] 뿐만 아니라 조세 및 재정 분야의 주요 문제를 심도 있게 분석하는 연구 역시 계속 수행하고 있다. 이것은 국민경제의 여러 분야들과의 관련 속에

---

28 김적교(1975). 한편, 1974년 5월 월간경제동향회의에서는 경제기획원이 대통령과 회의 참석자들에게 예산 제도 개편 방안을 보고하는데, 이 내용은 기본적으로 보고서의 내용과 동일하다. 즉, 김적교 박사의 보고서는 회의 보고 내용은 물론 우리나라 재정 제도의 틀을 마련하는 기초로 작용하였다. 박기주 외(2014).

29 고영선·허석균·이명헌(2004) 및 한국개발연구원, 중기재정운용계획 보고서.

서 재정 문제를 파악하는 작업이 재정 관련 개별 문제에 대한 세세한 지식과는 별도로 중요한 의미를 가지기 때문이다.

오히려 한국조세연구원 설립 이후에도 KDI가 수행하는 정부 재정 관련 업무는 지속적으로 확대되었다. 본원 내에서 관련 연구를 수행하는 인력은 한국조세연구원의 설립 이후에도 증가해 왔다. 나아가 2001년에는 공공투자관리센터가 설립되어 500억 원 이상이 소요되는 대규모 정부 건설 사업들이 제대로 이루어질 수 있도록 예비타당성 조사를 수행해 오고 있다. 공공투자관리센터는 최근에 와서 정부 재정이 대규모로 소요되는 다른 영역들에 대한 사전·사후 평가로 영역을 확대하고 있다. 공공투자관리센터에 대해서는 다음 절에서 상세히 설명하기로 한다.

(6) 경쟁 정책 및 개방 정책

1960년대와 1970년대의 정부 주도적인 경제 성장 정책은 국민소득 향상에 크게 기여하였다. 그러나 여러 가지 부작용도 수반하였는데, 그 가운데 독과점적 시장 구조는 사회경제적으로 많은 문제를 불러일으켰다. 정부는 수출주도형 경제 발전을 추구하는 과정에서 국내 산업들을 해외 상품들로부터의 경쟁에서 보호함과 동시에, 금융 정책, 보조금 정책, 진입 규제 정책 등 다양한 방식을 통해 이 기업들을 지원하였는데, 그 과정에서 대기업 집단과 독과점적 시장 구조가 등장하였다. 이것은 소비자들이 상품을 보다 높은 가격에 구매할 수밖에 없는 상황을 만드는 한편, 해당 기업들이 제품의 품질 제고 노력을 충분히 수행하지 않도록 함으로써 소비자들의 후생을 저해하는 부작용을 야기하였다.

경제기획원에서는 주요 상품의 가격을 직접 통제하는 등 다양한 방식으로 이러한 문제를 해소하고자 하였다. 하지만 경제가 성장함에 따라 가격 통제처럼 정부가 직접 기업 활동을 규율하는 접근은 득보다는 실이 많아져 갔다. 정부는 1976년에 「물가안정 및 공정거래에 관한 법률」을 제정함으로써 경쟁 정책 또는 시장친화적인 경제 운용의 법적 기반 또는 정책 방향 전환의 토대를 마련하였다.[30]

KDI는 이러한 정책 전환이 이루어질 수 있도록 많은 노력을 기울였다. 1975년에 이규억 박사는 산업별 기업집중도의 현황을 분석하였으며, 1977년에는 독점적 시장 구조에 대한 방대한 실증 연구와 공정거래 정책의 방향을 담은 정책보고서를 발간하였다.[31] 이러한 일련의 연구들을 통해 이규억 박사는 우리나라의 시장 구조가 매우 독점적인 구조를 가지고 있고 이것이 소비자 후생을 크게 저하하고 있기 때문에, 이를 해소하기 위한 정책이 필요함을 역설하였다. 그러나 수출 중심의 고도성장을 경제 정책의 기본 방향으로 상정하고 이를 위해 산업 보호나 가격 통제 정책을 광범위하게 실시하던 1970년대의 분위기에서 이러한 정책 제안들이 전면적으로 수용되거나 정책 방향을 바꾸기는 어려웠다.[32]

시장친화적인 정책으로의 전환은 박정희 대통령이 서거한 뒤 1980년대 들

---

30 공정거래 제도의 발전 과정에 대한 보다 포괄적인 논의는 한국경제60년사편찬위원회(2010), 제1권 제6장, pp. 776-799 참조.
31 이규억(1975; 1977).
32 예를 들어, 1979년 경제의 심각한 위기 속에서도 박정희 대통령은 겉으로는 경제안정화 정책을 수용하는 모습을 보였지만, 정책 당국자들에게는 수출 중심의 고도성장만이 우리 경제가 나아가야 할 길임을 역설하였다. 수출진흥확대회의, 1979년 4월 27일(이영훈 외, 2013, 제3권, p. 586) ,1979년 5월 24일(이영훈 외, 2013, 제3권, p. 613).

어서면서 본격적으로 이루어졌다. 제5공화국은 물가 안정을 경제 정책의 최우선 목표로 설정하였으며, 재정이나 금융 같은 거시 정책과 함께 직접적인 가격 통제보다는 대외개방과 경쟁적 시장질서 확립 등 구조적 접근을 통해 목표를 달성하고자 노력하였다. 1981년에 제정된 「독점규제 및 공정거래에 관한 법률」과 공정거래위원회의 설치는 경쟁 정책 발전의 이정표를 마련하였다.

정책 기조의 변화는 KDI에 새로운 전기를 가져왔다.[33] 이미 1970년대로부터 축적되어 온 산업 구조와 경쟁 정책에 대한 연구는 1980년대에 들어 크게 확대되었다. 경쟁 정책 연구를 주도했던 이규억 박사는 1981년에 일련의 연구를 통해 1970년대 축적된 연구를 심화 · 확대하였고, 1982년에는 사료, 병마개, 청주, 화장품, 판유리, 기계, 섬유, 전자 등 12개 산업들의 시장 구조 개선 방안을 담은 '경쟁촉진 정책 개선 방안 연구 시리즈'를 통해 구체적인 정책 분석과 제안을 제시하였다.[34]

정부 주도의 경제개발 정책으로부터 시장친화적인, 그리고 개방지향적인 경제 성장으로 정부 정책의 기조가 전환된 것은 KDI에게는 매우 중요한 전기(轉機)를 제공하였다. KDI는 당시 한국 사회에서 시장경제에 대한 제대로 된 이

---

33 정책 기조 변화와 관련해서는 제5공화국 초기 경제 정책을 주도한 주요 인물들의 역할이 크게 작용하였는데, 특히 청와대 경제수석비서관을 역임한 김재익 비서관이 매우 중요하다. 김재익 비서관은 경제기획원 공무원이었는데, 1970년대 초 미국 유학에서 돌아온 뒤에 경제기획원에 근무하면서 경제안정화의 중요성을 강조하였으나 정부 내에서 받아들여지지 않았다. 여기에 실망한 그는 KDI로 이직을 결심하였다. 하지만 KDI로 이직이 결정된 지 며칠 지나지 않아 군사정변으로 정권을 잡은 전두환 장군의 요청으로 제5공화국 경제 정책을 주도하는 핵심 역할을 담당하게 되었으며, 이것이 시장친화적인 경제 정책의 도입에 크게 기여하였다. 김재익 수석은 1983년 10월 버마 아웅산에서 북한의 폭탄 테러로 45세의 나이에 사망하였는데, 그의 삶은 개인적 측면에서뿐 아니라 당시 KDI의 상황, KDI와 경제기획원 간의 관계 등에 대해 많은 시사점을 준다는 면에서도 중요하다. 김재익 수석의 삶, 그리고 1970-1980년대 경제 정책 설정에서 그의 역할에 대해서는 이장규(2008), 고승철 · 이완배(2013) 등을 참조.

34 이규억 · 서진교(1981), 이규억 외(1981), 이규억(1982a; 1982b; 1982c; 1982d; 1982e; 1982f; 1982g; 1982h; 1982i; 1982j; 1982k).

해를 가지고 정부에 정책 자문을 제공할 수 있었던 거의 유일한 기관이었기 때문이다. 그 결과 KDI의 자문은 1980년대에 개방지향적이고 시장친화적인 정책 기조의 형성에 매우 중요한 영향을 미쳤으며, 이러한 방향은 오늘날까지 우리나라 정부가 지속적으로 유지하고 있다.

한 가지 강조할 점은 이러한 변화들 중 필연적인 것은 없었다는 사실이다. 경제가 성장한다고 해서 정부 정책 기조가 반드시 시장친화적인 방향으로 전환되는 것은 아니며, 또한 정책 기조의 변화가 일관되게 유지되는 것도 쉬운 일은 아니기 때문이다. 1980년대 들어 정부 정책 기조가 바뀌게 된 데에는, 경제 여건의 변화뿐 아니라 1970년대부터 KDI가 이러한 정책 방향을 뒷받침하는 연구를 축적하고 변화를 주장했던 것이 작용하였다. 아울러 KDI가 발간하는 보고서, 그리고 KDI 구성원들의 정부 참여 등을 통해 일관성 있고 설득력 있게 이러한 주장을 실현해 나간 것이 향후 정책 기조가 장기적으로 유지될 수 있도록 하는 데 기여하였다. 이런 면에서 KDI가 오늘날과 같은 위상을 가지게 된 것은 경제 성장, 정부 정책 방향의 변화, 그리고 KDI의 노력이 내생적으로 작동한 결과였다고 할 수 있다.

이후 KDI 내에 경쟁 정책 관련 연구를 수행하는 연구진은 꾸준히 확대되어 우리나라 경쟁 정책의 정책적 토대를 제공하였다. 경쟁 정책 연구는 1990년대 이후 활성화되는 규제 개혁 관련 연구로도 더욱 확대·심화되었으며, 2014년에는 관련 업무를 전담하는 규제개혁센터가 설립되기도 하였다.[35] 나아가 시장

---

35 김준경 · 강동수 · 김현욱(2004), 차문중 편(2005), 고영선 외(2009) 등.

경제의 기본이라고 할 수 있는 재산권 획정과 보호의 중요성에 초점을 맞추고 사법 정책을 개선하기 위한 연구로도 외연을 확장하였다.[36] 아울러 개방을 통한 경제 성장을 추구하는 연구들은 이후 1990년대의 시장 개방, 2000년대의 FTA 추진에 있어서도 크게 기여하였다.[37]

(7) 위기 대응과 극복

KDI가 설립된 뒤 공식적으로 가장 먼저 발간된 보고서는 1971년 6월 1일자로 간행된 『기업정리에 대한 의견』이다. 경제개발계획 수립이라는 원래의 설립 목적과는 다소 거리가 먼 부실기업의 처리 방안을 다룬 보고서가 첫 보고서로 발간되었다는 사실은 KDI가 이후 걸어온 길과 관련해서 매우 상징적인 의미를 갖는다.

1970년대의 한국 경제는 높은 경제 성장을 구가하고 있었으나, 여러 가지 구조적 불안정성을 안고 있었다. 이러한 상황 속에서 경제의 문제점을 직시하고 해결하기 위한 제언을 하는 것은 국책연구기관이 당연히 수행해야 할 임무였다고 할 수 있다. 기업 정리에 대한 보고서 이후, 이듬해인 1972년 6월에 김만제 원장은 「새 정책의 선택을 위한 결단」이라는 15쪽 분량의 보고서를 발간한다. 이 보고서는 국가경제 정책의 방향을 경제 성장이 아닌 물가 안정으로 선회할 것을 주장하였다. 이를 위한 목표로 ① 물가상승률 연 3%, ② GDP 성장률 8.5%, ③ 수입증가율 연 10%를 제시하고, 이에 필요한 제반 정책을 열거하였다.

---

36 이규억 외(1991), 이규억 외(1995), 김두얼(2007; 2008; 2010), 김두얼·전수민(2012), 김정욱(2011) 등.
37 차문중 편(2007).

이것은 오늘날의 기준으로 보면 현실성이 매우 낮은 주장이다. 매년 10% 이상의 경제 성장률을 달성하던 당시의 상황 속에서 보면 8.5%라는 목표치는 매우 낮은 수준으로 여겨졌을 수도 있다. 하지만 8.5%라는 높은 경제성장률을 유지하면서 동시에 물가상승률을 3% 수준으로 낮춘다는 것은 실현 가능성이 매우 낮다. 그럼에도 불구하고 물가 상승을 억제하기 위해 경제성장률을 10% 대에서 한 자리수 수준으로 낮추자는 제안은 당시의 분위기로서는 매우 파격적인 주장이었으며 정부가 전혀 받아들일 만한 것이 아니었다.[38]

초기의 보고서들은 대부분 '대외비' 자료로 발간되었기 때문에 경제안정화를 강조하는 내용을 담은 보고서들은 같은 시기 발간된 여느 보고서들처럼 언론에 직접 보도되지는 않았다. 하지만 정부 내에서는 대통령을 비롯, 많은 고위 정책 결정자들은 이 문건을 접하고 있었다.[39] 이처럼 정부 정책과 충돌한다고도 볼 수 있는 보고서들을 발간하는 것은 지난 40년간 KDI가 수행해 온 작업의 중요한 부분을 차지한다. 이것은 정부와 KDI 간에 일종의 긴장 관계를 형성해 왔는데, 이 점과 관련해서는 제5절에서 보다 집중적으로 다루기로 한다.

위기를 막기 위한 정책 제안을 하는 한편, 실제로 경제위기가 발생할 경우 위기 극복과 관련된 일련의 과정에서 KDI 혹은 연구위원들은 중요한 역할을

---

38 이 보고서가 발표될 무렵 물가정책국장이 되었던 강경식에 따르면, 경제기획원에서는 김만제 원장의 보고서 때문에 3% 물가 상승을 맞추는 문제로 골머리를 앓고 있었는데, 가격 통제 등 여러 가지 수단을 써서 겨우 물가상승률을 3%로 맞추고 이듬해 8월 대통령에게 보고를 하였다. 그는 김만제 원장의 "실현 가능성이 없"는 연구보고서 때문에 이러한 문제가 발생하였음을 언급하고 있지만, 정부가 물가 안정을 위해서는 물가 자체를 통제하는 것이 아니라 총수요를 안정화하는 정책을 수행해야 한다는 점이 핵심이었다는 사실은 언급하고 있지 않다. 강경식(1992), pp. 40-43.
39 보고서를 대외비로 발간하는 정책은 1973년경부터 다소 변화하기 시작한다. 1973년 발간된 문팔용 박사의 보고서는 대외비로 분류되지 않았다.

담당하였다. 대한민국 경제 역사상 가장 큰 경제적 위기였다고 할 수 있는 1997년 외환위기, 그리고 최근 들어서는 2008년 국제금융위기와 관련해서도 마찬가지였다. 위기를 극복하기 위한 경제 정책의 방향, 부실기업 정리, 경제 구조 개혁 등 다양한 문제들과 관련해서 KDI는 연구와 자문을 수행하였으며, 정책 수립에 크게 기여하였다.[40] 아울러 위기 극복 이후에도 위기 극복 과정과 이후의 경제 구조 변화를 심도 있게 연구함으로써 향후 위기의 재발을 방지하고 경제 성장의 기초를 확립하는 작업을 진행하였다.[41]

(8) 기타 분야

지금까지 KDI가 설립 초기부터 수행해 온 연구들 가운데 중요한 몇 가지 흐름을 살펴보았다. 물론 위에서 다룬 영역들이 KDI가 다루는 모든 영역을 포괄하는 것은 아니다. KDI는 무역, 산업, 금융, 보험, 소득 분배, 연금, 노동, 복지, 사법 제도, 북한 등 한국 경제의 모든 영역과 관련된 연구를 수행해 왔다고 해도 과언이 아니다.

이렇게 다양한 분야들에 대한 연구를 수행하는 것은 거시 동향 및 전망, 경제개발계획 수립, 장기 경제 발전 전략 수립 등 국가경제 전체를 다루는 거시적이고도 종합적인 연구가 보다 충실해지기 위해서는 당연히 필요한 기초라고 할 수 있다. 아울러 우리 사회가 보다 발전하고 복잡해짐에 따라 거시경제적 측

---

40 강동수(2004), 신인석(1998), Shin and Hahm(1998), 구본천(1999), 구본천 · 설광언(1999), 김승진 외(2000), 유승민(2000), 함준호(1999), 김준경 외(1998).
41 강동수 · 김준경 · 최용석(2004), 신인석 · 한진희 편(2006), 고영선 · 신석하 편(2007), 한진희 · 신석하 편(2007), 조동철(2011).

면 외에도 다양한 정부 부처들이 정책 관련 자문을 필요로 하게 되었는데, 이러한 수요에 부응한 결과이기도 하다. 연구 영역의 확대는 인력 수요를 늘렸고, 늘어난 인력은 보다 새로운 영역으로 연구를 확장하는 증폭 작용이 지속되어 왔다. 연구 영역의 지속적 확대는 궁극적으로 종합 연구소라는 KDI의 면모를 확립하는 기초로 작용하였다.

하지만 진정한 종합 연구소가 되기 위해서는 영역의 확장과 아울러 다양한 연구들을 하나의 흐름 속으로 종합하는 작업이 이루어질 필요가 있다. 연구 영역의 확대, 그리고 연구 인력의 증가는 KDI 내부에서 이루어지는 연구를 구성원들이 어떻게 서로 공유할 것인가, 그럼으로써 연구의 다양성과 통일성의 조화를 어떻게 이룰 것인가라는 근본적인 문제를 계속 심화시켜 왔다.

이러한 문제를 해결하기 위해 주요 분야별로 연구 부서를 조직함으로써 연구자들 간의 상호작용이 보다 활발하게 이루어질 수 있는 조직적 기반을 마련하는 노력이 이루어졌다. 대형 연구 과제를 수행할 경우, 주제가 경제 성장부터 사회복지까지 다양한 분야에 걸쳐 있는 경우가 많은데, 여러 분야의 연구위원들이 공동 참여를 하여 서로의 연구 결과를 토론하고 일관된 결과를 도출하는 방식을 수행함으로써 자연스럽게 생각을 공유하였다. 가장 근저에서는 세미나, 식사 시간, 휴식 시간 등과 같은 일상적인 만남을 통해 각자의 관심사를 이야기하고 이해를 도모해 왔다. 이런 과정을 통해 KDI 내에서는 자신의 전문 분야가 아닌 영역에 대해서도 상당히 심도 있는 지식을 큰 노력 없이 지닐 수 있게 되었다. 예를 들어, 경쟁 정책을 전문으로 하는 연구위원이 북한 경제의 최근 동향이나 연금 개혁과 같은 문제들에 대해 상당 수준의 지식을 가지는 것

이 일반적이며, 이러한 지식 공유의 일상성이 연구의 통일성을 가능하게 하는 기반으로 작용하였다.[42]

이와 같은 내부의 정보 흐름과 상호작용의 활발함은 KDI라는 조직이 가지고 있는 경쟁력의 주요 원천이라고 할 수 있다. 나아가 이것은 김만제 원장이 설립할 때 추구했던 가장 중요한 자산이 규모의 증대에도 불구하고 아직도 살아 있는 측면인 셈이다. 아울러 특정 분야로 특화한 연구기관들이 다수 존재함에도 불구하고, 또 많은 종류의 정보 공유 방식이 발달함에도 불구하고, 종합연구기관으로서 KDI가 여전히 존재하는 이유라고도 할 수 있다.

(9) 실증적 근거의 추구

기본 연구에 대한 개괄을 매듭짓기 전에 언급해야 할 중요한 점은 지난 40여 년 동안 KDI 연구의 근간을 이룬 중요한 원칙이다. 그것은 주장에 대한 실증적 근거의 제시 또는 실증적 증거에 기반한 정책 제안이다.

어떤 정책과 관련해서는 다양한 견해가 존재할 수 있다. 그리고 많은 경우 어떤 정책과 관련해서는 다양한 집단의 이해가 첨예하게 충돌하는 경우가 많기 때문에 논리에만 의존하는 논쟁은 자칫 소모적인 논쟁 또는 논쟁을 위한 논쟁으로 끝나버릴 위험이 높다. 만일 모든 주장들이 논리적으로 타당하다면, 논

---

42 연구위원들 간의 상호작용에서 큰 역할을 하는 것이 연구위원 휴게실이다. 연구위원들은 아침 출근 후, 또는 점심 식사 후에 휴게실에 모여 자신의 관심사나 현재 작업에 대해 자연스럽게 이야기를 나눈다. 그런데 2000년대 말 홍릉 사옥은 KDI 조직의 확대로 공간 부족 문제가 매우 심각해졌고, 이 문제 해결의 방안으로 휴게실을 사무실로 전환하는 문제가 심도 있게 논의되었다. 많은 연구위원들은 이 방안에 대해 적극적으로 반대 의사를 표명하였는데, 가장 기본적인 이유는 휴게실을 없애는 것이 연구위원들 간의 상호작용을 심각하게 저해할 것이라는 우려 때문이었다. 결국 이 문제는 2013년 세종시 사옥으로의 이전 과정에서 자연스럽게 해소되었다.

쟁만으로는 문제가 해결될 수 없기 때문에, 어떤 주장이 더 타당한지는 현실과의 일관성으로부터 판단해야 한다. 이처럼 사실에 근거한 판단은 불필요한 논쟁을 줄여 줄 수 있다. 아울러 정책이 실제로 기대한 효과를 거두기 위해서도 실증적 근거는 매우 중요하다.

경제 현상에 대한 실증적 근거는 대개 통계의 형태로 제시된다. KDI는 설립 초기부터 모든 보고서들에서 실증적 근거를 바탕으로 논의를 전개하기 위해 많은 노력을 기울였다. 이것은 초기에는 쉽지 않은 일이었다. 1970년대 초 한국에서는 통계 분석을 위한 자료의 확보도 쉽지 않았으며, 통계 분석에 사용할 컴퓨터 역시 많지 않았다. 그로 인해 회귀분석은 말할 것도 없고 대규모 자료로부터 기초 통계를 뽑는 일조차 어려운 작업이었다. 하지만 이런 여건 하에서도 통계 분석을 통해 연구를 진행하려는 노력은 계속 이루어졌다.[43] 아울러 정부에서도 KDI에서 수행하는 여러 가지 분석들에 대해서는 일반에게 공개하지 않는 많은 통계 자료들을 가능한 한 많이 제공하였다. 그 결과 1970년대와 1980년대에는 KDI에서 발간하는 보고서들이 정책적으로는 물론, 학술적 차원에서도 매우 수준 높은 성과로 여겨졌다.

1990년대 이후 컴퓨터의 발전으로 인해 통계 분석은 매우 일상화되었다. 정부의 자료 공개 역시 훨씬 범위가 넓어졌기 때문에, KDI의 정보 독점도 상당히 줄어들었다. 하지만 KDI는 여전히 심도 있는 자료 분석에 기초한 높은 수준의 성과물을 내고 있다. 이처럼 KDI의 전문성은 담당 분야에 대해 견실한 논리

---

43 당시 통계 분석상의 어려움과 관련해서는 정진영(2003), pp. 77-83 참조.

를 확보하는 것과 아울러 제대로 된 실증적 근거를 결합하는 것을 통해 발전해 왔다.

2) 수시과제 또는 단기 작업

KDI 연구위원들이 국가경제와 관련된 다양한 고려 속에 주제를 선정한 뒤 6개월에서 1년 정도 연구를 수행하여 그 결과를 보고서로 발간하는 것은 비교적 연구위원 또는 공급자 중심으로 정책 자문을 제공하는 방식이다. 이에 반해 청와대, 기획재정부 등 정부 부처가 특정 주제에 대해 요청한 자문에 응하는 것은 수요자 중심으로 업무를 수행하는 것이다. 정책 자문 요청은 때로는 장기적인 연구 용역 형태로 이루어지기도 하지만, 2-3주, 급하면 하루, 이틀 내에 의견을 달라는 요청이 오기도 한다. KDI 내부에서는 짧은 시간 내에 답변을 제공해야 하는 종류의 자문 업무를 흔히 '단기과제', 또는 아무 때나 수시로 요청이 들어온다는 의미에서 '수시과제'라고도 지칭해 왔다. 이러한 과제들에 대해서는 신속한 처리를 위해 대개 10-20쪽 분량의 개조식 보고서를 작성하는 것이 일반적이다.

연구자 입장에서 보면, 장기 연구 용역을 포함한 장기 연구와 단기 자문을 수행하는 것 사이에는 자원 배분상의 상충이라는 쉽지 않은 문제가 자리잡고 있다. 예를 들어, 정부기관들에서는 임박한 여러 가지 문제를 해결해야 하기 때문에 단기과제 수행을 요청하는 경우가 많다. 하지만 이러한 요청들에 지나치게 많은 시간을 쓰게 될 경우, 장기 연구에 지장이 초래될 수 있다. 이것은 일차적으로는 기본 연구에 소요되는 절대시간이 줄어드는 요인으로 작용하기 때문이다. 나아가 부정기적으로 날아드는 단기 연구는 개별 사안별로는 많은 시간이 들지 않는 경우조차도 연구의 흐름을 끊어 놓기 때문에 기본 연구의 수행에는 적지 않은 애로를 발생시킨다. 이처럼 기본 연구를 충실하게 수행하지 못할 경우, 심도 있는 자문을 할 수 있는 지식의 축적을 하지 못하게 됨으로써 결국에는 제대로 된 자문을 제공할 수 없는 상황이 발생할 수 있다. 심지어는 조직 차원에서 단기 업무에 중점이 가해질 경우, 자칫 연구 활동을 충분히 수행하지 못하는 데 따른 불만으로 연구위원들이 이직하는 문제까지 나타나기도 하였다.

물론 기본 연구에만 몰두하고 수시 자문 요청을 등한시할 경우, 정부 활동에 자문을 제공한다는 본연의 역할을 충실하게 수행하지 못할 위험이 발생한다. 이 때문에 오늘날 KDI 원장을 비롯한 최고위 간부들이 해야 하는 가장 중요한 업무 중 하나는 단기과제를 적절히 관리하는 일이다. 정책 연구기관의 존재에 대한 정부 측의 불만과 회의가 생기지 않도록 하면서도 연구 역량 축적에 저해가 되지 않는 수준으로 단기 작업을 관리해야 하기 때문이다.

특히, 1990년대 말 경제·인문사회연구회 체제라는 새로운 운영 방식 도입 이후, 단기 작업은 KDI의 수입 구조 그리고 연구위원들에 대한 보상 문제와 관련해서 복잡한 문제를 야기하였다. 1990년대 말에 정부는 국책연구기관들의 연구 성과를 제고하기 위해 다양한 제도 개혁을 추진하였는데, 그중 하나가 국책연구기관들이 정부 부처들로부터 용역을 받는 형식으로 연구를 수행하도록 하는 것이었다. 이러한 체제는 장기 연구와 관련해서는 상대적으로 큰 문제 없이 작동할 수도 있으나, 단기과제의 경우는 평가 보상과 관련해서 풀기 어려운 문제를 야기하였다.

3) 요약 및 평가

1971년 KDI가 설립된 이후 오늘날까지 연구해 온 주제를 한 마디로 요약한다면 국가경제에 대한 종합적 분석과 정책 대안 제시라고 할 수 있다. 국가경제 전체의 경제 성장이 지속 가능한 형태로 이루어질 수 있도록 단기, 중기, 장기 등 여러 차원에서 거시적인 연구를 수행하였다. 이것은 단순히 경제학에서 통상적인 거시경제학적 분석, 즉 경기변동의 분석 및 예측을 포함함은 물론, 보다 세분화된 산업들 간의 상호작용까지를 반영하는 산업연관분석, 심지어는 장기적인 경제변동을 고려하는 경제사적 연구를 통해 구현되었다.

이처럼 국가경제 전체를 대상으로 종합적이고 장기적인 분석을 수행하는 기반 위에 다양한 분야들에 대한 심도 있는 연구들을 진행하였으며, 이것은 사실상 설립 초기부터 그러하였다. 1971년부터 1975년까지 초기 4년간 발간된 연구보고서들의 목록을 살펴보면, 앞서 언급한 주제들 이외에도 금융, 농업, 조세 및 재정, 인구, 노동, 사회보장, 교통, 교육, 소득 분배, 영세민 보호, 무역, 주요 산업 부문 등 경제학의 거의 모든 분야를 망라해서 연구를 실시하고 있으며, 이러한 추세는 계속 심화·확대되어 왔다.

다양한 분야에 대한 연구가 이루어진 것은 여러 분야를 포괄적으로 다루어야 전체를 조망할 수 있다는 외연적 이유에서만 비롯된 것은 아니었다. 한국 경제의 성장을 위해서는 일차적으로는 현재 한국 경제가 보유하는 자원을 어떻게 효율적으로 활용할 것인가를 연구하는 것이 일차적으로 필요하다. 하지만 장기적으로는 어떻게 하면 우리가 보유하고 있는 자원을 확대할 것인가, 즉 성장 잠재력을 확충할 것인가 하는 문제를 추구해야 한다. 성장 잠재력의 확대는 인적 자본의 증대, 규제 완화, 기술 개발과 혁신, 시장질서의 확립 등 통상적인 단기 경제분석에서 주어진 것으로 간주하는 변수들의 변화를 추구함으로써 달성할 수 있다. 이처럼 '주어진 변수'들을 어떻게 변화시켜 나갈 것인가 하는 문제야말로 KDI가 연구 영역을 확장해 온 근본적인 이유라고 할 수 있다.

한 가지 중요한 점은 KDI가 지난 40여 년 동안 간행했던 연구보고서들을 통해 제시했던 많은 주장들이 정부 내 주무 부처들의 의견과 일치하지 않는 경우도 많았다는 사실이다. KDI 연구위원들은 연구 구상, 분석 과정, 최종 점검 등에서 주무 부처로부터 많은 의견을 청취하며, 가급적 실제 정부 부처의 업무에 활용될 수 있는 결과를 제시하기 위해 노력한다. 하지만 이것이 정부의 정책을 사후적으로 뒷받침한다는 것은 결코 아니었다. 1972년 김만제 원장이 정부 정책의 근본적 전환을 촉구한 것처럼, 적지 않은 수의 보고서들은 정부 정책을 비판하는 것처럼 보일 수 있는, 즉 현재 정책의 개선을 촉구하는 내용을 담고 있다. 이 점은 KDI라는 정책 연구기관의 존재 의의를 생각할 때 매우 중요한 사항인데, KDI와 정부 간의 관계를 다루는 제5절에서 보다 상세히 서술하기로 한다.

오늘날 KDI의 연구위원들 각자가 담당하는 개별적인 분야들은 사실 각각에 대해 독자적인 국책연구소들이 따로 있을 만큼 큰 주제들인 경우가 대부분이다. 하지만 이러한 각 주제들이 국민경제 전체 속에서 서로 어떻게 조화를 이루어야 하는가에 대해서는 개별 연구소들이 쉽게 연구하고 제언을 내놓기 어려운 측면이 존재한다. 그런 의미에서 KDI는 종합 경제연구기관으로 중요한 의미를 갖고 있다.

물론 여러 연구 주제를 다룬다고만 해서 종합적 식견에 근거한 연구 결과를 배출할 수 있는 것은 아니다. 이러한 연구는 서로 다른 전문 영역이 있으면서도 서로의 연구 분야에 대해 관심을 가지고 치열하게 논의하는 연구소의 기풍이 존재하지 않는 한 불가능하다. 이 점에 대해서는 다음 절에서 보다 상세히 살펴보기로 한다.

4. 인력 및 조직

김만제 원장은 1971년에 37세의 나이에 KDI의 초대 원장으로 취임하였고, 1982년까지 12년 동안 KDI를 이끌었다. 그가 KDI를 처음 맡았을 때 이상형으로 염두에 둔 모형은 미국의 브루킹스 연구소(Brookings Institute)였다.[44] 이것은 브루킹스 연구소만큼 정부나 국민 여론 형성에 영향력을 가진 훌륭한 연구소로 키우겠다는 목표를 의미하며, 동시에 어떤 조직 구조와 규모를 갖추어야 좋은 연구소가 될지를 브루킹스 연구소로부터 배우겠다는 뜻도 담겨 있었다.

그런 맥락에서 김만제 원장은 브루킹스 연구소처럼 상대적으로 작은 규모의 조직, 즉 연구위원이 20명에서 25명을 넘지 않는 규모가 최적이라고 생각하

44 정인영(2002), p. 51.

였다. 이 정도 규모 내에서는 원장 스스로가 모든 연구위원들과 상호 교류하면서 전체 연구를 직접 지휘하고 이끌어 갈 수 있을 것이라고 보았다. 그리고 이렇게 될 때 연구의 수준을 유지하면서도 전체적인 방향성과 통일성을 담보할 수 있다고 생각하였다. 만일 연구소 규모가 이 이상이 되면 원장이 직접 연구위원들 모두의 연구를 파악하고 이끌어 가는 것은 불가능해진다. 중간 단위 간부들을 임명하고 이들을 통해 연구를 지휘하는 위계질서의 도입이 불가피하며, 그 결과 연구의 질과 통일성, 일관성도 유지하기 어려울 수 있다는 점을 우려하였다.

하지만 이러한 김만제 원장의 구상은 본인이 원장으로 재직하던 기간 동안도 유지되기 어려웠다. 가장 큰 이유는 외부로부터의 많은 정책 수요였다. KDI는 설립 초기부터 경제기획원은 물론 많은 부처들로부터 여러 가지 정책 업무와 관련된 자문을 요청 받았으며, 이러한 상황은 오늘날에도 계속되고 있다. 연구 및 자문에 대한 수요가 공급 능력을 항상 초과하는 상태이기 때문에 더 많은 연구 인력을 끌어들이고 조직 규모를 확대해야 한다는 요구는 연구원 안팎에서 상시적인 힘으로 작용하였다.[45] 그 결과 KDI의 연구위원 수는 2013년 말 현재 60명을 넘어서는 수준으로 팽창하였다.

연구 인력의 팽창 속에서 가장 중요한 문제는 어떻게 좋은 인력을 확보하고 그 인력들이 기대하는 수준의 연구를 수행하도록 관리하는가 하는 문제이다. KDI가 지난 40여 년 동안 이룬 성취는 조직 규모의 팽창 속에서도 좋은 인력

---

45 심지어는 1980년에 이미 이런 맥락에서 국책연구소 통합 논의가 이루어지기도 하였다. 정인영(2002), pp. 331-332.

표 8-1   KDI 인력 구성(KDI 국제정책대학원 제외): 2014년 말 기준

	본원	부속기구	합계
원장	1	0	1
연구위원	52	17	69
전문위원	7	41	48
연구원	67	155	222
일반행정직	121	21	142
합계	248	234	482

주: 위 인원은 휴직, 파견 인원을 모두 포함한 것이다. 한편, 연구위원들 중에는 본원과 부속기관에 겸직을
　　하는 경우가 있는데, 그럴 경우에는 부속기관 소속으로 분류하였다.
자료: KDI 웹사이트(2014년 11월 20일 현재).

을 확보하고 적절하게 활용하는 데 성공하였음을 반증한다. 본 절에서는 KDI 본원을 중심으로 인력 구성 및 조직을 개괄한 뒤, 연구의 핵심이라고 할 수 있는 연구위원(Fellow)들의 선발, 평가, 상호작용, 퇴직, 퇴직 이후의 활동 등을 살펴봄으로써, 어떻게 인력 운용에 성공할 수 있었는지를 궁구해 보기로 한다.

1) 인력 규모 및 구성

2014년 11월 현재 KDI에 재직하는 총인원은 482명이다(〈표 8-1〉 참조).[46] 본원을 기준으로 볼 때, 이 인력은 기본적으로 연구위원-전문위원-연구원-일반행

---

46   KDI 웹사이트. 이 인원은 KDI 국제정책대학원 인력을 제외한 모든 부속기관 재직자를 포함한 것이다.

표 8-2   한국개발연구원의 수입과 지출: 2013년(결산 기준)

(단위: 백만 원)

수입		지출	
항목	금액	항목	금액
총액	166,220.7	총액	163,716.1
정부 출연금	79,422.0	인건비	19,722.6
자체수입	16,475.6	사업비	35,678.2
전기이월금	13,548.6	경상운영비	1,809.0
정부 출연금	11,740.3	시설비	42,567.1
자체수입	1,808.3	기타	63,939.2
차입금	56,774.5		

자료: KDI 감사보고서.

정직으로 구성되어 있다. 이러한 인력을 활용해서 다양한 연구를 수행하기 위해 2013년 기준으로 연간 1,600억 원의 예산을 사용하였다(〈표 8-2〉 참조). 〈그림 8-2〉에 제시한 바와 같이 2013년 예산은 다소 예외적인 측면이 있는데, 그것은 총예산에 세종시 이전비용이 포함되어 있기 때문이다. 이와 관련된 비용을 제외한다면 대략 1,000억 원 안팎의 예산을 사용하였다고 할 수 있다. 그리고 이 예산 규모는 지난 10여 년 동안 인력 증가 등과 관련해서 지속적으로 증가한 결과이다.

인력별 담당 역할을 살펴보면, 먼저 연구위원은 자기 책임 하에 연구를 수행하는 인력이다. 이들은 박사 학위 소지자로, 독자적으로 또는 다른 연구위원들과 협동해서 연구를 진행하며, 동시에 조직 운영에 필요한 정책 결정 업무를 담당하는 간부직을 수행한다. 전문위원들은 경제 동향 및 전망과 관련된 통계

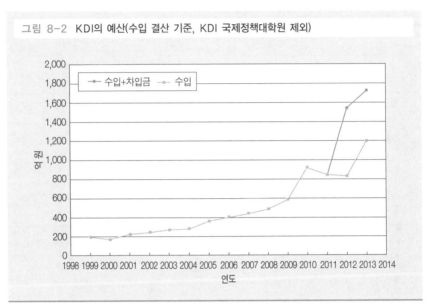

그림 8-2 KDI의 예산(수입 결산 기준, KDI 국제정책대학원 제외)

자료: KDI 웹사이트.

의 관리 등과 같이 특정한 자료 또는 특정 분야와 관련된 전문적인 업무를 담당한다. 연구원들은 연구위원의 연구를 돕는 인력으로, 대개 석사 학위 이상 소지자들이다. 일반행정직원은 회계, 인사, 사무 등 연구소의 운영과 관련된 여러 가지 행정 업무를 담당한다. 여러 부속기구들은 본원의 인력 구성을 기준으로 하되, 업무의 특성을 반영해서 직급 등을 운영한다.

연구와 관련된 인력인 연구위원, 전문위원, 연구원은 복수직렬 구조로 운영되고 있다. 각 단위는 서로 다른 직렬이기 때문에, 입사 기준이나 방식이 서로 다르고 원칙적으로 직렬 간의 이동은 없다. 즉, 전문위원은 근무 경력이 오래되거나 능력이 뛰어나다고 해서 연구위원으로 '승진'되지 않으며, 연구원 역시 그렇다. 물론 KDI의 연구위원 중에는 연구원 출신이 적지 않다. 하지만 이들은 승진 절차를 밟는 것이 아니라, 퇴사한 뒤 연구위원 입사에 필요한 과정을 거쳐서 재입사한 것이다.[47]

많은 국책연구기관들이나 민간연구소들이 단일직렬 구조를 갖는 것과 비교해 볼 때, KDI는 매우 독특한 인력 구조를 갖고 있다고 할 수 있다. 예를 들어, 1970년대 중반에 설립된 경제 분야 국책연구기관인 산업연구원의 경우는 단일직렬 구조를 가지고 있어서, 박사 학위 취득자가 연구위원으로 입사할 수도 있지만, 연구보조직인 연구원으로 입사한 사람이 학위를 취득하고 일정 수준 이상의 경력을 가지게 될 경우 승진을 통해 자기 책임 하에 연구를 진행하는 연구위원이 될 수 있다.

복수직렬 구조와 단일직렬 구조는 장단점이 있으며, 어느 하나가 다른 것보다 절대우위에 있다고 할 수 없다. 또 KDI가 처음에 복수직렬 구조를 선택하였더라도 이후에 얼마든지 단일직렬 구조로 전환할 수도 있었을 것이다.[48] 하지만 KDI의 업무 특성이나 여러 가지 주변 환경들로 인해 복수직렬 구조가 점차 강화되어 갔다고 볼 수 있다. 아래와 같은 요인들이 이러한 방향으로의 진화에 영향을 미쳤을 것으로 추론해 볼 수 있다.

첫째는 업무의 특성이다. 어떤 연구소가 어떤 조직 구성을 갖게 되었는가 하는 것은 기본적으로 수행하는 연구의 특성과 밀접한 관련이 있다. 우리나라

---

47 보다 구체적으로는 연구원들이 퇴사하고 국내외 대학에서 5-6년에 걸쳐 박사 학위를 취득한 뒤, KDI 연구위원직에 응모하여 선발되는 방식으로 진행된다.

48 연구원이 일정 수준의 경력과 학위를 취득할 경우, 연구위원으로 전환할 수 있도록 해야 한다는 방안은 연구원 스스로부터도 제기되었으며, 1980년대 말 KDI에서 일어난 노사분규 핵심 문제 중 하나였다. 당시의 노조 활동과 갈등 등에 대해서는 매일경제신문(1988. 7. 14), 한겨레신문(1988. 12. 14), 경향신문(1988. 12. 14) 등 참조.

의 정부 출연 연구기관들은 KDI를 제외하면 특정 분야를 연구하는 것을 목적으로 설립이 되었고, 연구소의 연구 인력은 해당 분야 내의 여러 세부 분야를 전문적으로 담당하는 방식으로 연구를 진행한다. 예를 들어, 산업연구원은 우리나라 산업 분야와 관련된 정부 정책을 중점적으로 연구하는데, 소속 연구자들은 화학, 철강, 자동차, 서비스 등 특정 산업 분야 중 하나를 전문적으로 연구한다. 이러한 연구 환경 하에서는 특정 산업에 대해 많은 지식을 축적해야 유용한 정보를 생산할 수 있으며, 이를 위해서는 오랜 시간 한 가지 산업에 집중해서 연구를 수행하는 것이 필요할 수 있다. 이런 경우에는 연구보조 업무로부터 시작해서 점차 독자적인 연구를 수행할 수 있는 연구위원으로 승진하는 방식이 연구원이 필요로 하는 수준의 연구를 수행하는 인력을 키우는 방법일 수 있다.

이에 비해 KDI 연구위원들은 어떤 한 분야에 대한 심도 있는 전문적 지식만큼이나 다양한 분야를 동시에 고려할 수 있는 통합적 식견을 요구받는다. 즉, '철강 산업을 육성하기 위해 어떤 지원을 해야 효과적인가?'를 연구함과 아울러, '철강 산업에 지원할 자원을 화학 산업에 지원하는 것이 장기적인 국가 발전을 위해 보다 도움이 되지 않을까?' 또는 '이러한 지원을 위해 세금을 쓰는 것이 타당한가?'라는 질문을 같은 수준으로 검토해야 한다. 이처럼 본인이 주로 다루는 전공 분야의 문제를 다루더라도 국민경제 전체의 시각에서 문제를 조망하기 위해서는 여러 분야들을 동시에 살펴보는 능력이 필요하다. 이것은 기본적으로 특정 분야에 대한 지식 보유 여부가 아니라 여러 가지 정보들을 분석하고 종합할 수 있는 사고 능력과 관련이 있다. 따라서 연구위원의 선발은 승진보다는 이러한 업무를 수행할 수 있는 기본 자질을 가진 사람을 선발하는 것이 합리적일 수 있다.

둘째, 정부 부처들과의 업무 수행 과정에서 이러한 인력 운영이 내생적으로 공고화된 측면도 고려해 볼 수 있다. 즉, 정부 부처의 공무원은 선발과 훈련, 직책 수행에 있어서 해당 분야에 대한 오랜 경험과 지식으로부터 나오는 전문성이 능력의 원천인 경우가 많다. 이것을 전제로 할 때, KDI 연구위원들은 국가경제 전체의 틀을 고려하면서 문제를 분석적으로 접근할 수 있는 능력을 갖출경우 정책 수립에 있어 공무원들과 상호 보완적일 수 있다.

셋째, KDI의 연구위원들은 다른 연구소들과 비교해 볼 때 전공과는 거리가있는 문제들도 연구를 해야 하는 경우가 상대적으로 더 많이 발생한다. 기존 인력들이 새로 던져진 문제를 '전공'하지 않은 경우, 내부 인력 가운데 비교적 전문 분야가 유사하거나 혹은 연구자 자신의 관심이 있는 경우 담당해서 연구해야 하는 경우가 많다. 특히, 이러한 문제는 다른 연구기관들보다 KDI에게 더 많은데, 이는 KDI가 주로 업무를 수행하는 기획재정부의 특성과 밀접한 관련이있다. 즉, 정부 예산을 담당하는 기획재정부는 우리나라 정부가 하는 모든 업무를 관리해야 한다. 따라서 KDI에게 요청하는 주제들도 사실상 정부가 관여하는 모든 영역에 걸쳐 있게 된다.

넷째, KDI 연구의 선도적 성격을 들 수 있다. 설립 초기에 KDI의 연구는 어떤 분야를 하건 대부분 국내에서는 처음 수행하는 연구인 경우가 많았으며, 오늘날에 와서도 여전히 그러한 측면이 강하다. 이것은 연구 분야 선정에 있어서 연구자 자신은 물론 조직 차원에서도 자유도가 매우 높음을, 그리고 KDI의 연구는 주어진 문제의 해결보다는 사실상 새로운 문제의 설정에 가까운 경우가 많음을 의미한다. 그럴 경우에는 기존 지식의 축적 정도보다는 새로운 분야를 개척해 나아갈 수 있는 기본적 소양, 나아가 연구자의 지적 호기심이나 열정이 중요할 수 있다. 이러한 점들을 종합적으로 고려해 본다면 KDI라는 조직의 특성에는 복수직렬 구조가 보다 적합했으리라고 볼 수 있다.

2) 연구위원

(1) 규모 및 유출입

제3절에서 서술한 바와 같이 KDI를 설립하려 했던 가장 중요한 이유 중 하나는 경제개발계획 수립에 필요한 전문 인력을 확보하는 것이었다. 경제개발계획을 제대로 수립하려면 경제 관련 통계 정보들을 분석할 수 있는 경제학자들이 필요했다. 하지만 당시 국내 대학에 재직하는 경제학자들 그리고 이 기관들이 배출하는 경제학 석·박사 인력은 얼마 되지 않았다. 그리고 당시 대학교수 등을 포함한 기존 인력들 중 대다수는 경제개발계획 수립과 같은 업무에 별다른 도움을 주기 어려웠다. 이들은 대부분 독일식의 역사학파 경제학을 공부한 사람들이었기 때문에, 통계에 기초한 실증 연구에 근거해서 경제개발계획을 수립할 만한 능력을 충분히 갖추지 못하였다.[49] 이런 이유로 초기의 경제개발계획은 해외 인력에 상당 부분 의존할 수밖에 없었는데, 이러한 문제를 극복

---

49 예를 들어, 한국에서 가장 오래된 경제학 학술지 중 하나인 『경제학연구』의 경우, 1950년대 발간된 논문들을 살펴보면 통계 분석에 기초한 실증 연구로 분류할 만한 연구는 매우 드물다.

하려고 했던 것이 KDI 설립의 중요한 동인이었다.[50]

따라서 KDI 설립을 준비하면서 김만제 원장이 가장 힘을 쏟은 것은 해외, 특히 미국에서 박사 학위를 받은, 통계 분석을 체계적으로 수행할 수 있는 경제학자들을 확보하는 일이었다. 이를 위해서 그는 직접 미국에 가서 현지에서 교수나 연구원으로 재직 중인 사람들 또는 학위를 거의 마친 사람들을 다양한 방식으로 접촉하고 귀국을 권유하였다. 이러한 노력 끝에 김만제 원장은 KDI의 기초를 닦은 12명의 경제학 박사를 확보하였으며, 이들은 1971년과 1972년에 걸쳐 KDI에 입사하여 근무하였다.

이후 KDI의 인력은 크게 확대되었다. 앞서 언급한 바와 같이 초기에 김만제 원장은 KDI 박사급 연구위원 인력 규모를 25명 안팎 수준으로 설정하였고, 이러한 수준에 맞출 수 있도록 인력을 확보해 간 것으로 보인다.[51] 하지만 이러한 계획은 얼마 지나지 않아 무너졌다. 〈그림 8-3〉은 설립 당시부터 현재까지 40여 년 동안 KDI에 근무한 박사급 연구 인력 규모의 추이를 보여 준다. 1972년에 12명이었던 박사급 인력은 이미 1977년이 되면 25명을 넘어서게 되었으며, 1980년대에는 40명 가까운 수준을 유지한다. 이후 인력 증가는 지속적으로 이루어져서 2014년 현재에는 62명에 이르고 있다.

이러한 인력의 증가는 당연히 많은 인력을 충원해 온 결과이다. 하지만 인력 증가가 많은 퇴사 인력 속에서 진행되었다는 점이 KDI 인력의 특성을 이해하는 데 매우 중요하다. 1971년부터 현재까지 KDI에 입사했던 연구위원은 총

---

50 정인영(2002), pp. 16-38.
51 정인영(2002), p. 51.

그림 8-3 KDI 연구위원 규모

자료: KDI 내부 자료.

표 8-3 KDI 연구위원의 근속기간

	인원(명)	평균(년)	중위수(년)
재직자	62	7.4	4.2
퇴직자	172	7.6	5.5
전체	234	7.6	5.3

주: 재직자는 2014년 말 현재 재직자를 의미하며, 퇴직자는 개원 이래 2014년까지 퇴직한 총인원을 의미한다.
자료: KDI 내부 자료.

234명이었다. 이것은 지난 44년 동안 연평균 5.3명이 입사하면 이 인원의 74%에 해당하는 3.9명 가량이 매년 퇴사한 것을 의미한다(〈표 8-3〉 참조).

그림 8-4 KDI 연구위원의 재직기간

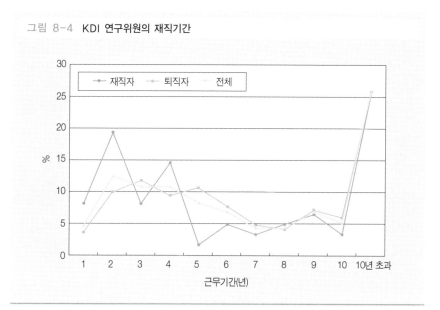

주: 1971년 개원 이래 KDI에 입사한 연구위원은 모두 234명이었다. '전체'는 이들 모두의 재직기간을 의미
  한다. '재직자'는 2014년 현재 근무자 62명의 재직기간이며, '퇴직자'는 개원 이래 현재까지 퇴직한 연
  구위원 172명을 대상으로 계산한 것이다.
자료: KDI 내부 자료.

　　이러한 높은 이직률은 조직 운영에 큰 부담으로 작용한다. 우선 해외에 있

는 좋은 연구자를 파악하고 인터뷰나 세미나 등을 통해 이들의 능력을 알아보

는 과정은 많은 시간과 비용이 소요된다.[52] 이렇게 선발된 연구위원들이 입사

하자마자 바로 연구원이 요구하는 수준의 성과물을 내놓을 수는 없다. 미국에

서 갓 박사 학위를 취득하고 KDI에 입사한 연구 인력이 한국 경제를 분석하고

나아가 정책 수립에 필요한 연구를 독자적으로 해낼 수 있는 능력을 갖추려면

---

52 선발 과정에 대해서는 "3) 신규 인력 선발"에서 상세히 다루기로 한다.

적어도 4-5년 정도의 훈련과 노력이 필요하기 때문이다. 그런데 〈그림 8-4〉는 본격적으로 일할 준비를 갖추어 가는 과정에서 절반 가량이 이직하고 있음을 보여 준다.[53]

물론 회계법인이나 법무법인(law firm)처럼 전문 인력들로 구성된 기업들은 이직률이 높은 것이 일반적이기 때문에 KDI의 높은 이직률을 비정상적인 현상이라고 볼 수는 없다. 그럼에도 불구하고 높은 이직률은 KDI의 설립 이래로 오늘날까지 KDI가 안고 있는 어려움 중 하나로 작용해 왔다. 정부의 재정 지원에 기반한 조직이기 때문에 임금 협상 등을 통해 이직자의 마음을 돌릴 만큼 충분한 재원을 확보하기 어렵다는 것도 이직률이 높은 이유로 작용하고 있다.

퇴직자들이 가장 많이 선택하는 이직처는 대학이다. 하지만 학교가 아닌 곳으로 이직한 경우도 적지 않다. 대표적으로 다른 경제연구소의 책임자, 정부 관료, 또는 국회의원 등이다. 학교와 학교 이외 기관으로의 이직 여부는 이직 시점의 나이 또는 근무기간과 밀접한 관련이 있다. 오래 근무하다 이직하는 사람들일수록 교육기관이 아닌 곳으로 이직하는 경우가 많다.[54]

한 가지 언급할 점은 KDI로부터의 이직이 가지고 있는 다소 특수한 측면이다. 어떤 기관 또는 그 구성원이 이직자에 대해 취하는 태도는 크게 보면 관계의 단절 아니면 지속적인 유대로 나누어 볼 수 있다. KDI의 경우는 대체로 후자

---

53 조기 이직 문제는 이미 1980년경에도 지적이 되고 있었다. 매일경제신문(1981. 3. 12).

54 대학으로의 이직이 많이 나타나는 한 가지 이유는 대학들의 무임승차(free riding)와도 관련이 있다. 많은 대학들은 미국에서 갓 졸업한 박사 학위 소지자를 미리 파악하여 고용하기가 쉽지 않은 데 비해, 연구소에서 근무하는 박사들은 손쉽게 접촉할 수 있다. 아울러 KDI와 같은 연구소에 고용되었다는 것 자체가 일정 수준 이상의 능력을 갖추었음을 증명하는 측면이 있기 때문에 고용을 한다.

에 해당한다. 이직을 한 연구위원 중 적지 않은 사람들은 KDI와 여러 가지 형태로 업무상 유대 관계를 유지한다. 개인적인 친분에 따른 교류를 넘어 연구자문이나 용역들을 통해 KDI의 연구를 지속적으로 수행하는 역할을 담당한다. 또 KDI에서의 경력을 기반으로 국회, 정부 부처 등 공직으로 진출한 사람들은 KDI로부터 많은 자문을 얻고 또 KDI의 업무 수행을 지원한다. 이런 면에서 본다면 퇴사는 단순히 인력의 손실이 아니라 어느 정도는 KDI의 외연을 넓히는 기능도 하고 있는 셈이다.

(2) 인적 배경

KDI는 처음 만들어질 때부터 미국에서 학위를 받은 경제학 박사들을 중심으로 연구위원을 채용하였다. 물론 아주 초기에도 경제학 박사만 뽑은 것은 아니었으며, 미국 외의 지역에서 교육을 받은 인력도 일부 있었다.[55] 이후 연구 영역이 확장됨에 따라 경제학 외의 다른 영역을 전공하는 연구자들이 일부 동참하였으며, 국민경제제도연구원 등 다른 기관들과의 통합 과정에서도 이러한 일들이 이루어졌다. 하지만 일부 예외를 제외한다면, KDI의 주류는 줄곧 미국에서 박사 학위를 취득한 경제학자였다.

이러한 사실은 〈표 8-4〉를 통해 확인해 볼 수 있다. 이 표는 1971년부터 2014년까지 재직한 KDI 연구위원들의 전공 분야와 학위 취득 국가의 분포를 보여준다. 전체 인력 중 미국에서 경제학 박사를 취득한 인력이 199명으로 역대 연

---

55 1971년 입사한 김적교 박사는 독일 보쿰 대학교에서 경제학 박사를 받았으며, 이듬해 입사한 김광석 박사는 고려대학교 경제학 박사이다.

표 8-4　KDI 연구위원의 전공 분야 및 학위 취득 국가(2014년 10월 기준)

	학위 취득 국가		
	미국	기타	합계
경제학	199	12	220
비경제학	21	2	14
합계	220	14	234

주: 초빙연구위원 및 원장은 제외. 비경제학의 경우 경영학(미국 5명) 포함.
자료: KDI 내부 자료.

구위원 중 85%를 차지하며, 미국 이외 국가에서 경제학 학위를 취득한 사람까지 포함한다면, 역대 연구위원 중 94%가 경제학 전공자이다. 미국 이외의 국가에서 학위를 취득한 사람은 총 14명인데, 이들이 학위를 취득한 국가는 한국, 영국, 독일, 프랑스, 일본 등이다. 경제학 외의 전공자는 14명이며, 이들의 전공 분야는 통계학, 경영학, 사회학, 정치학, 도시계획학, 언론학 등이다.

　KDI가 수행하는 업무의 다양성에도 불구하고 이렇게 미국에서 교육 받은 경제학자 중심의 조직이 지속되고 있는 것이 적절한가에 대해서는 여러 가지 비판이 제기될 수 있다. 실제로 이 점은 언론이나 국회 등으로부터 자주 지적을 받는 문제이기도 하다.[56] KDI도 이러한 외부로부터의 지적을 수용하여 의식적으로 비경제학-비미국 출신 학자를 초빙하려는 노력 역시 종종 시도하였으나, 인적 구성을 획기적으로 바꿀 만큼 변화를 일으키지는 못하였다.

56　예를 들어, 경향신문(2007. 6. 11), 경향신문(2010. 8. 17).

이처럼 '미국에서 박사 학위를 취득한 경제학자'들로 구성된 조직이라는 특성이 형성되고 계속 유지되고 있는 이유와 관련해서는 크게 세 가지 정도의 설명이 제시될 수 있다. 첫째는 KDI에게 요청되는 업무들은 기본적으로 어떤 주제가 되었건 그와 관련된 재정 지출 측면을 다루고 있기 때문에, 경제학적 분석 기반을 갖지 못한 연구자가 쉽게 업무에 적응하기 어렵다. 둘째, 경제학이라는 학문의 성격상, 다양한 주제들을 다루는 데 큰 장벽이 없다는 사실이다. 마지막으로, 굳이 KDI가 모든 학문 분야의 전공자를 영입할 필요는 없기 때문이다. 지난 40여 년 동안 다양한 분야의 정책 연구기관들이 설립되었고, 이 연구소들에는 경제학 외의 분야를 전공한 연구자들이 많이 포진해 있다. 이러한 인력들과는 연구소 간 교류를 통해서 많은 협업이 이루어질 수 있다. 오히려 KDI라는 단일한 기관 내에서는 유사한 학문적 배경을 가진 인력들이 모여 있다는 것이 강점으로 작용하고 있다고도 할 수 있다.

(3) 신규 인력 선발

KDI의 초대 원장이었던 김만제 원장은 설립 1년 전인 1970년, 미국 여러 도시를 방문하여, 그곳에서 박사 학위를 거의 마치는 단계에 있거나 학위를 마치고 학교 또는 연구기관에서 근무 중인 한국인 경제학자를 만나 새로 설립될 국책연구기관에 대해 설명하고 귀국하여 함께 일할 것을 권유하였다.[57] 당시 한국은 경제적으로도 미국에 비해 소득 수준이 낮았을 뿐 아니라, 권위주의적 정

---

57 정인영(2002).

치 체제가 유지되던 시대였기 때문에, 실력 있는 인재들을 설득해서 새로 설립되는 연구소에 불러들이기가 쉽지 않았다. 이러한 어려움을 극복하기 위해 그는 미국에 가서 이들을 직접 만나 이야기를 나누었고, 이러한 노력의 성과로 많은 좋은 인력을 끌어들여 1971년에 성공적으로 개원을 할 수 있었다. 이처럼 KDI는 설립 초기부터 좋은 인력을 확보하기 위하여 많은 인적·물적 자원을 투입하였으며, 지난 40여 년간 형태는 바뀌어 왔지만 이러한 노력은 지속되어 왔다.

KDI의 연구위원들 가운데는 간혹 국내의 대학교나 다른 연구소에서 근무하다가 KDI로 이직하는 경우가 있다. 하지만 해외로부터 귀국하면서 KDI에 자리를 잡는 경우가 대다수이며, 특히 박사 학위를 마치고 나서 첫 직장으로 KDI에 들어오는 인력이 주류를 이룬다. 미국에서 갓 박사 학위를 받은 경제학자들을 뽑는 과정은 적어도 2000년대 들어서는 미국의 유수 대학들이 교수를 선발하는 과정과 사실상 동일하다.

KDI는 매년 10월달에 다음 연도 여름 박사 학위 취득 대상자를 대상으로 연구위원 선발 공고를 한다. KDI에 관심이 있는 예정자들이 KDI에 지원서를 보내면, 이 지원서를 검토하여 1월 초 미국경제학회(American Economic Association)에서 면접을 할 인원을 정한다. 그리고 원장을 비롯해서 각 부 부장급 연구위원 4-5명, 많을 때는 7-8명이 미국경제학회에 가서 일인당 40-50분씩, 대략 30명 안팎의 인원을 사흘에 걸쳐 인터뷰한다. 인터뷰 결과를 반영해서 약 10-15명을 서울로 초청하여 2-3월에 세미나를 개최한 뒤, 세미나 내용에 기초해서 최종 합격자를 결정한다.

세미나 초청은 KDI가 항공권과 숙박비를 모두 부담하여 이루어진다. 대개 2시간 동안 진행되는 세미나 동안 지원자는 논문을 발표하고 이에 대해 질의 응답이 이루어진다. 대개 세미나에는 많은 수의 KDI 연구위원들이 참석하는데, 논문 내용에 대한 심층적 토론을 진행한다. 세미나가 끝나면 식사 시간을 가지면서 논문 이외의 다양한 주제들에 대해 이야기를 하고, 또 KDI가 어떤 조직인지에 대해 지원자의 궁금증을 풀어 주는 시간을 갖는다. 이렇게 세미나를 모두 마치고 나면 선발대상자를 결정해서 통지를 하고, 이것을 받아들인 예정자들이 새로운 연구위원이 된다. 이들은 박사 학위를 마치고 대략 6월에서 9월 사이에 귀국하여 KDI의 생활을 시작한다. 경력직, 즉 현재 국내·외에서 근무를 하고 있는 학자들 중 KDI로 이직을 고려하는 사람들의 경우도 과정은 졸업 예정자의 경우와 대동소이하다.

KDI의 신규 인력 선발에 있어서 항상 논란이 되는 것은 연구자의 잠재력과 전공 중 어떤 것을 더 중요하게 볼 것인가 하는 문제이다. 어떤 지원자가 탁월한 연구 능력을 지니고 있으면서 동시에 KDI가 당장 필요로 하는 분야를 전공하였다면 이것은 금상첨화일 것이다. 그러나 잠재력은 충분한데 이미 해당 분야를 연구하는 연구위원이 충분한 경우, 반대로 당장 필요한 분야의 전공자이지만 세미나를 통해 충분히 능력을 보여 주지 못하였을 경우, 해당 지원자를 뽑을 것인가 여부는 늘 반복하여 논의되는 문제이다.

이와 관련된 명확한 원칙은 없지만, 기본적으로는 전공보다는 잠재력을 중심으로 인력을 충원하였던 것으로 보인다. 이것은 앞서 언급한 KDI 연구의 특성과 밀접한 관련이 있다. 즉, KDI에서 수행해야 하는 연구는 해당 분야에 대한 전공자를 찾는 것이 매우 어렵거나 사실상 불가능한 경우가 많다. 이런 상황 하에서는 필요한 분야의 연구를 맡기면 해낼 수 있는 능력을 갖춘 인력을 확보하는 방향으로 인력 충원이 이루어진 것으로 보인다.

(4) 승진 제도 및 인력 관리

KDI의 연구위원들은 입사 후 '부연구위원-연구위원-선임연구위원'의 단계로 승진 과정을 밟는다. 이 과정은 '조교수-부교수-정교수'로 이루어진 미국 대학, 그리고 최근 들어서는 우리나라 대학의 교수 승진 제도와 내용 및 형식 측면에서 매우 유사하다. 우선 외형적으로 보면, 박사 학위 취득 후 바로 입사한 연구위원을 기준으로 볼 때, 6년차에 승진 심사를 거쳐 연구위원으로 승진하게 되고, 다시 5-6년 후 승진 심사를 해서 선임연구위원으로 위촉된다.

부연구위원 기간은 기본적으로 KDI의 연구자로 자리를 잡는 기간이라고 할 수 있다. 박사 학위를 받자마자 첫 직장으로 KDI에 입사를 한 연구자가 KDI에서 요구하는 업무, 즉 한국 경제의 발전에 기여하는 정책 연구를 독자적으로 수행하고 이러한 연구를 주도해 나가는 위치에 이르게 되는 것은 손쉽게 이루어지지 않는다. 여기에는 여러 가지 이유가 있는데, 가장 중요한 것은 한국 현실에 대한 충분한 이해를 하는 데 적지 않은 시간과 노력이 필요하다는 점이다. 예를 들어, 미국에서 어떤 분야에 대한 연구를 수행하여 박사 학위를 받더라도, 한국의 제도와 정책 환경을 고려한 의미 있는 연구 주제를 찾고 이것을 연구할 수 있는 자료를 확보하기 위해서는 상당 기간 동안의 문헌 연구과 자료 조사가 필요하다. 나아가 이것을 토대로 우리나라 경제 정책에 의미 있는 명제를 도출하기 위해서는 많은 추가적인 노력을 기울여야 한다. 물론 과거에는 선진국의 해당 분야 교과서에 수록되는 내용만 잘 소개하더라도 중요한 연구로 여겨지던 시기가 있었다. 하지만 우리나라의 경제학계가 발전하고 연구자층이 두터워지면서, 이러한 일반론을 단순히 전달하는 수준의 연구는 더 이상 무의미해졌기 때문에, 정책보고서를 쓸 수 있기 위해서는 많은 노력이 필요하다.

결국 부연구위원이 연구위원으로 승진함에 있어서 중요한 평가 기준은 본인이 연구하는 분야의 학계 동료들, 공무원 등으로부터 얼마나 정책 연구자로서 인정 받을 만한 연구 성과를 내었는가 여부이다. 그리고 연구위원이 선임연구위원으로 승진하는 데 중요한 고려 사항은 정책의 해당 분야의 정책 연구를 기획해서 여러 연구자들을 모아 종합 연구를 수행할 수 있는가, 그리고 이러한 연구를 통해 정책의 기본 방향을 설정하는 데 기여하는 능력을 갖추었는가 하는 점이다.

연구위원의 승진 여부는 인사위원회에서 결정을 한다. KDI 역사를 볼 때, 미국의 대학들처럼 일정 기준을 맞추지 못하였다는 이유로 퇴출된 경우는 적어도 명시적으로는 거의 발견되지 않는다. 그러나 이러한 기준을 갖추지 못한 경우, 스스로 다른 직장으로 이직하는 경우는 적지 않게 있었던 것으로 알려져 있다. 많은 연구위원들은 한 번 이상 승진이 보류되어 다음 번 심사에서 승진이 되곤 한다. 이것은 곧 KDI의 승진 심사가 근무 연수에 따라 자동적으로 이루어지는 그런 성격이 아님을 의미한다. 이로 인해 승진 심사는 연구위원들에게 적지 않은 부담으로 작용하며, 연구위원들은 승진 기준에 맞는 연구 성과를 내기 위해 많은 노력을 기울인다.

KDI에서는 우스갯소리로 KDI 연구위원들을 '개발사'(Doctor of Development)라고 부른다. 이것은 단순히 학술 논문을 쓰는 경제학자가 아니라, 학계에서도 인정을 받으면서 동시에 정부 정책에 유용하게 활용될 수 있는 보고서를 쓸 수 있는 능력을 갖춘 인력을 의미한다. 위에 서술한 승진 제도는 궁극적으로 연구위원들을 개발사로 육성하기 위해 진화해 온 제도라고 할 수 있다.

3) 요약 및 평가

본 소절에서는 KDI 전체의 인력 구조를 살펴본 뒤, 연구를 수행하는 핵심 인력인 연구위원들이 어떤 방식으로 선발되고 어떻게 관리되고 있는지를 살펴보았다. 경제학 박사 학위를 받은 인력이 KDI의 연구위원이 되어 정부 정책에 기여하는 유용한 연구를 수행하기 위해서는 담당 분야에 대한 전문성, 그리고 담당한 전공 분야를 경제 전체의 시야에서 파악하고 정책을 구상할 수 있는 통찰력을 갖추어야 한다. 이러한 자질을 갖춘 인력을 확보하고 육성하기 위해 KDI는 설립 초기부터 많은 자원과 노력을 기울여 왔다.

조직 차원의 노력은 대개 선발 과정이나 승진, 연구시설 등의 제공처럼 공식적인 형태로 이루어진다. 하지만 이러한 측면만큼이나 중요하게 작용한 것은 비공식적인 측면이라고 부를 수 있는 요소들, 즉 동료의식(fellowship), 유무언의 상호 압력(peer pressure), 그리고 선배 연구위원들의 지도(leadership)였다. 예를 들어 입사 때의 채용 세미나로부터 시작해서 매년 연구보고서의 기획 단계, 중간점검, 최종보고 등의 과정에서 KDI 연구위원들은 자신의 작업을 동료들에게 발표하고 논평을 받는다. 대개 이러한 논평들은 한국 학계의 기준으로 볼 때 상당히 강도 높은 수준으로 이루어진다.

이렇게 서로 엄격한 평가와 논평을 주고받는 이유는 그것이 해당 연구자는 물론, 논평자 본인, 나아가 KDI 전체를 위하는 길이라고 여기기 때문이다. KDI의 보고서는 발간이 되면 정부나 학계는 물론 언론을 통해 국민들에게 널리 알려지는 경우가 많다. 만일 보고서가 제대로 작성되지 못한 상태에서 이렇게 세상에 노출이 될 경우, 해당 연구자는 물론 KDI는 많은 비판을 받게 되고 위상이 실추된다. 이것을 예방하기 위해 연구위원들은 자신의 시간을 할애해서 서로의 연구에 관심을 가지고 논평을 해서 연구의 질을 높이기 위해 노력한다. 그런 의미에서 KDI의 연구 성과들은 저자들의 능력과 노력만큼이나 KDI 연구위원 조직의 산물이다. 바꾸어 말하자면 동일한 인원의 연구위원들 개인이 개별적으로 연구를 수행할 때 낼 수 있는 성과와 비교했을 때, KDI라는 조직의 일원으로 산출하는 연구가 보다 우수하다는 것이며, 이것이 바로 조직이 창출하는 부가가치라고 할 수 있다.

모든 조직들이 이상에서 서술한 기능을 수행하는 것은 아니다. 그런 의미에서 KDI 연구위원들의 동료의식은 KDI 조직의 가장 핵심적 자산이며 경쟁력의 원천이라고 할 수 있다. 이러한 자산은 조직 내부 인력들의 많은 의식적 노력이 수반되지 않으면 결코 만들어지기도 어려울 뿐 아니라 지속되기도 쉽지 않다. 이것을 어떻게 만들고 발전시킬 것인가가 KDI와 유사한 조직을 창설하려는 나라들은 물론, KDI 스스로도 고민해야 할 문제이다.

5. 부속기구 설립과 기능 확대

KDI는 설립 초기부터 많은 연구 수요를 감당해야 했으며, 이것이 조직 규모의 지속적 증가를 가져온 1차적 원인이었다. 본 절에서는 이상에서 서술한 연구 수요와는 다소 다른 맥락에서 이루어진 연구소 규모의 확대를 다루기로 한다. 구체적으로 이것은 여러 '센터', 즉 부속기구들의 설립이었다.

KDI는 1990년대 초부터 본래의 연구 기능과는 다소 거리가 있는 업무들을 수행하는 조직들이 추가되면서 조직 규모가 증대되어 왔다. 〈그림 8-5〉는 2014년 현재 KDI의 구조를 제시한 것이고, 〈표 8-5〉는 부속기관들의 주요 업무와 규모를 개괄한 것이다. 2014년 현재 KDI는 '본원'을 비롯하여 네 개의 센터와 대학원이 부속기관으로 운영되고 있다. 인력 측면에서 놓고 볼 때 부속기관의 인력은 본원 인력 규모를 상회할 정도로 KDI 운영에 있어 부속기구가 차지하는 비중은 매우 크다.

이하에서는 표에 열거한 부속기관들 가운데 KDI의 역할과 관련해서 특히

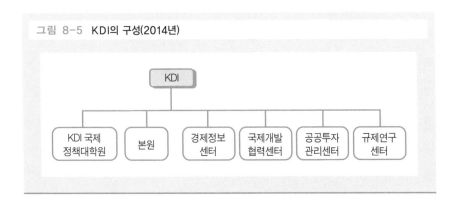

그림 8-5 **KDI의 구성(2014년)**

표 8-5 KDI의 부속기구 현황(2014년)

기구	주요 업무	근무자	예산
경제정보센터	일반국민을 대상으로 한 경제교육 및 정책 홍보	62	1,355.5억 원
공공투자관리센터	주요 재정 관련 투자사업의 타당성 평가	104	
국제개발협력센터	개발도상국에 대한 지식공유사업(KSP) 수행	61	
규제연구센터	규제 영향 분석	14	
KDI 국제정책대학원	경제 정책 관련 고등교육 수행	98	374.8억 원
합계		339	1,730.3억 원

주: 겸임 근무자는 원소속으로 분류함.
자료: 〈표 5-1〉 참조.

중요한 의미를 갖는 공공투자관리센터에 대해 살펴보기로 한다.[58]

1) 공공투자관리센터

도로 건설 등 대규모 국가건설사업을 수행할 때, 담당 부처에서는 사업의 타당성을 평가하는 타당성 조사를 통해 사업 진행 여부를 결정한다. 그런데 과거에는 과도한 수요 예측이나 정치적 요구 등 여러 가지 이유로 타당성 조사가 제대로 이루어지지 못하고, 그로 인해 불필요한 투자나 과도한 투자가 이루어져서 예산의 낭비가 발생하는 일이 적지 않았다.[59]

기획재정부에서는 이러한 문제를 해결하기 위해서 독립적인 기구에서 국

---

58 다른 부속기관들에 대해서는 김두얼·김광호(2014), pp. 67-77 참조.
59 김재형(1999a), pp. 5-9; 김재형(1999b), pp. 1-4.

책사업의 타당성 여부를 평가하는 업무를 수행하는 방안을 마련하였다. 이 업무를 수행하는 기관으로 2001년 KDI 산하에 공공투자관리센터(PIMAC, 이하 '공투')를 설립하였다. 한편, 1999년 4월에 국토연구원에 민간투자지원센터가 설립되었는데, 2005년 1월에 공공투자관리센터로 합병되어 오늘에 이르렀다.

공투는 초기에는 500억 이상의 비용이 소요되는 도로나 철도 등의 건설사업을 대상으로 타당성 여부를 평가하였다. 이러한 사업들은 수요 예측과 비용 산정 등에 있어서 고려해야 할 요소들이 비교적 명확한 소위 '정형화된' 사업들이다. 그런데 기획재정부는 공투에게 큰 규모의 예산이 들어가는 다양한 사업들에 대해서도 타당성 평가를 해줄 것을 요청하였다. 그 결과 공투의 예비타당성 조사는 정형화된 사업으로부터 문화시설 설립이나 과학기술 관련 지원 사업처럼 사업의 가치 추정이 용이하지 않은 비정형 사업으로 확대되어 갔다. 여기에 추가해서 정부가 수행하는 대규모 재정사업이 과연 효과가 있는가에 대한 평가(재정사업심층평가) 등도 공투의 주요 업무가 되었다.

이러한 영역 확대는 공투가 담당하는 업무를 증가시켰다. 1999년에는 예비타당성 조사가 20건 가량 이루어진 데 비해 2010년에는 100여 건 가까이로 늘어났다(〈그림 8-6〉).[60] 이 외에도 앞서 언급한 재정사업심층평가, 그리고 민간투자사업(public private partnership: PPP) 평가 등까지 합하면, 업무의 규모는 계속 증가하는 추세라고 할 수 있다. 이로 인해 인력도 계속 증가하였는데, 〈표 8-6〉은 2014

---

60 2010년 이후 수행 사업 건수가 줄어드는 것으로 나타나는 이유는 보고서가 최종 발간된 기준으로 집계를 하였기 때문이다. 즉, 여러 가지 이유로 최종보고서 발간이 예비타당성 평가를 실제로 수행한 연도에 이루어지지 못하는 경우가 적지 않은데, 그로 인해 하향 추세가 나타나는 것이며, 실제 수행하는 사업이 위와 같이 줄어들고 있는 것은 아니다.

그림 8-6 PIMAC의 수행 사업 건수(사업보고서 발간 기준)

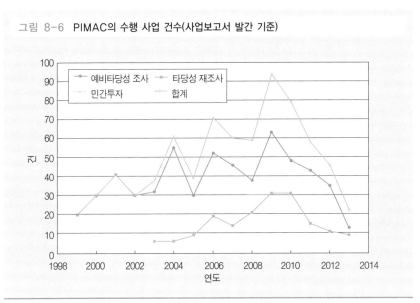

자료: KDI 공공투자관리센터(2014).

표 8-6 공공투자관리센터 직원(2014년 말 기준)

	인원	비고
연구위원	8	소장 1명 포함
전문위원	35	
연구원	53	
행정인력	7	인턴 및 파견직 포함
합계	104	

자료: KDI 공공투자관리센터 웹사이트.

년 현재 공투의 인력 현황이다.

　　지난 10여 년의 기간 동안 공투의 업무가 지속적으로 확대되어 온 것은 공투가 정부 사업 관련 예산의 효율적 관리에 크게 기여했기 때문이다. 오늘날 공투는 개발도상국이나 국제기구 등에 공공투자 관리의 성공 사례로 널리 알려져 있으며, 많은 개발도상국들이 공투로부터 공공투자를 효과적으로 관리하는 방법을 배우고자 노력하고 있다. 이와 관련해서 생각해 볼 점은 과연 공투를 KDI가 아닌 다른 기관 산하에 설립하거나 아니면 독자적인 기구로 설립했더라도 이러한 성공이 가능했을 것인가라는 문제이다.

이 질문에 대해서는 두 가지 측면을 고려해 볼 수 있다. 먼저 공투가 수행하는 업무는 기본적으로 많은 이권이 걸려 있고 관련자들의 이해가 매우 첨예한 경우가 많다는 사실이다. 즉, 평가 기관의 독립성이 확보되지 않을 경우 제대로 된 평가를 하기 어려우며, 그 결과 역시 수용되기 어렵다. 이러한 점에서 KDI 산하에 공투를 설치한 것은 공투가 성공할 수 있도록 하는 데 매우 중요한 요인이었다고 할 수 있다. 둘째, 정형화된 사업도 그렇지만, 비정형 사업의 경우는 고도의 경제적 추론을 통해 사업이 가져다줄 사회적 편익을 추정하는 어려운 작업을 수행해야 한다. 이러한 업무를 수행하기 위해서는 잘 훈련된 경제학자들이 필요하며, KDI는 이러한 인력들을 보유하고 있었다는 점에서 성공에 기여하였다고 할 수 있다.

하지만 공투의 성공은 KDI의 자원을 적지 않게 사용한 결과라는 점을 고려할 필요가 있다. 많은 KDI 연구위원들은 본원 소속이면서 예비타당성 조사 등 공투 관련 사업을 1년에 한두 건 정도 수행한다. 이 과정에서 연구위원들은 정부 정책의 실제 진행 과정에 대해 많은 경험과 지식을 얻는다. 하지만 이러한 사업들은 많은 경우, 본인의 연구 영역과는 무관한 분야인 경우가 많기 때문에,

연구에 투여해야 했을 시간을 어느 정도 희생하는 것은 불가피하다. 아울러 연구위원이 공투 소속인 경우에는 그가 담당해야 하는 부분은 많은 경우 특정 사업에 대한 분석과 평가가 아니라 예비타당성 조사 전체의 관리, 즉 행정 업무에 가깝다. KDI라는 조직의 핵심 자산이라고 할 수 있는 전문성과 독립성, 그리고 종합적 식견이 공투 성공의 핵심이기 때문에 선뜻 KDI와 분리시키기 어렵다는 점, 하지만 KDI의 많은 자원을 공투에 투입해야 하기 때문에 연구 자원의 소모가 발생한다는 상충 관계는 KDI가 감내해야 하는 어려운 문제이다.

2) 평가

KDI 국제정책대학원을 제외한 부속기관들의 공통점은 인력의 많은 부분이 연구 인력이 아니라 사업 관리 인력이라는 사실이다. 예를 들어, 공투에서 어떤 사업의 타당성을 검토할 경우, 전체 평가를 총괄하는 총책임자(Project Manager: PM)는 공투 인력이거나 아니면 본원 소속 연구위원이지만, 경제성 평가의 핵심인 편익 추정과 비용 추정은 모두 외부 인력에게 용역을 발주하는 형태로 진행이 된다. 국제개발협력센터(CID)의 핵심 업무인 지식공유사업(Knowledge Sharing Program: KSP)의 경우에도, 30여 개나 되는 국가들 중 CID 내부에서 직접 사업을 수행하는 비율은 매우 낮고, 대부분의 사업은 외부 연구기관 등에 용역을 발주한다. 공투나 CID 등 부속기관들의 주요 업무는 연구가 중심이 되는 사업을 직접 수행한다기보다는, 해당 연구의 용역을 받아 수행하는 외부 인력을 관리하고 행정적으로 지원하는 일이다.

이러한 기능의 추가가 과연 KDI에게 어떤 영향을 미쳤을까? 긍정적 측면을 먼저 보자면, 부속기구의 설립은 우선 KDI의 외연 확대에 크게 기여하였다. 업무 분야의 확대는 KDI의 영향력을 확대시키는 결과를 가져왔다. 아울러 재정적으로도 도움이 되는 측면이 있다. 하지만 여러 가지 부정적인 측면도 존재한다. 가장 큰 문제는 조직의 경직화이다. KDI의 연구 인력이 부속기관들의 업무를 일시적으로, 또는 항시적으로 수행하게 되면 연구 기능 수행이라는 본연의 업무를 수행하는 데에는 제약이 따르게 된다. 아울러 연구 인력을 사업적 성격 또는 행정 업무에 가까운 일들에 투입을 하는 것은 연구 업무라든가 연구자 자신의 능력 함양 측면에서 볼 때는 큰 손실이라는 점도 고려할 필요가 있다.

한 가지 고려할 사항은 정책 수요자인 정부의 입장이다. 정부는 이러한 업무를 수행하는 독립적인 기구를 설립할 수도 있으나, KDI와 같이 이미 자리를 잡은 기구에 부속기관 형태로 설립할 경우, 업무 수행을 어느 수준까지 담보하는 데 크게 문제가 되지 않는다고 보는 점이 업무 영역 확대의 중요한 이유라고 할 수 있다. 하지만 이러한 측면보다 더 근본적으로 고민해 볼 문제는 정부가 KDI에게 기대하는 업무가 연구 자체보다는 사업 업무의 수행 쪽으로 점점 기울어 가고 있을 수 있다는 점이다. 이러한 정부 내 시각의 변화가 바람직한가 여부는 결국 국책연구기관이란 무엇이어야 하는가라는 본질적인 질문에 비추어 생각해 볼 필요가 있을 것이다.

6. 대외관계

1) 대정부 관계

KDI의 설립에 대한 구상이 본격적으로 논의되기 시작한 것은 1967년부터였다.[61] 당시 설립을 주도했던 인물들이 구상한 것은 민간연구소였다. 그래서 처음에는 다른 개발도상국들의 사례를 따라 미국의 포드 재단이나 록펠러 재단 등으로부터 재원을 확보하여 민간연구소를 설립하는 방안을 추진하였다. 하지만 이 계획은 해당 재단들이 설립에 별다른 의지를 보이지 않아 실패하였다. 그 대신 미국원조자금(USOM)이 확보되자, 여기에 정부 출연금을 보태어 13억 1,000만 원의 기금을 마련해서 KDI를 설립하였다.[62]

이상의 과정은 KDI의 탄생 그리고 이후의 역사와 관련해서 매우 흥미로운 면모를 보여 준다. 왜 KDI의 설립을 추진한 사람들은 정부 출연기관이 아니라 민간연구소를 구상하였을까? 통상적으로 언급되는 답은 정부가 당시 충분한 재원을 갖고 있지 못하였기 때문이라는 것이다. 이 점은 충분히 중요한 이유였다고 생각해 볼 수 있지만 핵심적인 요인이었다고 보기에는 많은 문제가 있다. 연구 설비 등을 필요로 하는 이공계 연구소들과는 달리 경제연구소 설립에는 그다지 큰 규모의 비용이 들지 않기 때문이다. 정부가 설립 의지만 있었다면 연구소를 건립하는 것은 충분히 가능했을 것이다.

---

61 정인영(2002), p. 29.
62 정인영(2002), pp. 36, 40-41.

이러한 추론은 연구소 설립을 위한 입법 과정을 통해서도 어느 정도 뒷받침된다. 당시 KDI 설립은 한국개발연구원법에 기초해서 이루어졌는데, 이 법의 입법 과정을 보면 야당의 큰 반대가 있었다거나 논란이 있었다는 흔적을 찾아보기 어렵다.[63] 아울러 KDI의 개원을 전후로 국방과학연구소(1970년), 가족계획연구원(현 보건사회연구원, 1971년) 등을 개원한 점을 보더라도 재원 자체가 큰 장애가 되었을 가능성은 높지 않다.

설립 주도자들이 민간연구소를 염두에 두었던 핵심적인 이유는 연구의 독립성 확보 때문이었던 것으로 보인다. 연구소의 재원을 누가 제공하는가에 따라 연구의 질과 방향은 크게 달라질 수 있다. 설립 주도자들은 정부가 재원을 공급할 경우, 특정 정권이 아니라 국가를 위해서 독립적으로 활동하는 연구소로 발전하지 못할 가능성을 우려했던 것으로 보인다. 민간연구소에 대한 기획의 핵심은 여느 이익단체들은 물론, 정부로부터도 독립해서 국가만을 위해 연구를 수행할 수 있는 연구소를 설립한다는 것이 목적이었다. 물론 독립성을 확보하는 수단으로 다른 나라의 재원에 의존하고자 했던 점은 오늘날의 관점에서 보면 많은 비판이 가해질 수 있다. 그러나 당시의 정치·경제 상황 등을 고려해 볼 때 설립 주도자들의 의도가 무엇이었는지는 명확하다고 판단된다.

이러한 견지에서 본다면 KDI의 설립 목적이 경제개발계획 수립을 위한 경제학자의 확보라고 보는 명제는 매우 세심하게 해석되어 제시되고 이해될 필요가 있다. KDI의 설립을 기획한 사람들이 생각한 경제개발계획은 단순히 정

---

63 국회 재정경제위원회, 「한국개발연구원 법안 심사보고서」(1970. 9. 10), 제75회 국회 법제사법위원회 회의록 제8호(1970. 11. 30), 제75회 국회 본회의 회의록 제16호(1970. 12. 17).

부가 경제개발 5개년계획을 짜는 데 필요한 방정식을 짜고 해를 구하는 기능적·실무적 측면을 염두에 둔 것이 아니었으리라는 점이다. 그보다는 국가경제가 장기적으로 어떻게 발전해 가야 하며, 이것을 위해서는 어떤 정책이 필요한지에 대해 정부에게 자문을 제공해 주는 역할을 기대하였던 것이라고 할 수 있다. 그야말로 초정권적이고 초당파적인 정책연구소(think tank)의 역할을 하는 조직을 만들고자 했던 것이 설립 주체들의 구상이었다고 할 수 있다.

비록 1970년에 미국 원조자금과 정부 출연금이 조달됨으로써 KDI가 수립되고, 지난 40여 년 동안 정부 출연금이 조직 운영의 주요 재원으로 기능하였지만, 독립적인 연구를 수행하는 기관에 대한 지향은 설립 이후 계속 이어져 왔다. KDI가 발간한 초기 보고서들은 표지에 "이 연구원은 자체 기금으로 운영되는 비영리법인이므로 그 정책지향적인 연구 활동에 있어 자율성과 독립성이 최대한으로 보장되고 있다"라는 문구를 항상 표기하였다. 그리고 KDI의 초기 구성원들은 이러한 이상을 실현하고자 노력하였다. 제2절에서 살펴본 바와 같이 KDI는 경제개발 5개년계획의 구체적인 수립 과정에 참여는 하였으나, 이것만이 1970년대 KDI의 핵심 업무는 아니었다. 오히려 KDI가 당면 현안에 대한 연구들과 아울러 일관되게 수행한 것은 종합적이고도 장기적인 경제 발전의 방향을 지향하는 연구였다.

이러한 지향성은 설립 초기부터 KDI와 정부 간의 협력만큼이나 적지 않은 긴장 관계를 형성하였으며, 이러한 다소 불편한 관계는 기본적으로는 오늘날까지도 지속되고 있다. 1970년대의 경우, 긴장 관계의 가장 중요한 두 가지 축은 경제 상황에 대한 인식과 정치적 민주화의 문제였다. 우선 경제적 상황 인식의 경우, 박정희 대통령은 수출 주도의 고도성장 경제를 추구하고 있었던 데 반해, KDI는 경제 성장의 중요성을 염두에 두면서도 경제안정화를 강조하였다. 예를 들어, 본 장 제1절에서 소개한 바와 같이, 1972년 6월 김만제 원장 명의로 발간된 『새 정책의 선택을 위한 결단』이라는 보고서는 당시의 정책 기조를 전면적으로 전환할 것을 촉구하는 매우 급진적인 것이었다.[64] 정치적 상황과 관련해서는, 경제연구소라는 성격 때문에 KDI가 직접적으로 정치 문제를 다룬 보고서를 작성하지는 않은 것으로 보인다. 그러나 KDI는 당시로서는 어떤 조직보다도 해외와의 교류가 매우 활발했던 조직이었기 때문에, KDI가 주최하는 학술대회에 참여한 해외 학자들의 발언이 의도하지 않게 정치적 비판으로 흐르는 경우가 있었다.[65] 아울러 바람직한 경제 정책에 대한 제언들은 당시 경제 상황에 대한 비판을 어느 정도 수반하는 것이 불가피하고, 이것이 정치적인 비판으로 비칠 수 있는 측면 역시 존재하였다.

KDI가 정부 출연 연구기관이었음에도 불구하고 정부 정책에 대해 건설적이지만 비판적인 제언을 수행할 수 있었던 데에는 여러 가지 요인들이 작동한 결과로 짐작된다. 첫째는 KDI를 '관장'했던 경제기획원과의 관계이다. 경제기획원은 재무부나 상공부 등과 같이 행정 업무를 실제로 수행하는 것이 아니라 경제 전반을 기획하는 업무를 담당하다보니, 다른 정부 부처들에 비해 훨씬 유

---

64 김만제(1972).
65 예를 들어, 『한국경제사회의 근대화과정 연구 총서』의 집필자 중 한 명이었던 에드워드 메이슨 교수는 자신이 쓴 부분 중 한 구절에서 박정희 대통령을 비판하는 내용을 담았는데, 이 글은 한글로 번역되어 소개될 경우 큰 파문을 일으킬 소지가 있었다. 당시 KDI에서는 이 문제를 어떻게 해결할지에 대해 많은 고민을 하고 있었는데, 공교롭게도 출판을 준비하던 과정에서 박정희 대통령이 서거하였기 때문에 이 문제는 별 문제 없이 처리되었다. 정인영(2002), pp. 159-161.

연한 사고를 하는 측면이 있었다.[66] 그런 측면에서 경제기획원 관료들은 KDI 연구위원들의 생각을 폭넓게 이해하는 측면이 강하였다. 보다 근본적으로는 박정희 대통령이 상공부, 재무부 등을 통해 수출주도적 경제 성장과 중화학공업화 정책을 추진하는 데 대해 경제기획원은 상대적으로 경제의 불안정성과 왜곡이 발생하는 문제를 지적하는 위치에 있을 수밖에 없었고, 이러한 생각을 공유한 KDI와 긴밀한 유대 관계를 형성한 측면이 있었다고 할 수 있다.[67]

둘째는 박정희 대통령이다. 수출진흥확대회의 녹취록을 보면, 대통령은 종종 "소위 경제전문가라는 사람들"이 자신의 생각에 반대하는 주장을 펼치는 데 대해 불쾌한 심정을 드러내고는 하였다.[68] 당시와 같은 권위주의 정권 하에서 대통령이 불만을 가지고 있으면서도 KDI 같은 일개 연구소에 대해 별다른 조치를 취하지 않았다는 것 자체가 주목할 만하다. 이처럼 KDI를 '존중하되 무시하는' 박정희 대통령의 관용적 태도이야말로 KDI의 존립과 발전에 매우 중요한 요소로 작용하였다. 아울러 대통령의 이 같은 행동은 정부 부처들이 KDI를 함부로 대하지 않도록 하는 데에도 작용하였다.

마지막으로는 김만제 원장을 포함한 KDI 구성원들의 노력을 빼놓을 수 없다. 비록 정부 정책 방향과 어긋나더라도 국민을 위해 필요한 일에 대해서는 주장을 펼치고 정책 당국자들과 논의하였기 때문이다. KDI가 과감하게 이러한 주장들을 펼 수 있었던 것은 기본적으로는 연구의 전문성이 뒷받침되었기 때

---

66 강경식(1992), pp. 11-12; 김흥기 편(1999), pp. 104-111, 223-225.
67 정책 방향의 공유라는 측면 저변에는 경제기획원과 KDI 간의 인적 관계도 중요했는데, 이와 관련해서는 정인영(2002), 이장규(2008) 등을 참조.
68 예를 들어, 이영훈 외(2013), 제3권, p. 613.

문이다. 아울러 단순히 우리 현실을 모르는 미국 경제학적 논리라고 치부될 수 있었을 상황에서 이것을 극복하게 된 것은 우리나라 자료를 이용한 실증적 근거를 제시하면서 논의를 전개했기 때문이다.

1970년대에 유지되던 정부와 KDI의 관계에 큰 변화를 가져온 것은 1980년대 경제 정책 기조의 변화였다. 다소 야사처럼 전해지는 이야기이긴 하지만, 군사정변을 통해 정권을 잡은 전두환 대통령은 경제 정책에 대해서만큼은 김재익 수석을 전폭적으로 신임하였다.[69] 김재익 수석과 당시 주요 경제관료들은 경제안정화를 정책의 일차 목표로 설정하였고, 정부 주도의 경제로부터 시장 경제로의 전환을 추진하였다. 아울러 시장개방, 금융실명제, 공정거래 제도 확립 등을 통해 경제 질서를 바로 세움으로써 경제 성장을 도모하는 방향으로 노력을 추진하였다.

이러한 정부 정책 기조의 변화는 정부와 KDI의 지향점을 일치시키는 결과를 가져왔다. 앞서 언급한 바와 같이 이러한 변화는 결코 필연적인 것은 아니었다. 경제가 성장한다고 해서 정부 정책 기조가 반드시 시장친화적인 방향으로 전환되는 것은 아니며, 또한 정책 기조의 변화가 일관되게 유지되는 것도 쉬운 일은 아니기 때문이다. 1980년대 들어 정부 정책 기조가 바뀌게 된 데에는 경제 여건의 변화나 여러 가지 역사적 우연들과 아울러, 1970년대부터 KDI가 이러한 정책 기조에 대한 연구를 축적하고 변화를 주장했던 것이 작용하였다. 이런 면에서 KDI가 1980년대와 1990년대에 걸쳐 우리나라의 경제 정책에 크게 기여할

---

69 고승철·이완배(2013), 제4장; 이장규(2008), p. 27.

수 있었던 것은 경제 성장, 정부 정책 방향의 변화, 그리고 KDI의 노력이 내생적으로 작동한 결과였다고 할 수 있다.

이처럼 시장친화적이고 개방적인 경제 성장을 추구한다는 기조 하에서 KDI가 정부와 유지하던 관계는 1990년대를 거치면서 점차 변화해 간다. 변화를 가져온 일차적인 동력은 객관적인 여건의 변화이다. 우리 경제의 개방도가 높아지고 많은 경제 전문 인력을 확보함에 따라, KDI의 인력이 가지는 상대적 우위는 점차 하락하였다. 아울러 시장 개방과 규제 개혁이라는 큰 방향이 사회 전체적으로 공유되면서, 개별 사안들에 대한 구체적이고 심도 있는, 그리고 지속적인 작업이 요구되었다. 공공투자관리센터나 규제개혁센터 같은 부속기관들의 설립은 이러한 요구의 한 단면이라고 볼 수 있다.

이러한 상황은 KDI에 대해 두 가지 근본적 변화를 야기하였다. 첫째는 KDI 업무가 점차 정부가 수행하는 업무와 유사해져 간다는 의미에서 관료화가 심화되었다. 둘째는 장기적이고 종합적인 정책 제언을 하는 인력이 부속기구 업무에 투입된 결과, 본연의 연구 기능을 수행할 수 있는 자원이 어쩔 수 없이 축소되어 왔다는 점이다. 앞으로 이러한 문제를 어떻게 슬기롭게 극복하는가가 KDI 본연의 기능을 수행할 수 있는지 여부를 결정하는 핵심 요소가 될 것이다.

2) 다른 연구기관과의 관계

1971년 한국개발연구원과 한국보건사회연구원이 문을 연 이후, 정부 각 부처에서는 자신들의 업무와 관련된 연구를 수행하는 국책연구소들을 만들어 갔다. 그 결과 현존하는 국책연구기관 중 17개가 1990년까지 개원을 하였으며, 1990년대에도 여러 개의 연구소들이 설립되었다.

국책연구소의 설립은 정부 정책의 합리적 계획과 수행에 큰 역할을 담당하였다. 그러나 여러 가지 부작용도 수반하였다. 무엇보다도 각 부처가 경쟁적으로 자신의 필요에 따라 연구소를 만들고 운영하다보니, 연구소 업무가 중복되어 예산이 낭비되고 있다는 지적이 제기되었다.[70] 또한 정부 부처와 해당 업무 관련 연구소 간에는 일종의 상하 관계가 형성됨으로써, 국민 전체의 입장에서 접근하는 정책 연구보다는 해당 부처의 입장을 반영하는 도구로 활용되는 경향, 또 부처가 담당하는 정책과 관련해서 선제적인 연구를 하기보다는 부처에서 정한 정책의 논거를 제시하는 사후적 연구가 주를 이루게 되는 문제 등이 생겨났다. 궁극적으로 연구소들이 투입 예산을 고려할 때 거기에 부합하는 연구 성과를 내고 있는가라는 비판이 제기되기도 하였다.

이러한 문제점 때문에 국책연구기관들을 보다 효과적으로 운영하기 위한 방안을 모색하는 작업은 꾸준히 이루어졌다. 이미 1980년에 모든 연구기관들을 하나로 통합하려는 시도가 있었다.[71] 아울러 1998년에는 정부 직제가 대폭 개편되면서, 정부 부처와 연구소 간의 관계를 재정립해야 하는 상황으로 인해 관련 문제가 본격적으로 논의되었다.[72]

결국 정부는 1999년 총리실 산하에 경제 · 인문사회연구회(이하 경사연)를

---

70 경향신문(1989. 7. 27), 매일경제신문(1991. 2. 24).
71 정인영(2002), pp. 331-332.
72 동아일보(1998. 1. 12).

설립하고 23개 국책연구기관들을 경사연 산하 기관으로 전환하였다.[73] 경사연 체제는 일차적으로는 어떤 연구소가 특정 정부 부처에 귀속됨으로써 생기는 여러 가지 문제를 해결하는 것을 목적으로 도입되었다. 그렇게 함으로써 연구소가 보다 독립적으로 연구를 수행할 수 있는 조직적 기반을 확보함과 동시에, 여러 연구소들이 연합해서 종합적인 연구가 이루어지는 것을 도모하였다. 하지만 이러한 체제가 기대했던 효과를 얻고 있는지에 대해서는 논란이 지속되어 왔으며, 2000년대 말에는 국책연구소들을 개편하기 위한 논의가 또다시 대두되기도 하였다.

경사연 체제의 등장은 KDI에게도 여러 가지 변화를 가져왔다. 가장 큰 형식적 변화는 다른 연구소들처럼 기획재정부라는 특정 부처가 아닌 경사연 산하의 기관이 되었다는 사실이다. 동시에 KDI가 다른 연구기관들보다 상대적으로 누릴 수 있었던 몇 가지 요소들이 더 이상 용인되기 어려워졌다. 즉, 경사연 산하의 연구소가 되면서부터는 예산 운용 등 여러 가지 면에서 다른 연구소들과 동일한 기준이 적용되면서 그동안 누릴 수 있었던 몇몇 혜택들을 잃게 된 측면이 있었다.

하지만 경사연 체제로의 변화가 야기한 가장 핵심적인 문제는 KDI의 본질, 즉 종합 연구소라는 KDI의 존재 자체에 대한 것이었다. 이미 경제 분야에서 재정, 산업, 무역, 노동 등 다양한 영역을 담당하는 전문연구소들이 설립되어 있는 상황에서, 그리고 종합 연구를 관장하는 경사연이라는 기구가 생겨난 상황

---

73 1999년에 경제사회연구회와 인문사회연구회를 설립하였다가, 2005년에 두 기관을 경제·인문사회연구회로 통합하였다. 연혁과 관련해서는 경제·인문사회연구회 웹페이지 참조.

에서, 종합 연구소로서의 KDI가 존속할 이유는 무엇인가라는 회의가 제기되었다.

이 질문에 대한 심도 있는 논의는 본 연구의 범위를 벗어난다. 단, 지금까지 전개한 논의가 보여 주는 중요한 사실은 두 가지 언명으로 요약해 볼 수 있다. 첫째, 국민경제를 통합적으로 인식하고 판단하는 종합적 식견이라고 하는 것은 매우 중요하다. 둘째, 통합적 식견은 단지 여러 분과의 연구 성과를 산술적으로 합하는 것으로부터 나올 수는 없다. 즉, 여러 분과 연구소들이 다양하게 존재한다고 하더라도, 각각의 연구소가 내놓는 연구 성과들을 종합해서 총체적 전망으로 전환하는 일은 그 자체가 고급 인력들의 종합적 노력에 의해서만 수행될 수 있는 종류의 작업이라는 점이다.

이러한 기능을 누가 담당해야 보다 효과적인가에 대해서는 다양한 견해가 있을 수 있다. 단, 한국에서는 지난 40여 년 동안 KDI가 이러한 기능을 상당 부분 담당하여 왔다. 그리고 KDI가 이러한 기능을 비교적 성공적으로 수행해 올 수 있었던 것은 종합 경제연구소로 출발했던 역사적 배경, 다양한 전문 분야를 연구하는 연구위원들이 한 조직 내에서 긴밀하게 상호작용을 해왔다는 내적 환경, 그리고 이러한 환경을 지키고 발전시키려 했던 의식적 노력이 결합한 결과이다. 그리고 근본적으로는 연구를 통해 종합적 식견을 구현할 수 있는 인력을 지속적으로 확보하였기에, 즉 각자 전문 분야를 가지고 있으면서도 경제 전체를 고려하는 사고를 할 수 있을 만한 능력을 갖춘 인력을 선발하고, 그 인재들이 그러한 활동을 할 수 있도록 육성하며, 이러한 여건을 보고 계속해서 좋은 인력들이 합류하고자 하는 선순환을 작동시킬 수 있었기에 가능한 일이었다.

KDI가 이러한 요소를 갖춘 조직이 될 수 있었던 것은 지난 40여 년 동안의 역사적 과정 속에서 KDI 구성원, 그리고 정부 당국자들의 의지와 노력이 있었기 때문이다. 이렇게 형성되어 온 조직을 하루아침에 만드는 것은 불가능하다. KDI의 미래를 고민하는 정책 당국자들이나 경제 발전에 기여하는 국책연구기관을 갖고자 하는 국가들이 KDI의 현재 모습뿐 아니라 지나온 길을 찬찬히 살펴보고 반추해 보아야 하는 이유이다.

7. 결론

제2차 세계대전 이후 개발도상국들의 경제 발전 과정은 산업혁명을 처음 달성한 영국과는 확연하게 다른 중요한 요소가 있다. 그것은 정부의 역할이다. 영국의 산업혁명은 경제주체들의 일상적인 활동 과정에서 자연스럽게 기술 혁신이 발생하고 근대적 경제 성장이 출현한 과정이었다. 하지만 영국 이후에 경제 성장을 이룩한 유럽의 후발공업국들은 물론, 제2차 세계대전 이후 경제 개발을 도모하는 개발도상국들은 영국 또는 다른 선진국들의 사례를 염두에 두고 정부가 적극적으로 경제 성장을 추동하였다. 한국은 정부가 경제 발전을 주도하는 역할을 훌륭하게 수행한 대표적 사례로 흔히 언급된다.

정부가 경제 발전을 주도해 나갈 수 있으려면 정책 당국자들이 경제 현황에 대한 심도 있는 분석 능력, 경제 발전에 대한 폭넓은 이해, 그리고 미래에 대한 통찰력 등을 가지고 있어야 한다. 하지만 선진국들은 물론이고 개발도상국의 정책 담당자들은 객관적 여건의 미비 등 여러 가지 이유로 이러한 정보나 능력을 충분히 가지고 있지 못한 것이 일반적이다. 학계, 언론, 정치권도 마찬가지여서, 정부의 요청이 있더라도 민간 부문이 정부의 정책 수행에 실질적으로 활용될 수 있는 정보나 자문을 적절하게 제공하지 못하는 경우가 많다. 이러한 상황에서는 주요 정책에 대한 민간의 제언이나 비판, 그리고 이에 대한 정부의 대응은 생산적 담론으로 발전하기보다는 소모적 논쟁으로 귀결되어 경제 발전에는 실질적인 기여를 하지 못하기도 한다.

이러한 문제를 해결하는 한 가지 방편으로 개발도상국 정부들은 경제 정책 수립과 추진에 필요한 수준 높은 정보와 자문을 스스로 생산하고자 한다. 많은 정부들이 정부 출연 연구기관을 설립하는 것은 이러한 목적에서이다. 대한민국 정부 역시 마찬가지였다. 1971년 한국개발연구원(KDI)을 시작으로 해서 한국 정부는 지난 40여 년 동안 다양한 영역을 연구하는 국책연구기관들을 설립하고 정책에 필요한 자문을 제공받았다.

KDI를 비롯한 한국의 국책연구기관들은 연구보고서 발간은 물론, 정책 당국자들과의 긴밀한 협의 등을 통해 정부가 당면한 주요 문제, 그리고 한국 사회가 앞으로 나아갈 길에 대해 수준 높은 자문을 제공하였으며, 정책 당국자들은 이러한 자문을 참고하여 정책을 구상하거나 수정하고, 집행하였다. 또한 이들은 언론에 기사 형태나 인터뷰와 같은 방식으로 연구 결과를 발표하거나 주요 정책에 대한 입장을 밝힘으로써 국민들이 정부 정책에 대해 올바른 이해를 갖도록 하는 데 기여하였다. 그 결과 KDI를 비롯한 국책연구기관들은 한국의 경제 성장에 크게 기여한 것으로 평가되고 있다.

한국의 경험에 비추어 볼 때, 개발도상국들이 설립하는 국책연구기관들이 기대하는 역할을 충분히 수행하려면 어떤 요소들을 갖추어야 할까? KDI에 대한 사례 연구는 세 가지 요소를 부각시킨다. 첫째는 국가경제에 기여하는 연구를 수행할 능력을 갖춘 인력의 확보이다. 1960년대 말 한국 경제학계는 경제 정책에 실질적인 기여를 할 수 있는 인력을 충분히 배출할 만한 여건을 가지고 있지 못하였다. 이러한 한계를 극복하고자 KDI 설립을 주도한 인사들은 당시 미국에서 박사 학위를 취득한 인력들을 설득하여 KDI로 불러들였다. 일단 좋은 인력이 확보되자 연구소는 우수한 연구 결과를 내놓을 수 있었고, 이러한 성과는 연구소의 위상을 높였으며, 이러한 모습을 보고 좋은 인력들이 이 연구소에 합류하고자 하는 선순환이 이루어질 수 있었다. 여기에다가 확보한 인력들의 능력을 최대한 증진시키려는 조직 내부의 노력이 더해짐으로써 좋은 정책 연구를 지속적으로 수행할 수 있는 터전을 마련하였다.

둘째는 연구의 독립성 확보였다. 1970년대 초부터 KDI는 정부 정책을 뒷받침하거나 이것을 수행하는 데 필요한 실무적인 문제들을 다루는 연구를 수행하면서도, 동시에 정부 정책을 근본적으로 재검토하여 필요하다면 정책 방향을 바꾸어야 한다는 제언을 서슴지 않았다. 1970년대 초에 경제성장률을 과도하게 높이려는 정책을 자제해야 한다는 주장을 펼치거나, 1970년대 중반 시장 친화적인 경쟁 정책을 위한 연구를 수행하여 정부 정책의 선회를 주장한 점 등이 대표적이다. 단순히 정부가 추진하는 정책을 사후적으로 뒷받침하는 것이 아니라 정부 정책을 국민경제 전체의 발전이라는 관점에서 평가하고 선제적으로 필요한 제언을 하였기 때문에, 정부 정책이 경제 발전에 기여하도록 할 수 있었다. 그리고 이러한 독립성이 좋은 인력을 끌어들이는 중요한 요인으로 작용하였음은 아무리 강조해도 지나치지 않다.

셋째는 연구소의 자율적 연구를 용인하는 정부의 태도이다. 한국은 물론 많은 나라의 정책 당국자들은 정부 출연 연구기관들이 자신들의 정책을 뒷받침하는 연구를 수행하기를 기대한다. 이러한 상황을 고려할 때 KDI처럼 정책에 대해 비판적이라고도 해석될 수 있는 연구를 수행하기는 쉽지 않다. 설립 초기부터 KDI가 이러한 기능을 수행할 수 있었던 것은 기본적으로 경제기획원, 더 나아가 최고통수권자인 대통령이 KDI의 역할에 대해 폭넓은 이해를 가지고 있었기 때문이다. 즉, 정책 당국자들이 탐탁지 않게 생각하는 주장을 한다고 해서 KDI 자체를 없앤다거나 주장 자체를 하지 못하게 하는 일은 가급적 자제하였다. 정부의 이러한 접근이야말로 KDI가 특정 정권이나 정부가 아니라 국민을 위해 연구를 수행할 수 있도록 하는 토양을 제공하였다. 그리고 이렇게 만들어진 KDI의 명성은 이후 정부가 요긴하게 활용할 수 있는 중요한 자산이 되었다. 즉, 예비타당성 조사처럼 고도의 독립성을 가진 기관만이 제대로 담당할 수 있는 업무들을 성공적으로 담당해 줌으로써 정부 정책이 효과적으로 이루어질 수 있도록 하는 데 기여하였다.

마지막으로, 이상과 같은 세 가지 조건을 기반으로 좋은 국책연구기관이 성장할 수 있었던 것은 구성원들의 노력이 있었기 때문이다. 아무리 좋은 환경이 갖추어져 있더라도 연구소의 구성원들이 사명감을 가지고 노력하지 않는다면 좋은 연구 성과가 나올 수 없다. 아울러 연구위원 개개인들이 아무리 뛰어나고 열심히 연구하더라도, 구성원들 간의 상호 관심과 교류가 수평적으로나 수직적으로 활발하게 이루어지지 않는 상황에서는 탁월한 연구가 배출되기 어렵다. 연구소의 모든 연구 성과가 곧 자신의 연구 성과이기도 하다는 생각으로 다른 동료들의 연구에 관심을 가지며, 또한 자신의 연구로 인해 연구원 전체의 명성이 떨어지지 말아야 한다는 책임감을 구성원 모두가 마음속에 지니는 것, 그것이야말로 국가경제 발전에 기여하는 연구소를 만들어 내는 궁극적인 힘이다.

강경식, 『가난구제는 나라가 한다: 경제부처 30년의 메모』, 삶과 꿈, 1992.

강광하 · 이영훈 · 최상오, 『한국 고도성장기의 정책결정체계: 경제기획원과
　　　　정책추진기구』, 한국개발연구원, 2008.

강동수, 『중소기업의 부실현황 및 구조조정 방안』, 한국개발연구원, 2004.

강동수 · 김준경 · 최용석, 『국내 기업구조조정 성과에 대한 실증분석』, 연구보
　　　　고서 04-04, 2004.

강오전, 「한국경제의 장기발전계획에 관한 계량적 모형」, 『경제학연구』, 5,
　　　　1957, pp. 49-62.

경향신문, 「사우디개발에 3명의 고급 두뇌 자문역 진출」, 1977. 7. 15.

_____, 「KDI, 70년대성장의 산파역」, 1981. 3. 12.

_____, 「정부출연 4연구기관 동시 파업」, 1988. 12. 14.

_____, 「대외정책연, 경제교육연 신설에 무용론 강력대두」, 1989. 7. 27.

_____, 「정책지식과 지식인」, 2007. 6. 11.

_____, 「미국박사만 있는 국책연구소」, 2010. 8. 17.

고상원 · 강인수, 『경제 발전전경험모듈화사업: ICT 연구개발체계 수립』, 기획
　　　　재정부 · 한국개발연구원, 2014.

고승철 · 이완배, 『김재익 평전』, 미래를 소유한 사람들, 2013.

고영선 · 김두얼 · 윤경수 · 이시욱 · 정완교, 『전문자격사제도 개선방안 연

구』, 한국개발연구원 정책연구시리즈 2009-02, 2009.

고영선·신석하 편, 『경제위기 10년: 평가와 과제』, 한국개발연구원 기타보고서, 2007.

고영선·허석균·이명헌, 『중기재정 관리체계의 도입과 정착』, 한국개발연구원 정책연구시리즈 2004-11, 2004.

구본천, 『기업퇴출의 경제분석과 개선방안』, 한국개발연구원 98-07, 1999.

구본천·설광언, 『기업구조조정의 정책과제와 추진방안』, 한국개발연구원, 1999.

김광석, 『한국공업화패턴과 그 요인』, 한국개발연구원 연구총서 36, 1980.

김광석·M. 로머, 『성장과 구조전환, 한국경제의 근대화과정연구』, 한국개발연구원 연구총서 22, 1984.

김광석·홍성덕, 『명목 및 실효보호율구조의 장기적 변화』, 한국개발연구원 연구조사보고서, 1982.

_____, 「장기적 산업성장 및 구조변화요인의 분석(1955-1985)」, 『한국개발연구』, 12(1), 1990, pp. 3-29.

김규수, 『산업별투입계수의 변화와 추정』, 한국개발연구원 연구조사보고서 80-04, 1980.

김동석, 『산업연관표 시계열화를 통한 한국의 산업구조변화 분석』, KDI 정책연구시리즈 2003-02, 2003.

김동석·이진면·김민수, 『한국경제의 성장요인분석: 1963-2000』, KDI 연구보고서 2002-06, 2002.

김동석 · 김민수 · 김영준 · 김승주, 『한국경제의 성장요인 분석: 1970-2010』, KDI 연구보고서 2012-08, 2012.

김두얼, 『경제성장을 위한 사법적 기반의 모색(I): 민사소송의 현황과 정책과제』, 한국개발연구원 정책연구시리즈 2007-02, 2007.

_____, 『경제성장을 위한 사법적 기반의 모색(II): 소송장기화의 원인과 대책』, 한국개발연구원 정책연구시리즈 2008-19, 2008.

_____, 『경제성장을 위한 사법적 기반의 모색(III): 민사판결에 대한 동의 수준의 제고방안』, 한국개발연구원 정책연구시리즈 2010-10, 2010.

김두얼 · 전수민, 『치안, 복지, 경제 성장: 범죄 발생 현황 분석』, 한국개발연구원 정책연구시리즈 2012-16, 2012.

김만제, 『기업정리에 대한 의견』, 한국개발연구원 연구조사보고 제1권, 1971.

_____, 『새 정책의 선택을 위한 결단』, 한국개발연구원 연구조사보고 제5권, 1972.

_____, 『제4차 경제개발5개년 계획 수립을 위한 기본전략』, 한국개발연구원 제1차 경제정책협의회 자료, 1974.

김민수, 『KDI 산업연관표 DB(2010)』, 기타 보고서, 2011.

김승진 · 김주훈 · 박준경 · 우천식 · 이진면 · 장하원, 『위기극복 이후 한국경제의 성장동력』, 한국개발연구원, 2000.

김영봉 · 송병락 · 송희연, 『장단기계획을 위한 제모형(잠정)』, 한국개발연구원 연구조사보고 제10권, 1972.

김영봉 · 김신복 · 김기영 · N. F. 맥긴 · D. R. 스노드그래스, 『한국의 교육과 경제 발전, 한국경제의 근대화과정연구』, 한국개발연구원 연구총서 38, 1984.

김완순 · 박종기, 「1972-73년 내국세추계(조정안)」, 한국개발연구원, 1972.

김재형, 『공공투자사업의 타당성 평가체계 개선방안』, 한국개발연구원, 1999a.

_____, 『총괄백서: 예비타당성 조사 어떻게 이루어졌나』, 한국개발연구원, 1999b.

김적교, 『예산제도개선에 관한 연구』, 한구개발연구원 연구조사보고 75-02, 1975.

김정욱, 『권리금에 대한 법경제학적 접근』, 한국개발연구원 정책연구시리즈, 2011-04, 2011.

김준경 · 한진희 · 조성욱 · 김동석 · 양정삼 · 김민수 · 김윤기, 『기업부실의 실상과 평가』, 한국개발연구원, 1998.

김준경 · 강동수 · 김현욱, 『금융통합화시대의 금융 · 규제 감독 선진화에 관한 연구』, 한국개발연구원 연구보고서 2004-06, 2004.

김흥기 편, 『비사 경제기획원 33년: 영욕의 한국경제』, 매일경제신문사, 1999.

남종현, 『한국의 산업유인정책과 산업별 보호구조 분석』, KDI 연구조사보고 81-10, 1981.

동아일보, 「경제 정책협의회 26, 27일 회의 열어」, 1974. 12. 24.

_____, 「4차 5년 계획 성장률 8-9%로 낮춰야」, 1974. 12. 26.

_____, 「KDI등 국책연구소 정비」, 1998. 1. 12.

레페토, R. · 김선웅 · 권태환 · 김대영 · J. E. 슬로보다 · P. J. 도날드슨, 『한국

의 경제개발과 인구정책, 한국경제의 근대화과정연구』, 한국개발연
구원 연구총서 52, 1983.

매일경제신문, 「경제 정책의 산실: 발족 10주년 맞은 KDI의 공과」, 1981. 3. 12.

_____, 「'경영권' 노사분규 새 이슈로」, 1988. 7. 14.

_____, 「중복연구 허다 "예산낭비"」, 1991. 2. 24.

메이슨, 에드워드 S. · 김만제 · 드와이트 퍼킨스 · 김광석 · 데이비드 콜, 『한국
경제, 사회의 근대화, 한국경제의 근대화과정연구』, 한국개발연구원
연구총서 47, 1981.

문팔용, 「1975 미곡년도 양곡정책의 개선방안(재정적자경감과 쌀 소비절약을
위한)」, 한국개발연구원 제1차 경제정책협의회 자료, 1974.

문팔용 · 반성환 · D. H. 퍼킨스, 『한국의 농촌개발, 한국경제의 근대화과정연
구』, 한국개발연구원 연구총서 43, 1981.

박기주 · 김대현 · 김두얼 · 김성남 · 박이택 · 홍제환 정리, 『월간경제동향회
의 녹취록』, 제1-2권, 한국개발연구원, 2014.

박종기 · 김완순, 『1973년도 예산규모의 계측』, 한국개발연구원 연구조사보고
제6권, 1972.

박태균, 『원형과 변용: 한국경제개발계획의 기원』, 서울대학교출판부, 2007.

사공일 · L. P. 존스, 『경제개발과 정부 및 기업가의 역할, 한국경제의 근대화과
정연구』, 한국개발연구원 연구총서 45, 1981.

송병락, 『한국경제의 산업연관분석: 동태적 I-O모형에 의한 산업별 및 경제총
량규모의 장기예측』, 한국개발연구원 연구보고서 제13권, 1973.

송병락 · 에드윈 밀즈,『성장과 도시화 문제, 한국경제의 근대화과정연구』, 한국개발연구원 연구총서 34, 1980.

송희연,「물가정책의 기본방향」, 한국개발연구원 제1차 경제정책협의회 자료, 1974.

신인석,『90년대 환율정책과 외환거래 자유화정책 분석: 외환위기의 정책적 원인과 교훈』, 한국개발연구원 정책연구시리즈 98-07, 1998.

신인석 · 한진희 편,『경제위기 이후 한국경제 구조 변화의 분석과 정책방향』, 한국개발연구원 연구보고서, 2006.

유승민,『재벌, 과연 위기의 주범인가: 위기 이후 재벌정책의 평가와 과제』, 비봉출판사, 2000.

유정호,「실효보호율의 추정방법」, 유정호,『무역 및 산업정책과 정부의 역할』, 유정호 박사 정년퇴임논문집, 한국개발연구원, 2005, pp. 281-321.

유정호 · 홍성훈 · 이재호,『산업보호와 유인체계의 왜곡: 1990년 명목 및 실효 보호율 추정』, 한국개발연구원 연구보고서 93-02, 1993.

이규억,『품목별 기업집중도 분석』, 한국개발연구원, 1975.

_____,『시장구조와 독과점규제: 한국의 제조업을 중심으로』, 한국개발연구원 연구보고서, 1977.

_____,「사료(경쟁촉진정책 개선방안 연구시리즈 1)」, 단기정책연구자료 82-29, 1982a.

_____,「화장품(경쟁촉진정책 개선방안 연구시리즈 3)」, 단기정책연구자료 82-32, 1982b.

_____,「제지(경쟁촉진정책 개선방안 연구시리즈 4)」, 단기정책연구자료 82-37, 1982c.

_____,「기계공업진흥법(경쟁촉진정책 개선방안 연구시리즈 5)」, 단기정책연구자료 82-38, 1982d.

_____,「병마개(경쟁촉진정책 개선방안 연구시리즈 6)」, 단기정책연구자료 82-39, 1982e.

_____,「섬유공업근대화촉진법(경쟁촉진정책 개선방안 연구시리즈 7)」, 단기정책연구자료 82-40, 1982f.

_____,「전자공업진흥법(경쟁촉진정책 개선방안 연구시리즈 8)」, 단기정책연구자료 82-41, 1982g.

_____,「청주(경쟁촉진정책 개선방안 연구시리즈 9)」, 단기정책연구자료 82-42, 1982h.

_____,「석유화학공업육성법: 주요 내용과 문제점(경쟁촉진정책 개선방안 연구시리즈 10)」, 단기정책연구자료 82-43, 1982i.

_____,「판유리산업: 문제점과 개선방안(경쟁촉진정책 개선방안 연구시리즈 11)」, 단기정책연구자료 82-44, 1982j.

_____,「건설업법: 주요 내용과 문제점(경쟁촉진정책 개선방안 연구시리즈 12)」, 단기정책연구자료 82-48, 1982k.

이규억·서진교,『한국제조업의 산업집중분석』, 한국개발연구원 연구조사보고 81-07, 1981.

이규억·이성순·박세일·이철송·권오승·신광식·이남순,『법경제학연구

(I)』, 한국개발연구원 연구보고서 91-02, 1991.

이규억 · 이재형 · 신용균 · 김상기 · 조성환, 『독과점가격관리제도의 개선방
안』, 한국개발연구원, 단기81-01, 1981.

이규억 · 이철송 · 권오승 · 신광식 · 최희선, 『법경제학연구(II)』, 한국개발연
구원 연구보고서 95-03, 1995.

이영훈, 『한국 시장경제와 민주주의의 역사적 특질』, 한국개발연구원 연구보
고서 99-04, 2000.

이영훈 · 최상오 · 류상윤 · 김대현 · 홍제환 · 김성남 정리, 『수출진흥확대회
의 녹취록』, 제1-3권, 한국개발연구원, 2013.

이완범, 『박정희와 한강의 기적: 1차 5개년계획과 무역입국』, 선인, 2006.

이장규, 『경제는 당신이 대통령이야』, 올림, 2008.

이재준 · 이한규 · 김영일 · 김성태 · 이준상, 『KDI 거시경제모형 재구축을 위
한 연구』, 한국개발연구원 연구자료, 2011.

정부 · 민간 합동작업단, 『함께 가는 희망한국: 비전 2030』, 2006.

정인영 편저, 『홍릉 숲속의 경제브레인들』, 한국개발연구원, 2002.

조동철 외, 『경제세계화와 우리 경제의 위기대응역량』, 한국개발연구원 연구
보고서 2011-03, 2011.

차동세 외 편, 『한국경제 반세기: 역사적 평가와 21세기 비전』, 1995.

차문중 편, 『기업환경 개선을 위한 규제개혁연구: 규제의 영향과 개혁정책 분
석』, 한국개발연구원 연구보고서 2005-08, 2005.

_____, 『개방화 시대의 한국경제: 구조적 변화와 정책과제』, 한국개발연구원

연구보고서 2007-01, 2007.

콜, D. C. · 박영철, 『한국의 금융발전: 1945-1980, 한국경제의 근대화과정연구』, 한국개발연구원 연구총서 53, 1984.

크루거, A. O., 『무역, 외원과 경제개발, 한국경제의 근대화과정연구』, 한국개발연구원 연구총서 39, 1984.

한겨레신문, 「정부출연연구소 쟁의 확산」, 1988. 12. 14.

한국개발연구원, 『안정과 성장정책에 관한 연구』, 한국개발연구원, 1972a.

_____, 『총자원예산을 위한 성장전략』, 한국개발연구원, 1972b.

_____, 「2000년의 한국경제: 고대 아세아문제연구소 및 미국허드슨연구소 주최 한국의 미래 국제학술대회에 발표」, 한국개발연구원 단기 73-12, 1973.

_____, 『제4차 경제개발5개년 계획 보건기획 및 정책 심포지엄 보고서』, 한국개발연구원 제3차 경제정책협의회, 1975.

_____, 『KDI 10년 실적보고, 1971-80』, 1981.

_____, 『한국개발연구원 20년, 1971-91』, 1991.

_____, 『2011 비전과 과제: 열린 세상, 유연한 경제』, 2001.

_____, 『정책연구사례: 지난 30년의 회고』, 한국개발연구원, 2003.

_____, 『KDI 경제동향』, 각 연도.

_____, 『KDI 분기별 경제전망』, 각호

_____, 『국가예산과 정책목표』, 각 연도.

_____, 『국가재정 운용계획, 각 연도.

_____,『연차보고서』, 각 연도.

한국개발연구원 감사보고서, 각 연도.

한국경제60년사편찬위원회,『한국경제60년사』, 제1-5권, 2010.

한국재정40년사편찬위원회,『한국재정40년사』, 제1-7권, 1990.

한진희 · 신석하 편,『경제위기 이후 한국경제 성장: 평가 및 시사점』, 2007.

함준호,『국가 대외부채관리의 개요 및 향후 부채관리시스템 구축방향』, 한국
　　　개발연구원 정책연구시리즈 99-04, 1999.

홍성덕,「명목 및 실효보호율의 구조변화(1975-1990)」, 한국개발연구원 정책연
　　　구자료 92-01, 1992.

_____,『산업성장 및 구조변화에 대한 요인별 기여도 분석(1955-90)』, KDI 정
　　　책보고서 94-19, 1994.

_____,『산업별 명목과 실효보호율의 연장추정(1975-1995)』, 한국개발연구원,
　　　1997.

홍성주 · 전찬미 · 김종립,『2012 경제 발전경험모듈화사업: 한국 경제 발전 초
　　　기 과학기술 도입과 내재화 방안』, 기획재정부 · 한국개발연구원,
　　　2013.

KDI 공공투자관리센터,『2013년도 KDI 공공투자관리센터 연차보고서』, 2014.

Kim, Mahn Je, "A Decade and Future Perspectives of the Korean Economic
　　　Development," presented to the Symposium on 'Korea and the Powers in
　　　the 1970s' at Washington Hilton Hotel, April 1973.

Kim, Mahn Je, Heeyhon Song, and Kwang-Suk Kim, "A Note on Monetary Forecasts,

1972-73," KDI Working Paper 7218, 1972.

_____, "Revised Note on Monetary Forecasts for 1973," KDI Working Paper 7301, 1973.

Leontief, Wassily, *Structure of the American Economy, 1919-1929*, Oxford University Press, 1941.

_____, *Studies in the Structure of the American Economy*, Oxford University Press, 1953.

Shin, Inseok and Joon-Ho Hahm, "The Korean Crisis-Causes and Resolution," the East-West Center/Korea Development Institute Conference on the Korean Crisis, 1998.

Song, Heeyhon, "An Econometric Forecasting Model of The Korean Economy," KDI Working Paper 7212, 1972.